KLEINER GARTEN GROSSE ERNTE

Selbstversorgung Schritt für Schritt

LUCY HALSALL

DORLING KINDERSLEY

DORLING KINDERSLEY
London, New York, Melbourne, München und Delhi

Cheflektorat Penny Warren
Lektorat Chauney Dunford
Programmleitung Mary-Clare Jerram
Redaktionsleitung Mary Ling
Redaktion Becky Shackleton
Art Director Peter Luff
Bildredaktion Alison Donovan, Alison Shackleton
Fotos Mark Winwood
Bildrecherche Susie Peachey

Herstellung Raymond Williams
Cheflektorat der RHS Rae Spencer-Jones
Redaktion der RHS Simon Maughan

Für die deutsche Ausgabe:
Programmleitung Monika Schlitzer
Projektbetreuung Manuela Stern
Herstellungsleitung Dorothee Whittaker
Herstellung und Covergestaltung Kim Weghorn

Bibliografische Information Der Deutschen Bibliothek
Die Deutsche Bibliothek verzeichnet diese Publikation in der Deutschen Nationalbibliografie; detaillierte bibliografische Daten sind im Internet über **http://dnb.ddb.de** abrufbar.

Titel der englischen Originalausgabe:
RHS Step by Step Veg Patch

Übersetzung Agnes Pahler
Redaktion Christine Condé

ISBN 978-3-8310-2344-8

Printed and bound in China by South China Printing Co. Ltd

Besuchen Sie uns im Internet
www.dorlingkindersley.de

Lucy Halsall ist Redakteurin der englischen Zeitschrift »Grow Your Own«. Das beschreibt sie als ihren Traumjob. Zuvor war sie am Garten der Royal Horticultural Society in Wisley tätig und bei der Zeitschrift »Amateur Gardening«. Sie wuchs auf einem kleinen Landsitz auf und kultivierte Gemüse bereits als Teenager. Ihren eigenen Garten beschreibt sie als klein, aber sehr ertragreich.

Inhalt

Die Anbaufläche

Wozu Essbares kultivieren? **8**
Ernte auf kleinem Raum **10**
Werkzeug und Ausrüstung **14**
Was wollen Sie anbauen? **16**
Der richtige Standort **18**
Den Boden vorbereiten **20**
Säen und Pflanzen **22**
Früh beginnen **24**
Kultur im Hochbeet **26**
Kultur in Pflanzgefäßen **28**
Gießen und Düngen **30**

Anbauplanung

Fangen Sie an **34**
Kulturbeginn **36**
Pflege-Arbeiten **38**
Reiche Ernte **40**
Ernte im Herbst **42**
Einfache Kulturen **44**
Das Familienbeet **46**
Kulturen für Feinschmecker **48**

Eigener Anbau von Gemüse

FRUCHTGEMÜSE 53
Tomaten 54
Paprika 58
Peperoni 60
Auberginen 64
HÜLSENFRÜCHTE 67
Erbsen 68
Feuerbohnen 70
Gartenbohnen 72
Dicke Bohnen 76
GURKENGEWÄCHSE 79
Gurken 80
Zucchini 82
Sommerkürbis 84
Winterkürbis 86
Riesenkürbis 90
KOHL 93
Kopfkohl 94
Winterkohl 98
Blumenkohl 100
Brokkoli 102
Winterbrokkoli 104
Rosenkohl 106
Grünkohl 108
SALAT UND BLATTGEMÜSE 111
Salat 112
Pflück- und Schnittsalat 116
Keimpflanzen 118
Asia-Salate 120
Spinat 122
Mangold 124
Chicorée 126
Endivie 128
Brunnenkresse 130
WURZELN UND KNOLLEN 133
Radieschen 134
Rote Bete 136
Möhren 138
Speiserübchen 140
Pastinaken 142
Steckrüben 144
Kartoffeln 146
ZWIEBELGEWÄCHSE 151
Zwiebeln 152
Schalotten 156
Lauchzwiebeln 158
Lauch 160
Knoblauch 162
WEITERE KULTUREN 165
Zuckermais 166
Kohlrabi 170
Fenchel 172
Stangensellerie 174
Sellerie 176
MEHRJÄHRIGE KULTUREN 179
Spargel 180
Artischocken 182
Topinambur 184
Rhabarber 186
KÜCHENKRÄUTER 189
Einjährige Kräuter 190
Mehrjährige Kräuter 192

Anbauplanung Gemüse 196

Eigener Anbau von Obst

Erdbeeren 200
Himbeeren 202
Brombeeren und Hybriden 204
Rote und Weiße Johannisbeeren 206
Schwarze Johannisbeeren 208
Stachelbeeren 210
Heidelbeeren 212
Äpfel 214
Birnen 216
Pflaumen, Zwetschgen 218
Kirschen 220
Pfirsiche und Nektarinen 222
Feigen 224

Anbauplanung Obst 226

Kulturprobleme

Biologischer Anbau 230
Problemen vorbeugen 232
Häufige Unkräuter 234
Krankheiten und Schädlinge vermeiden 236
Häufige Schädlinge 238
Häufige Krankheiten 242
Nährstoffmangel-Erscheinungen 246
Bezugsquellen 248
Register 250
Bildnachweis und Dank 256

Die Anbaufläche

Wozu Essbares kultivieren?

Jeder, der schon einmal frische Erdbeeren gepflückt hat, weiß, dass die erste Ernte kaum jemals die Küche erreicht. Die Lust am Verzehr überwindet die entschiedensten Vorsätze. Somit bietet der Geschmack einen der besten Anreize für eigenen Anbau. Zum Aroma kommt das Argument der Frische, zumal man im richtigen Moment ernten kann. Vergleichen Sie gekaufte Bohnen mit selbst angebauten und Sie kaufen nie wieder welche. Dazu kommen weitere Gründe, warum man Nutzpflanzen selbst zieht: zugunsten der eigenen Gesundheit, um die Umwelt nicht zu belasten – oder weil man einfach Spaß daran hat.

Frisch und gesund

Die positiven Auswirkungen von Obst und Gemüse auf die Gesundheit kennt man schon lange. Dazu kommen weitere Vorteile: Zum Beispiel weist frisch Gepflücktes den höchsten Gehalt an Vitaminen und Antioxidantien auf. Ihr Anteil sinkt innerhalb von 7–14 Tagen auf die Hälfte ab. Obwohl man im Supermarkt Frischware kaufen kann, weiß man nie, wie lange die Ernte zurückliegt oder unter welchen Bedingungen gelagert wurde. Wer eigenen Anbau betreibt, braucht nicht früher als im optimalen Reifestadium zu ernten. Dadurch sind die Produkte frisch, geschmackvoll und so nährstoffreich wie nur möglich.

Gärtnern macht fit

Zusätzlich zur gesünderen Ernährung bringt die Gartenarbeit den Körper in Schwung. Sie steigert Kraft, Ausdauer und Elastizität. Eine Stunde Umgraben verbraucht mehr als 300 Kalorien, und schon einfaches Eintopfen bedeutet Aktivsein.

Zum Nutzen der Umwelt

Aus regionaler wie aus weltweiter Sicht ist es angebracht, Überlegungen über die ökologischen Auswirkungen der Lebensmittel-Produktion auf die Umwelt anzustellen. Der Begriff »food miles« bezieht sich auf die zurückgelegte Strecke für die Beschaffung von Lebensmitteln, mit »carbon footprint« ist der Verbrauch von Kohlendioxid bei der Kultur gemeint. Eigenes Obst und Gemüse ziehen bedeutet nicht, einem aktuellen Trend zu folgen – es ist eine grundlegende Sache, essen muss jeder Mensch. Wer im eigenen Garten Anbau betreibt, entlastet die weltweiten Transportwege. Sie können dann sicher sein, ethisch einwandfreie und vielleicht sogar »biologisch« produzierte Lebensmittel zu genießen. Sie können Überschüsse mit anderen teilen – und damit deren Einfluss auf die Umwelt abmildern.

Anbaufläche

Die Kultur von Obst und Gemüse braucht Platz, doch muss man dafür nicht unbedingt einen großen Garten oder überhaupt einen eigenen Garten besitzen. Städtische Gemeinschaftsgärten sind in letzter Zeit sehr populär geworden. Gemeinsam wird eine Fläche bebaut, oft gibt es lange Wartelisten für die Parzellen. Das Miteinander eignet sich hervorragend für Gartenanfänger, weil alle Beteiligten freimütig ihr Wissen, ihre Erfahrung, ihr Werkzeug und ihre Ernte teilen. Wer einen eigenen Garten bewirtschaftet, sollte versuchen, jeden Quadratzentimeter zu bebauen. Auch Wände, Zäune oder den Balkon kann man für den Anbau nutzen, dank Töpfen, Balkonkästen und Hängekörben. Sogar auf einer winzigen Fläche verschaffen ein paar Pflanzen einen geschmackvollen Eindruck von den Dimensionen eigenen Anbaus.

Schreber- und Gemeinschaftsgärten *sind ideal für Gartenanfänger. Sie lernen die Grundlagen des Gartenbaus und sammeln Erfahrung.*

Größere Auswahl

Der Anbau im Erwerbsgartenbau wird bestimmt durch Ertrag, Kulturdauer und Gleichförmigkeit. So kommt es zu ausgedehnten Monokulturen von wenigen Sorten und das Angebot in den Geschäften ist beschränkt. Beim eigenen Anbau hat man die Auswahl selbst in der Hand. Es gibt Tausende von unterschiedlichen Sorten, die manchmal über Generationen hinweg ausgelesen worden sind. Die Bohne 'Nun's Bellybutton', den Salat 'Fat Lazy Blonde', oder die Tomate 'Yellow Stuffer' findet man nicht im Supermarkt. Doch man kann sie kultivieren oder eigene Auslesen vornehmen.

(Oben links) **Erdbeeren schmecken nach Sommer,** *ihr Anbau gelingt leicht. Reifen sie im Pflanzgefäß oder Hängekorb, kann man nach Belieben naschen.*

(Oben) **Rote Bete** *wachsen schnell heran und brauchen weder viel Pflege noch Übung. Es lohnen sich gemaserte Sorten, die man nicht kaufen kann.*

Ernte auf kleinem Raum

Zugegeben, ein enger Raum schränkt die Möglichkeiten für den Anbau von Obst und Gemüse ein. Dennoch lässt sich genug ernten, um den täglichen Bedarf zu ergänzen, wenn man sich schon nicht ganz selbst versorgen kann. Anstelle von raumgreifenden Gemüsepflanzen, die man billig kaufen kann, wählen Sie zum Beispiel Stangenbohnen, die den Platz besser ausnutzen. Beschränken Sie sich auf Kulturen, die Sie gern verzehren. Achten Sie mehr auf die Qualität als auf den Ertrag, bevorzugen Sie Kulturen, die im Laden relativ teuer sind.

Viel Ertrag von kleinen Flächen *Man muss dafür jeden Quadratzentimeter nutzen, einschließlich Wänden und Zäunen. Wo immer Platz ist, stellt man Töpfe auf, Triebe leitet man in die Höhe.*

Klein, aber perfekt genutzt

Von Zäunen oder Mauern eingefasste kleine Flächen eignen sich bestens für den Anbau von Obst und Gemüse. Ein nach Süden oder Westen ausgerichtetes Beet bietet perfekte Bedingungen für die Kultur von Peperoni, Auberginen, Erdbeeren, Pfirsich, Kräutern und vielen weiteren, die Sonnenwärme brauchen, um zu gedeihen. Im Gegensatz dazu sind nach Norden und Osten ausgerichtete Lagen schattiger und kühler. Hier kann man zarte Salate und Kohl mit Blattertrag ziehen.

Die meisten kleinen Flächen weisen die unterschiedlichsten Standortbedingungen auf. Das bedeutet, dass man die gesamte Nutzgartenpalette darauf kultivieren kann. Im Gegensatz dazu liegen große Gartenflächen oft sehr offen da, ihnen fehlen Schatten, Windschutz und eine praktische Wasserversorgung. Das schränkt die Anbaumöglichkeiten auf jene Kulturen ein, die mit solch widrigen Verhältnissen zurechtkommen.

(Links) **Erdsäcke** *eignen sich als Minibeete für Gemüse. Für tief wurzelnde Kulturen teilt man sie in der Mitte und stellt sie aufrecht.*

(Unten) **Weniger Kulturen bedeuten weniger Arbeit.** *Nehmen Sie sich nur so viel vor, wie Sie bewältigen können, sonst gibt es Enttäuschungen.*

Gärten in der Stadt

Kleine Flächen innerhalb von Städten werfen viel Ertrag ab, weil dort die Temperaturen im Vergleich zum Umland um einige Grade erhöht sind. Dazu schützen große Gebäude vor Wind, sie erwärmen sich den Tag über und geben Wärme während der Nacht wieder ab. Mit der Wärme, die das Stadtleben erzeugt, entsteht ein günstiges Temperaturniveau. Dadurch können Gärtner in der Stadt ihre Kulturzeiten im Frühjahr und im Herbst ausdehnen: In der gärtnerischen Praxis heißt dies, dass Gemüse-Arten mit langer Kulturzeit, wie Peperoni, Zuckermais und Winterkürbis, einen besseren Ertrag abwerfen. Exotische Nutzpflanzen wie Feigen, Okra oder Tomatillos reifen in der Stadt zuverlässiger.

Kleiner Platz, wenig Arbeit

Eine kleine Fläche bringt neben der zu erwartenden Ernte weitere Vorteile. Natürlich können größere Parzellen mehr Pflanzen aufnehmen, doch man muss sich darum auch mehr kümmern und die Arbeit kann manchmal hart sein.

Kleine Gärten sind weit weniger anstrengend, vor allem für Neulinge im Anbau von Nutzpflanzen. Man kann auf winzigen Flecken Pflanzen ziehen Es besteht dann kaum die Gefahr, dass Unkraut alles überwächst und Sie sind nicht pausenlos zum Gießen verpflichtet. Außerdem ist es am Morgen leichter, sich im Pyjama nach draußen zu schleichen und selbst gezogene Früchte fürs Frühstück zu ernten.

Raum für kreatives Denken

Will man das Beste aus einer beschränkten Fläche machen, braucht es Kreativität. Das ist ein Teil des Vergnügens. Jeden Behälter, der genug Erde aufnehmen kann und Abflusslöcher aufweist, kann man bepflanzen. Manche Kulturen gedeihen gut, wenn man sie nebeneinander pflanzt. Probieren Sie verschiedene Kombinationen aus, die ertragreich und zugleich farbig sind.

Wachstum in den Himmel

Der Platz auf dem Boden schränkt das Pflanzenwachstum am meisten ein. Besser nutzt man ihn, wenn sich Pflanzen in die Höhe ranken und zu ihren Füßen Raum lassen für andere Kulturen. Stangen- oder Feuerbohnen, Gurken, rankender Kürbis und aufgeleitete Tomaten liefern beachtliche Erträge von einem Minimum an Fläche. Man kann sie an einer Mauer oder an einem Zaun entlangwachsen lassen, man kann aber auch ein frei stehendes Stangenzelt errichten, das auch in einem Zierpflanzenbeet eine gute Figur macht.

Schnelle Kulturen

Um das Beste aus Ihrer Anbaufläche herauszuholen, wählen Sie Kulturen, deren Ernte sich entweder über längere Zeit hinzieht oder die rasch heranwachsen, sodass Sie die Fläche bald wieder nutzen können. Ein großer Topf, besät mit Schnittsalat, versorgt eine durchschnittliche Familie zwei Monate lang. Nach einem Schnitt dauert es drei Wochen bis zur nächsten Ernte. Spezielle »Baby«-Sorten gibt es von vielen Gemüse-Arten. Man erntet sie wenige Monate nach der Aussaat. Eine Reife innerhalb kürzester Zeit erreicht man überdies durch eine geschützte Vorkultur in Töpfen bzw. Anzuchtsystemen – oder man kauft Jungpflanzen. Die Zeit, die man gegenüber einer Aussaat an Ort und Stelle einspart, lässt sich durch das Einschieben einer weiteren Kultur nutzen.

Ertragreiche Sorten

Nicht nur auf die Erntezeit sollten Sie achten, sondern auch auf die in Aussicht stehende Ernte. Falls Sie nur Platz für wenige Pflanzen haben, sollten Sie auf einen möglichst hohen Ertrag achten. Viele Sorten wachsen kompakt, sie wurden speziell für kleinere Gärten gezüchtet. Lassen Sie sich daher beraten, um geeignete Kulturen auszuwählen.

(Links außen) **Bohnen am Stangenzelt** *fruchten den ganzen Sommer über, doch sie brauchen gerade so viel Platz wie drei oder vier Kartoffelpflanzen.*

(Links) **Töpfe** *bepflanzt man im Frühjahr im Haus, wo die Pflanzen schnell heranwachsen. Holt man sie im Herbst herein, verlängert sich die Kulturzeit.*

(Oben) **Junge Speiserübchen** *erntet man wenige Wochen nach der Aussaat. Wer früh aussät, kann das schmackhafte Gemüse mehrmals pro Jahr genießen..*

Beschränkten Raum optimal nutzen

1 Hängekörbe Auf diese platzsparende Weise lassen sich viele Kulturen ziehen, einschließlich Küchenkräutern, Blattsalaten, Hängetomaten und sogar Peperoni. Man muss regelmäßig gießen und düngen. Ideal ist ein heller Platz, an dem man zum Ernten leicht herankommt.

2 Rankende Kulturen Kürbispflanzen zum Beispiel kann man den Boden entlang oder an einer Rankhilfe erziehen. Mithilfe von Stäben lenkt man sie an Beet- oder Wegkanten entlang, sodass Platz für andere Pflanzen frei bleibt.

3 Schnelle Frühjahrsernte im Topf Nutzen Sie noch leere Gefäße, bevor die Sommerblumen hineingepflanzt werden. Früher Mangold und Radieschen sind reif für die Ernte, bevor man im Spätfrühling Balkonpflanzen einsetzt.

4 Handliches Minigemüse Säen Sie das ganze Jahr über schnell reifende Kulturen, wo immer sich eine Lücke auftut. Nutzen Sie ruhig auch die Lücken zwischen den Zierpflanzen. Die kurze Kulturzeit verspricht baldige Ernte.

5 Spalier An Wänden und Zäunen kann man Kletterpflanzen und Spalierobst ziehen. Viele Obstarten, auch Äpfel, fruchten gut am Spalier und lassen wertvolle Beetfläche frei.

6 Unterpflanzen Den Platz unter hohen Pflanzen wie Zuckermais nutzen niedrige Begleiter. Gut gegossen, gedeiht hier im lichten Schatten Blattsalat prächtig, während man lange Kürbisranken in Richtung Sonnenlicht lenken kann.

Werkzeug und Ausrüstung

Gärtnern schließt praktisches und oft anstrengendes Arbeiten ein, doch mit dem richtigen Werkzeug geht das leichter und effektiver. Zum Beispiel belastet es nicht nur Ihr Handgelenk, wenn Sie mit der Gartenschere dicke Stöcke durchschneiden, auch das Werkzeug kann Schaden erleiden. Billiges Werkzeug verschleißt oft schneller als kostspieligere Produkte aus hochwertigem Material. Kaufen Sie nach Möglichkeit beste Qualität, halten Sie Ausschau nach gutem Werkzeug aus zweiter Hand.

Eigenanbau muss nicht teuer sein. *Vieles notwendige Zubehör kann man günstig und gebraucht kaufen. Sorgen Sie rechtzeitig vor und stocken Sie Ihre Bestände vor Beginn der Wachstumszeit auf.*

Umgraben

Einen stabilen Spaten und eine Grabegabel benötigen Sie zwingend, ebenso wie eine Handschaufel, um kleinere Löcher zu graben. Ein schmaler Damenspaten hebt ein geringeres Gewicht an Erde als das breitere Standardmodell. Die Produkte variieren von Hersteller zu Hersteller, probieren Sie daher aus, welche Handhabung Ihnen zusagt. Für immer wiederkehrende Arbeiten wie das Umgraben lohnt sich das.

Jäten

Mit einer Hacke entfernen Sie junge unerwünschte Sämlinge mühelos. Ein langer Stiel ist hilfreich für breite Beete, wenn jemand Mühe beim Bücken hat. Kurzstielige Ausführungen sind ideal für schmale Flächen und Hochbeete. Mit einem Unkrautstecher entfernen Sie lange Wurzeln, etwa von Löwenzahn.

Vermehrung

Für das Herrichten eines Saatbetts im Freien brauchen Sie einen Rechen. Die Zähne klauben Erdbrocken aus und lösen Unkraut oder Steine, sodass die Erde schön feinkrümelig wird. Mit der Rechenkante können Sie Reihen ziehen.

Für die Vermehrung im Haus oder die Aussaat in Töpfen benötigt man eine Reihe von Gefäßen, Vermehrungssubstrat, dazu Stecketiketten mit Bleistift und einen Pikierstab. Ein heizbarer Vermehrungskasten erweitert die Palette an Kulturen.

Rückschnitt

Eine gute Gartenschere benötigen Sie unbedingt. Weil es ständig etwas zu schneiden gibt, ist eine griffige Handhabung wichtig. Probieren Sie daher vor dem Kauf verschiedene Modelle aus. Müssen Sie Obstbäume verjüngen, brauchen Sie eine Astschere und einen Fuchsschwanz zum Absägen dickerer Äste. Mit einem Teleskoparm kann man hoch über dem Erdboden schneiden.

Werkzeuge in Schuss halten

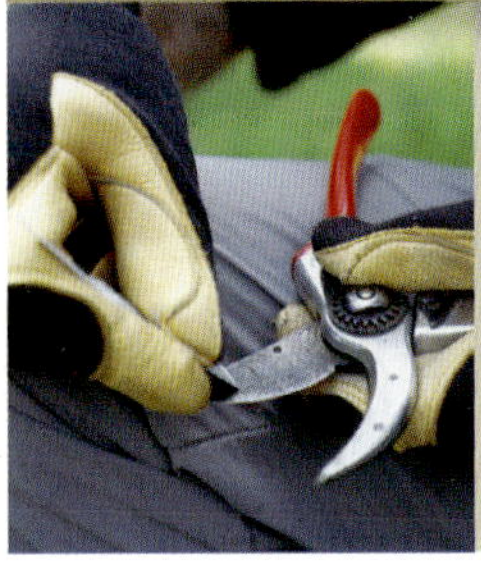

Werkzeuge müssen Sie unbedingt sauber und intakt halten, sonst kann die Gesundheit der Pflanzen leiden. Desinfizieren Sie Gartenscheren zwischen den Anwendungen, damit verhindern Sie die Übertragung von Krankheiten. Gut geölt und geschliffen, schneiden sie so sauber und glatt wie nur möglich. Metallteile wie Spatenblätter ölen Sie ein, damit sie nicht rosten.

Grundausstattung für den Garten

Kaufen Sie nur Werkzeuge, die Sie wirklich brauchen, und achten Sie auf eine gute Qualität. Auf einem Grundbeet brauchen Sie eine Grabegabel. Doch sie ist unnötig für Töpfe auf der Terrasse.

1 Grabegabel Mit ihr arbeitet man organische Substanz ein. Sie ist hilfreich beim Ernten und Umsetzen.

2 Spaten Für eine ausgedehntere Fläche braucht man einen Spaten. Mit ihm gräbt man leichten Boden großflächig um und entfernt Mulchmaterialien.

3 Stoßhacke Mit ihr beseitigt man einjährige Unkräuter. Sie verletzt die Wurzeln, sodass die Pflanzen absterben. Auch fürs Anhäufeln eignet sie sich.

4 Rechen Man braucht ihn zum Herrichten der Beete. Er recht Erdbrocken aus, schiebt Erde zusammen und schafft ein feinkrümeliges Saatbett.

5 Pflanzstab Mit ihm stößt man Löcher zum Pflanzen, er ist obendrein hilfreich fürs Ziehen von Saatreihen.

6 Handschaufel Sie leistet gute Dienste beim Graben von Löchern, wenn man Pflanzen umsetzen muss.

7 Gartenschere Das vielseitige Werkzeug kommt bei der Ernte (von Paprika oder Spargel) zum Einsatz und ebenso beim Rückschnitt von Beerensträuchern.

8 Haube Unter ihr erwärmt sich die Erde für einen frühen Anbau besser, und sie schützt vor Schädlingsattacken.

Was wollen Sie anbauen?

Mit gezielter Planung lassen sich Erntespitzen und Versorgungslücken ein wenig ausgleichen. Beginnen Sie für eine möglichst gleichmäßige Versorgung bereits im Herbst mit der Planung – dann, wenn die Samenhandelsfirmen ihre neuen Kataloge herausbringen. Die Zeit für die Anbauplanung ist immer gut investiert, obwohl sie für eine kleine Fläche keine so große Rolle spielt. In diesem Buch geben wir für jede Kultur in einer Übersicht die Aussaat- oder Pflanzzeit und die Kulturdauer an. Mit den örtlichen Gegebenheiten kann das variieren, dennoch lassen sich damit die Erntezeiten abschätzen.

Kultivieren, was schmeckt

Listen Sie auf, was Sie verzehren, und verteilen Sie die Angaben auf die Spalten »Kaufen« und »Anbauen«. Obwohl reine Selbstversorgung unbestritten ihren Reiz hat, ist sie meist Utopie, weil der Platz fehlt. Wählen Sie kritisch aus, was Sie auf Ihrer Fläche unterbringen. Stehen Ihnen zum Beispiel nur Töpfe zur Verfügung, ist es sinnvoll, sie mit Frühkartoffeln zu bepflanzen, die beim Verzehr auf der Zunge zergehen. Eine langsam reifende Hauptkultur nutzt den Platz wesentlich schlechter. Zu den Favoriten zählen Kulturen, die im Laden teuer oder schwer zu bekommen sind, und solche, die frisch am besten schmecken. Kulturen mit hohem Platzbedarf oder welche, die man günstig und immer kaufen kann, stehen auf der Anbauliste ganz unten.

Den Platz bedenken

Ist die Anbauliste erstellt, müssen Sie den benötigten Platz und die Erntezeit veranschlagen. Gleichen Sie Erntespitzen und ertragsschwache Zeiten aus, dadurch rutscht womöglich die eine oder andere Kultur in die Spalte »Kaufen«. Beziehen Sie außerdem die Lagerfähigkeit in Ihre Überlegungen mit ein. Peperoni kann man zum Beispiel trocknen, Bohnen und Heidelbeeren halten sich eingefroren hervorragend. Winterkürbis und Knoblauch lagert man am besten in einem trockenen, frostfreien Nebenraum. Dafür werden Sie auch nicht in Versuchung geraten, mehr als ein paar Kürbisse zu lagern.

Die Ernte aufteilen

Sie sollten wissen, innerhalb welcher Zeit Sie Ihre Ernte verbrauchen müssen. Darauf abgestimmt säen Sie aus. Kultivieren Sie satzweise, säen Sie alle zwei Wochen nur ein kleines Quantum aus, dann zieht sich die Ernte über längere Zeit hin. Als weitere Möglichkeit können Sie Sorten im Familien- oder Freundeskreis austauschen. Unterschiedliche Sorten reifen zu verschiedenen Zeitpunkten, außerdem kommen Sie in den Genuss

(Oben links) **Blattsalate** *können im Laden einiges Geld kosten. Dabei eignen sie sich bestens für einen satzweisen Anbau und reifen innerhalb weniger Wochen. Mischungen bieten sich an.*

(Oben) **Rote Johannisbeeren** *schmecken vorzüglich in Marmeladen. Auch einfrieren lassen sie sich gut, sodass eine reiche Ernte gut verwertet wird.*

variabler Aromen. Sie können auch einen Teil der Samen unter geschützten Bedingungen, den anderen Teil im Freien aussäen. Jene im Haus entwickeln sich natürlich schneller. Die Anbauzeit lässt sich mit langsam reifenden Kulturen verlängern.

Lagern und konservieren

Stehen Sie vor einer Schwemme an Erntegut, brauchen Sie nicht verzweifeln: Es gibt viele Methoden, Obst und Gemüse aufzubewahren, doch sollte man wissen, welche am besten zum jeweiligen Produkt passt.

1 Trocknen Zwiebeln und Knoblauch muss man sorgfältig trocknen. Man legt sie auf Roste an einem trockenen, frostfreien Platz. Auch Kräuter und Peperoni kann man trocknen, ebenso Apfelringe und Zwetschgen. Sie darren bei niedriger Hitze in der Backröhre.

2 Einfrieren Diese Methode des Haltbarmachens eignet sich für viele Früchte. Damit Beeren dabei nicht zusammenklumpen, legt man sie ohne Kontakt zueinander auf Tabletts. Gemüse hält sich länger, wenn es vor dem Einfrieren blanchiert wird: Man taucht es kurz in kochend heißes Wasser.

3 Einkochen Allerlei Obst und Gemüse eignet sich zum Herstellen von würzigen Chutneys oder süßen Relishes, bzw. man stellt Marmeladen oder Konfitüren her. Man fängt damit den Geschmack zum Zeitpunkt seiner besten Entfaltung ein.

4 Lagern An einem kühlen, gut belüfteten, frostfreien Platz halten sich viele Obst- und Gemüse-Arten gut. Eingewickelt in Wachspapier, bleiben Äpfel und Birnen saftig. Kartoffeln bewahrt man in Papiertüten auf, damit sie vor Licht geschützt sind.

Der richtige Standort

Das Kleinklima in Ihrem Garten behagt manchen Kulturen besser als anderen. Brechen Sie daher nichts übers Knie, sondern nehmen Sie sich Zeit, um die unterschiedlichen Bereiche kennenzulernen und die richtigen Kulturen dafür zu finden. Fertigen Sie einen Plan an und zeichnen Sie darin ein, wo die Sonne einfällt und wo sie nicht hinkommt, denn davon hängt ab, was Sie anbauen können. Am geeigneten Standort gedeihen Obst, Gemüse und Kräuter besser, die Erträge fallen höher aus, ihre Anfälligkeit für Krankheiten und Schädlinge sinkt.

Sonnig und heiß

Nach Süden oder Westen ausgerichtete Flächen erhalten am meisten Sonne. Seien Sie glücklich, wenn Sie einen derart orientierten Zaun oder eine Wand haben. Obst und Fruchtgemüse bauen mithilfe von viel Sonnenlicht hohe Zuckermengen auf. Doch zuckerreiche Früchte brauchen oft eine lange Wachstumszeit. Ihnen kommt zusätzlicher Schutz zugute.

Hell, aber kühl

An sonnigen Plätzen trocknet Erde in Beeten und Töpfen schnell aus. Das wirkt sich auf die einzelnen Kulturen unterschiedlich aus. Obstgehölze zum Beispiel bilden in Pflanzgefäßen größere, süßere Früchte, wenn sie viel Sonne erhalten. Doch sie werfen ihre Fruchtansätze ab, wenn zur kritischen Zeit im Frühjahr das Substrat austrocknet. Für eine gute Ernte braucht der Baum Sonne, den Wurzeln bekommen Schatten und viel Wasser gut. Im Gegensatz dazu genießen Feigen besonnte Wurzeln.

Ein offener, sonniger Platz *behagt vielen Kulturen, etwa Möhren, Lauch, Kopfsalat und Kartoffeln. Sie brauchen aber genügend Wasser, die Erde darf nicht austrocknen.*

Schattig und frisch

Nach Norden oder Osten ausgerichtete Flächen erhalten weniger Sonne, doch gedeihen hier dennoch etliche Kulturen wie Kopf- und Grünkohl, Spinat sowie Sommersalate.

Ein wesentlicher Vorteil von schattigen Lagen besteht darin, dass man den Wurzelbereich kühl halten kann. Das gewährleistet ein kontinuierliches Wachstum mit einem geringeren Risiko, dass Gemüse frühzeitig schießt. Die Feuchtigkeit hält sich länger im Boden, daher kommen die Kulturen mit weniger häufigen Wassergaben aus. Erscheinen Ihnen die kühleren Flecken als zu feucht, können Sie viel organische Substanz untermischen, um die Wasserführung zu verbessern. Eine Alternative stellt dann der Anbau auf einem wasserdurchlässigen Hochbeet dar.

Regenschatten

Am Fuße von Wänden und Zäunen muss man besonders auf die Wasserversorgung achten, vor allem wenn sie abgewandt der Hauptwindrichtung liegen. Oft befinden sich solche Flächen im Regenschatten, es fallen keine Niederschläge auf den Boden. Gießen Sie an solchen Stellen sorgfältig. Das gilt besonders für Obst, das schon empfindlich auf kurzzeitige Trockenheit reagiert.

(Ganz oben) **Blattreiches Gemüse** *wie Mangold eignet gut für halbschattige, nord- oder ostwärts ausgerichtete Flächen. Die Pflanzen entwickeln sich hier gut, während viel Sonne die Blätter verbrennt.*

(Oben) **Obstspaliere** *entlang von Mauern beanspruchen wenig Anbaufläche und sehen mitunter blendend aus. Blühende oder fruchtende Gehölze dürfen nicht austrocknen.*

Kühl, windig

Viele Hobbygärtner haben mit anhaltenden Kälteperioden und Spätfrösten zu kämpfen. An Abhängen und in Tallagen besteht die Gefahr, dass Kaltluft entlangströmt oder sich in den Senken staut. Auch eine Wand, ein Zaun oder eine dichte immergrüne Hecke kann in welligem Gelände Kaltluft aufstauen. In solchen Fällen muss man auf robuste Gemüse-Arten ausweichen und beim Obst wählt man spätblühende Sorten, um Frostschäden zu vermeiden. Kalter Boden wirkt sich weniger gravierend aus, wenn er trocken ist. Die Zufuhr von reichlich organischer Substanz unterstützt die Pflanzen dabei, über den Winter zu kommen.

Manche Gärten sind starkem Wind ausgesetzt. Er schädigt das Blattwerk und trocknet den Boden aus. Kräuter aus dem Mittelmeerraum kommen hier gut zurecht, doch Spinat und Mangold zerfleddern. Wandschirme oder Schutzpflanzungen mildern den Effekt ab, außerdem schützen dickwandige Gefäße.

Sind Spätfröste angekündigt, *bedeckt man empfindliche Pflanzen mit Vlies, damit keine Frostschäden auftreten.*

Den Boden vorbereiten

Egal, ob Sie an Ort und Stelle aussäen oder Pflanzen im Haus vorkultivieren – eine gute Bodenvorbereitung entscheidet über den Kulturerfolg. Ermitteln Sie zuerst, mit welcher Bodenart und mit welchem pH-Wert Sie es zu tun haben. Dann entscheiden Sie, welche Veränderungen für die eine oder andere Kultur notwendig sind. Die beste Zeit für das Umgraben ist zwischen Ende Oktober und Mitte April. Brechen Sie dabei die Erdschollen auf, entfernen Sie Unkraut und arbeiten Sie reichlich organische Substanz ein.

Die Bodenart erkennen

Die meisten Pflanzen bevorzugen bestimmte Wachstumsbedingungen, etwa warme, leichte, wasserdurchlässige oder kühle, wasserhaltende Böden. Von der Bodenart hängen Art und Schwere der Bearbeitung ab, sie wirkt sich auf den Anbauerfolg aus. Als Erstes sollten Sie die vorhandene Bodenart in den unterschiedlichen Teilen Ihres Gartens ausfindig machen.

Sandige Böden

Böden mit hohem Anteil von Sand lassen Wasser rasch ablaufen, Nährstoffe werden leicht ausgewaschen, doch sie erwärmen sich im Frühjahr schnell. Die Bearbeitung ist leicht, aber man muss fortwährend bewässern und düngen.

Schluffige Böden

Böden mit hohem Anteil an Schluff entwässern ebenso problemlos, sie halten Nährstoffe allerdings besser, was ihre Eignung für den Anbau erhöht. Bei sand- wie schluffreichen Böden erhöht man die Wasserhaltefähigkeit und das Speichervermögen für Nährstoffe, indem man gut verrottete organische Substanz beimischt. Dafür eignen sich Kompost, Stallmist, Lauberde oder kompostierte Rinde. Die organische Substanz wirkt wie ein Schwamm, der Feuchtigkeit und alle Formen von Düngemitteln aufnimmt. Die Bodenstruktur bleibt dabei locker und gut durchlüftet.

Tonige und lehmige Böden

Ganz im Gegensatz zu den Sandböden halten Tonböden Wasser zurück. Sie sind nährstoffreich und erwärmen sich im Frühjahr langsam, ihre Bearbeitung ist mühsam. Nass wird der Boden klebrig, oft ist er mit Wasser übersättigt, während er beim Austrocknen im Sommer harte Krusten bildet. Organische Substanz verbessert Böden mit geringem Tonanteil. Lehmböden bestehen aus einer gleichmäßigen Mischung aus Sand-, Schluff- und Tonteilchen. Sie bieten die ideale Grundlage für die meisten Obst- und Gemüsekulturen.

Den Boden testen

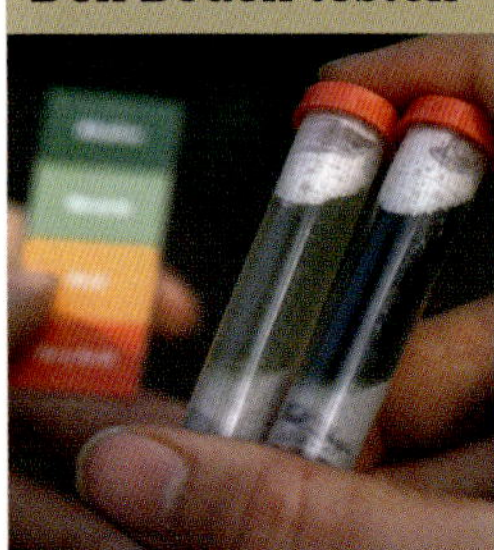

Mit käuflichen Sets lässt sich der Säuregrad des Bodens leicht und schnell ermitteln. Sie bestimmen den pH-Wert, dessen Skala von 1 (sehr sauer) bis 14 (sehr alkalisch) reicht, 7 steht für neutral. Man schüttelt eine kleine Bodenprobe mit der Testlösung und kann die entstehende Färbung mit einer Skala vergleichen. Testen Sie Erde von verschiedenen Stellen im Garten.

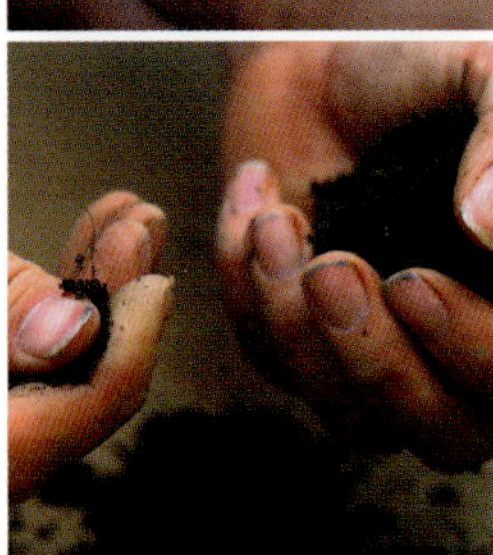

Leicht erkennen Sie die Bodenart mithilfe der Fingerprobe. Tonboden lässt sich problemlos zu Kugeln rollen. Sandböden sind wesentlich gröber strukturiert, die Krümel kleben nicht zusammen (siehe Bild links). Schluffboden fühlt sich glatt an und lässt sich gut formen. Für gewöhnlich hat man es mit einer Mischung zu tun, doch zeigt der Test, welche Bestandteile vorherrschen.

Sauer oder alkalisch

Sogar in nährstoffreicher Erde kann es vorkommen, dass Pflanzen nicht die erforderlichen Nährstoffe aufnehmen und es zu Mangelerscheinungen kommt (siehe S. 246). Oft behindern sehr saure oder übermäßig alkalische Verhältnisse die Nährstoffaufnahme. Es ist möglich, den pH-Wert zu beeinflussen, damit die gewünschten Kulturen gedeihen. Doch bedeutet dies viel und endlose Arbeit, es ist fraglich, ob sich das lohnt.

Prüfen Sie besser den vorhandenen pH-Wert und wählen Sie Kulturen, die hier gut gedeihen. Kohlgewächse liefern auf alkalischem Boden bessere Ergebnisse, während Heidelbeeren sauren Boden brauchen. Wollen Sie bestimmte Pflanzen unbedingt ziehen, legen Sie Hochbeete an oder benutzen Sie Pflanzgefäße, in die Sie geeignete Erde einfüllen.

(Ganz oben) **Das Untermischen von organischer Substanz** *verbessert die Bodenstruktur und die Nährstoffversorgung. Mindestens einmal pro Jahr, im Frühjahr oder Herbst, bringt man daher Kompost auf.*

(Oben) **Pflanzgefäße** *stellen die ideale Lösung für problematische Böden dar. Man kann sie – ebenso wie Hochbeete – mit geeigneter lehmiger, wasserdurchlässiger, nährstoffreicher Erde befüllen.*

Bodenpflege

Heftig diskutiert wird darüber, ob man nun umgraben soll oder nicht. Für das Umgraben spricht, dass man dabei Erdbrocken aufbricht, lästiges Unkraut entfernt, zugleich Bodenverbesserer einarbeitet und der Boden vor allem für Tiefwurzler leichter zu durchdringen wird. Im Winter offen daliegender Boden präsentiert Schädlinge möglichen Fressfeinden, der Frost bricht Klumpen auf und sorgt für krümeligen (garen) Boden. Ein anfängliches Umgraben kommt den meisten Böden zugute.

Danach überwiegen die Argumente für eine vorsichtige Bodenbearbeitung. Denn eine natürliche Bodenfruchtbarkeit soll sich entwickeln, die Bodenstruktur sich stabilisieren. Verzichtet man aufs Umgraben, werden die Bodentiere nicht gestört und es kommen weniger Unkrautsamen an die Oberfläche. Organisches Mulchmaterial breitet man nur oberflächlich aus. In der Praxis muss man beide Auffassungen im Auge behalten.

Organischen Mulch *bringt man als dicke Schicht einfach auf dem Boden aus. Regenwürmer übernehmen das Einmischen in die Erde.*

Säen und Pflanzen

Wer aus Samen Gemüsepflanzen heranzieht, kommt kostengünstig zu einer großen Palette von schmackhaften Kulturen. Ist der Platz beschränkt, müssen Sie überlegen, was Sie direkt im Freien säen und was Sie im Haus vorkultivieren. Verschwenden Sie den Platz im Haus nicht für Kulturen, die draußen problemlos heranwachsen, wie etwa Rote Bete. Reservieren Sie diesen Raum besser für Kulturen wie Peperonis, die eine lange Reifezeit in Anspruch nehmen.

Aussaat unter Schutz

Eine geschützte Aussaat ermöglicht einen frühen Kulturbeginn und verlängert so die Anbausaison. Ein früher Kulturbeginn erweist sich als günstig für langsam heranwachsendes Gemüse wie Auberginen und Paprika, weil diese dann genügend Zeit für den Fruchtansatz und die Reife haben. Zur Verfügung stehen heizbare Vermehrungskästen. Mit ihnen kann der Anbau schon im Winter beginnen. Allgemein stellt man für robuste Kulturen 12 °C ein, empfindlichere hält man bei 18 °C.

Lichtmenge

Bei einer sehr frühen Aussaat ist das Lichtangebot noch recht niedrig. Dadurch strecken sich die Sämlinge, es entstehen lange Hälse, auch wenn man zusätzlich heizt. Der März ist für die meisten Kulturen noch reichlich früh für die Aussaat. Wenn das fehlende Licht das Problem darstellt, kann man sich überlegen, kältetolerante Arten im Freien auszusäen, oder man kauft Jungpflanzen von Arten mit langer Kulturzeit. Diese kosten zwar mehr, doch sie sind ideal, wenn man nur wenig Pflanzen braucht. Jährlich kommen neue Sorten hinzu.

Töpfe und Anzuchtsysteme

Große Samen wie von Bohnen und Kürbis kann man leicht einzeln in Töpfe ablegen. Multitöpfe sind ideal für Samen mittlerer Größe wie von Kohl und Roter Bete. Das kleine Saatgut von Kopfsalat und Sellerie sät man besser in Aussaatschalen. Nach der Keimung pikiert man sie in Töpfe oder Anzuchtsysteme. Verwenden Sie feinkrümelige Aussaaterde, die einen niedrigen Nährstoffgehalt hat.

Abhärten

Unter Schutz herangezogene Pflanzen waren nie der Witterung ausgesetzt. Bevor sie ausgepflanzt werden, muss man sie an die Bedingungen im Freien gewöhnen, man härtet sie ab. Stellen Sie die Pflanzen tagsüber an einen beschatteten, geschützten Platz im Freien, für die Nacht kommen sie zurück ins Haus. Je nach Empfindlichkeit der Art machen Sie das sieben bis zehn Tage lang.

(Oben) **Kälteempfindliche Pflanzen** *wie Gurken zieht man am besten geschützt vor; sie brauchen zum Keimen eine Mindesttemperatur von 20 °C.*

(Rechts) **Abgeschnittene Plastikflaschen** *dienen als Hauben Marke Eigenbau. Sie schützen die Pflanzen vor Kälte und halten Schädlinge fern.*

Wenn Sie pikieren oder in Töpfe bzw. Erdsäcke pflanzen, gießen Sie diese gründlich und stellen Sie die jungen Pflanzen nachtsüber an einen warmen Ort. Damit verhindern Sie das zu starke Auskühlen des Substrats, was zu einem Umtopfschock führen könnte.

Direktsaat

Mit ausreichendem Schutz können robuste Kulturen an Ort und Stelle gesät werden. Das ist immer sinnvoll, wenn der Platz im Haus für die Anzucht begrenzt ist. Manche Kulturen, etwa Brokkoli, mögen es gar nicht, wenn ihre Wurzeln gestört werden, man verpflanzt sie nach Möglichkeit nicht. Auch Wurzelgemüse gedeiht meist bei Direktsaat. Bereiten Sie das Beet gründlich vor. Ist es kühl, brauchen Sie vielleicht eine Haube oder einen Kalten Kasten.

Jungpflanzen kaufen

Für jene, die weder Zeit noch Platz für die eigene Anzucht haben, gibt es verschiedene Möglichkeiten für den Kauf von Pflanzen. Man erhält sie in verschiedenen Entwicklungsstadien. Auf alle Fälle verkürzt sich die Kulturzeit. Allerdings stehen weniger Sorten zur Verfügung und es kostet mehr.

1 Plug-Pflanzen Solche Jungpflanzen mit kleinem Ballen, die gerade groß genug zum Auspflanzen sind, erhält man in Gartenmärkten oder per Internet. Sie stellen eine schnellere, leichtere, doch kostspieligere Möglichkeit dar, Gemüse selbst heranzuziehen. Sie sind ideal, wenn Sie wenig Platz haben oder nur wenige Pflanzen möchten.

2 Tray-Pflanzen Falls Sie eine ganze Reihe bestücken oder eine größere Menge kaufen wollen, sind ganze Paletten günstiger als einzeln gekaufte Pflanzen. Kaufen Sie sie, solange sie noch recht jung sind.

3 Pflanzen in Töpfen Gemüsepflanzen werden auch in einem späteren Stadium zum Kauf angeboten. Angezogen in Einzeltöpfen, kommen sie relativ teuer, allerdings bietet sich die Gelegenheit, Pflanzen mit langer Kulturzeit zu erwerben, etwa Peperoni, Paprika oder Zuckermais.

4 Wurzelnackte Pflanzen Kohl wird zum Beispiel in Saatbeeten ausgesät, ausgegraben und wurzelnackt verkauft. Obstbäume und Beerensträucher, die man so erwirbt, sollte man unverzüglich einpflanzen.

1

2

3

4

Früh beginnen

Bei einer kleinen Fläche soll der Anbau so ertragreich wie möglich sein. Die Fläche können Sie nicht ausweiten, doch Sie können die Kulturzeit so weit wie möglich ausdehnen, wenn die Kulturen bald heranwachsen, früher reifen und die Ernte im Herbst länger andauert. Dafür brauchen die Pflanzen Schutz vor Spätfrösten im Frühjahr und frühen Kälteeinbrüchen im Herbst. Das lässt sich leicht verwirklichen, vor allem, indem Sie robuste Arten ziehen und solche, die rasch eine erntereife Größe erreichen.

Geschützte Aussaat

Ein Kleingewächshaus bietet beste Bedingungen für eine frühe Aussaat und die Anzucht von Pflanzen. Sie können aber auch am Fensterbrett aussäen, bei Zimmertemperatur keimen die Samen schnell. Auch Sämlinge können dort wachsen, doch sollten Sie die Gefäße alle paar Tage drehen, weil sich sonst die Pflänzchen zum Licht neigen. Direktes Sonnenlicht müssen Sie abschatten, sonst verbrennt das junge Gewebe.

Einfache Bedeckung

Kalte Kästen und Minigewächshäuser bieten ähnliche Vorteile wie ein Kleingewächshaus. Darin wachsen früh im Jahr robuste Kulturen heran oder es keimen später empfindlichere Arten. Die Pflanzen müssen gut belüftet sein und regelmäßig gegossen werden. Kästen eignen sich bestens dafür, am Fensterbrett angezogene Pflanzen an Freilandtemperaturen zu gewöhnen. Sie bieten sich für kleine Flächen an, weil man sie wegnehmen und lagern kann, wenn sie nicht gebraucht werden. Minigewächshäuser können sogar große Paprika- oder Tomatenpflanzen aufnehmen.

Hauben

Glocken oder Hauben schützen Pflanzen kurzzeitig vor Kälte und fangen Wärme ein. Sie dienen dazu, den Boden vor der Aussaat zu erwärmen, und begünstigen so die frühe Entwicklung. Sie sind aus Glas oder Kunststoff gefertigt. Es gibt verschiedene Ausführungen, etwa Tunnels, um Reihen abzudecken, oder Kuppeln für einzelne Pflanzen. Stülpen Sie sie über frische Aussaaten für eine schnelle Keimung oder schützen Sie damit frisch gesetzte Pflanzen vor rauer Witterung. Sie können damit auch spät im Sommer gesäte Kulturen während des Herbstes abdecken.

Vlies zum Abdecken

Mit dem leichten Gewebe können Sie Sämlinge und ältere Pflanzen vor Frostschäden bewahren. Mit Vlies lassen sich größere Flächen abdecken, etwa ganze Beete oder Saatreihen. Es eignet sich ebenso zum Einwickeln einzelner Pflanzen.

(Oben links) **Ein Beginn unter Schutz** *schiebt das Wachstum an. Erbsen und Dicke Bohnen kann man im März aussäen und im April schon pflanzen.*

(Oben) **Im Spätsommer** *ermöglichen Glocken das längere Beernten wärmebedürftiger Pflanzen wie Basilikum, vor allem wenn es nachts kalt wird.*

Das Vlies soll jedoch die Blätter nicht berühren, Stäbe oder Drahtringe halten es auf Abstand. Sie müssen es gut befestigen, sonst weht es davon. Mehrere Lagen übereinander sorgen für noch besseren Schutz. Entfernen Sie es, wenn kein Frost mehr droht.

Selbst gemachter Schutz

Glocken, Hauben und Kästen können Sie kaufen – oder ganz einfach selbst herstellen. Dadurch können Sie sie genau an Ihre Fläche und Ihre Kulturen anpassen. Billiger kommt das außerdem, gerade wenn Sie Bauteile dafür wiederverwenden.

1 Kultur am Fenster Stellen Sie Jungpflanzen in Kästen zusammen, um sie warm und feucht zu halten. Mehr Licht fällt ein, wenn Sie einen Reflektor aus Fotokarton und Metallfolie anbringen. Dadurch bilden die Sämlinge gerade, feste Stängel.

2 Kalter Kasten Aus alten Fenstern ist so etwas schnell gebaut. Die Wände entstehen aus Ziegel- oder Betonsteinen, auch ein einfacher Holzsockel kommt als Unterbau für das Fenster in Frage.

3 Einfacher Schutz Kleine Stücke aus Glas, Plexiglas oder durchsichtigem Kunststoff ergeben ausgezeichnete Abdeckungen. Die Scheiben können sich an der Spitze berühren, bei offeneren Ausführungen dienen Stäbe als Abstandshalter. Hüten Sie sich vor scharfen Kanten oder tragen Sie Schutzhandschuhe.

4 Hauben aus Flaschen Abgeschnittene große Plastikflaschen schützen einzelne Pflanzen. Für eine gute Belüftung müssen Sie den Verschluss abnehmen. Schützen Sie die Pflanzen mit einer kleinen Dosis Schneckenkorn. Ineinandergesteckt lassen sich die Flaschen platzsparend lagern.

Kultur im Hochbeet

Hochbeete können im Garten schmuck aussehen, sofern genug Platz dafür vorhanden ist. Sie eignen sich bestens für die Kultur von Obst, Gemüse und Kräutern. Durch die erhöhte Beetfläche kommt man leicht und bequem an die Kulturen heran zum Jäten, Ausputzen und Ernten. Der Kern aus verrottenden organischen Materialien sorgt für eine rasche Erwärmung im Frühjahr, sodass der Anbau ein paar Wochen früher beginnen kann. Hochbeete können Sie leicht und schnell aus unterschiedlichen Werkstoffen aufbauen.

Langlebige aufgemauerte Rahmen *sehen gut aus und bleiben auf Dauer bestehen. Niedrige Kulturen erhalten einen zusätzlichen Windschutz, wenn zur Beetoberkante hin rund 20 cm hin frei bleiben.*

Vorteile eines Hochbeetes

Im Vergleich zum Grundbeet haben Sie mehr Kontrolle über die Wachstumsbedingungen. Beim Aufbau eines neuen Hochbeetes oder beim Erneuern eines alten können Sie frische, nährstoffreiche Erde einfüllen, sogar in den folgenden Jahren können Sie das Substrat an die Bedürfnisse Ihrer Kulturen anpassen.

Der pH-Wert einer eingefassten Fläche lässt sich viel leichter steuern. Kohlgewächse gedeihen zum Beispiel besser unter schwach alkalischen Bedingungen. Ein Hochbeet erleichtert die Bodenbearbeitung und das Entfernen von Steinen. Das kommt Wurzelgemüse zugute, vor allem Möhren entwickeln sich in steiniger, klumpiger Erde schlecht. Organische Substanz kann man nach Bedarf zufügen und es gibt wenig Platzverschwendung, wogegen man bei einer größeren Fläche immer Wege zwischen den Beeten benötigt.

Durch die erhöhte Lage fließt Wasser gut ab. Das behagt Kräutern und wärmeliebenden Kulturen, die eine gut durchlüftete Umgebung wollen.

Unterhalt und Pflege

Es gibt auch Nachteile: Die Erde trocknet im Vergleich zum Grundbeet schneller aus, häufigere Wassergaben sind notwendig. Ameisen lieben solch trockene Verhältnisse, doch regelmäßige Bewirtschaftung drängt sie zurück. Schnecken verstecken sich gern an den Wänden – wo man sie dann leicht absammeln kann.

Hochbeete für kurze Zeit

Eine hübsche, leider nur kurzlebige Möglichkeit für Kulturen mit flachem Wurzelwerk besteht darin, einen Erdsack oder ein großes Pflanzgefäß mit einem Rahmen zu versehen, etwa mit einem Flechtwerk wie hier gezeigt. So ein Hochbeet kann man an wechselnden Plätzen aufstellen und im Anschluss an die Ernte zusammenklappen.

Materialien und Ausführungen

Ein Hochbeet ist leicht zu bauen, außerdem gibt es etliche Sets zum Eigenbau für jene, die handwerklich nicht so versiert sind. Seien Sie kreativ bei der Wandgestaltung und investieren Sie in hochwertige, dauerhafte Baustoffe.

1 Module Sets aus vorgefertigten Teilen, die man zusammenbaut, sind aus verschiedenen Materialien erhältlich. Sie sehen ansprechend und attraktiv aus.

2 Holz Kaufen Sie qualitativ hochwertiges Holz, das gründlich zum Schutz vor Fäulnis eingelassen wurde. Latten eignen sich hervorragend, während Blöcke etwas moderner anmuten.

3 Metall Solche Hochbeete wirken sehr zeitgemäß. Doch Sie müssen hier sorgfältig gießen, weil sich Temperaturschwankungen schnell auswirken.

4 Ziegel Aus neuen oder gebrauchten Ziegelsteinen, Ytong- oder Betonsteinen können Sie stabile, dauerhafte Hochbeete bauen. Man kann dazu einen zwanglosen Sitzplatz anlegen und alles im Stil eines Bauerngartens gestalten.

5 Recyceltes Material Seien Sie kreativ. Zeitweilig waren ausgediente Eisenbahnschwellen im Trend. Inzwischen sind sie verboten. Doch im Gegensatz dazu sondern alte Autoreifen keinen Teer ab und es gibt keine hygienischen Bedenken.

6 Schieferplatten Ausgesprochen attraktiv wirken Dachplatten aus Schiefer, wenn sie ein niedriges Beet einfassen. Viel Gewicht halten sie aber nicht aus.

1

2

3

4

5

6

Kultur in Pflanzgefäßen

Die Kultur in Töpfen bietet etliche Vorteile: Sie liefert zusätzliche Anbauflächen, das Jäten lässt sich leichter bewerkstelligen, die Kulturen kann man im Herbst leicht hereinholen, um die Erntezeit zu verlängern. Die Auswahl an Kulturen erhöht sich, weil die Abhängigkeit vom vorhandenen Boden wegfällt. Sie brauchen daher nicht allein darauf achten, was in Ihrem Boden gut wächst. Dennoch sind Gießen und Düngen überlebenswichtig. Dafür lohnt sich vielleicht ein automatisches Bewässerungssystem. Feuchtigkeit bleibt besser gespeichert, wenn man wasserhaltendes Granulat ins Substrat mischt, eine Mulchauflage setzt die Verdunstung herab.

Kombinieren Sie *in den Pflanzgefäßen Kulturen unterschiedlicher Größe und Färbung. Fügen Sie mit Zierpflanzen Farbe hinzu. So sieht das Ganze dekorativer aus, während die Nutzpflanzen reifen.*

Geeignete Gefäße wählen

Jedes Pflanzgefäß braucht am Boden Löcher, damit Wasser abfließen kann, doch das Material, aus dem es gefertigt ist, entscheidet darüber, wie schnell es austrocknet. Unglasierte Tontöpfe sind extrem porös, dadurch verdunstet Wasser über die Wände, vor allem wenn sie an einem besonnten Platz stehen. Im Gegensatz dazu halten dickwandige Betonbehälter die Feuchtigkeit gut zurück. Holzfässer kleiden Sie am besten mit Folie aus, um den Wasserverlust gering zu halten.

Das Pflanzgefäß muss natürlich zur Kultur passen: Das kurze Wurzelwerk von Radieschen und Pflücksalat eröffnet nahezu unbegrenzte Möglichkeiten für die Auswahl geeigneter Gefäße, vom Balkonkasten über ausgediente Stiefel bis zur Teekanne. Doch je kleiner der Behälter, desto öfter muss man gießen. Große Kulturpflanzen wie Kopfkohl oder Kartoffeln brauchen umfangreiche Container mit einer Höhe und einem Durchmesser von mindestens 30 cm.

Pflanzgefäße der anderen Art

Lassen Sie Ihre Fantasie walten, wenn Sie Behälter für das Aussäen suchen. Experimentieren Sie mit ungenutzten Flächen und ungewöhnlichen Gefäßen wie diesen Eierschalen, in denen Kresse ausgesät wurde. So etwas macht Kindern Spaß. Die Pflanzenzüchter reagieren auf die Nachfrage nach Miniaturformen, dadurch wurden viele kompakte, ertragreiche Sorten entwickelt.

Obst in Pflanzgefäßen

Langlebige Obstgehölze benötigen Gefäße mit mindestens 30 cm Durchmesser, beim Umsetzen muss der neue Topf 10 cm größer sein als der alte. Umtopfen sollten Sie junge Obstgehölze jährlich im April. Ältere Pflanzen wachsen nicht mehr so schnell, man topft sie erst um, wenn die Wurzeln den Raum ganz ausfüllen. Ist der Container so groß, dass sich das Umtopfen erübrigt, genügt es, die obersten 10 cm des Substrates zu ersetzen. Füße zum Daraufstellen begünstigen den Wasserabfluss.

Unterschiedliche Pflanzgefäße

Innerhalb der großen Palette an Gefäßen findet man leicht passende Modelle. Zielen Sie bei der Auswahl auf die bestmögliche Nutzung des Platzes ab. Viele Gefäße lassen sich an Wänden oder Zäunen befestigen. Damit finden sie Platz sogar im kleinsten Garten.

1 Hängekörbe Hängende Pflanzen wie Tomaten oder Erdbeeren wachsen darin. Sie können ungemein dekorativ aussehen, wenn sie eine bunte Mischung aus Nutz- und Zierpflanzen enthalten.

2 Tontöpfe Erhältlich in allen Größen und unzähligen Ausführungen, nehmen sie eine große Bandbreite an Kulturen auf. Sie bereichern jede Terrasse.

3 Balkonkästen Kulturen mit kurzen Wurzeln, etwa Pflücksalat, gedeihen darin gut. Am besten stehen sie in der Nähe der Küche, griffbereit zur Ernte.

4 Stoffbeutel Durch ihre Tiefe eignen sie sich für Kartoffeln, die man während des Wachstums leicht anhäufeln kann. Nach der Ernte faltet man sie zusammen.

5 Vertikalbegrünung Ansehnliche, platzsparende Behälter ermöglichen die Nutzung senkrechter Flächen. Sie eignen sich bestens für Kräuter oder Pflücksalat, doch man muss oft gießen.

6 Wandgefäße Solche großen Behälter muss man gut befestigen, denn die relativ großen Pflanzen erreichen ein stattliches Gewicht. Häufiges Gießen ist wichtig, Früchte brauchen eine Stütze.

Gießen und Düngen

Wer viel ernten will, muss gut gießen und düngen. Das ist besonders auf kleinen Flächen wichtig, wo es auf jede Pflanze ankommt. Eine regelmäßige Versorgung führt zu kräftigen, gesunden Pflanzen, die Angriffe von Krankheiten und Schädlingen besser abwehren. Pflanzen in Hochbeeten und Töpfen sind fast ganz auf Ihre Wasserversorgung angewiesen.

Wann und wie gießen?

Wachsen Kräuter, Obst- und Gemüsepflanzen auf engem Raum nebeneinander, ist der zur Verfügung stehende Wurzelraum begrenzt. Durch die hohe Wurzeldichte muss für ein gutes Wachstum ständig Wasser zur Verfügung stehen. Im Idealfall bringen Sie eine Tröpfchenbewässerung an, die das Substrat dauerhaft und gleichmäßig feucht hält. Das ist natürlich Luxus: Gießkannen und Schläuche sind eher die Norm. Gießen Sie alle paar Tage gründlich, damit das Wasser zu den längsten Wurzeln einsickert, und nicht nur an der Oberfläche. (Töpfe müssen Sie vielleicht täglich wässern.) Gießen Sie morgens oder abends, nicht während der Mittagshitze, um die Verdunstung niedrig zu halten. Pflanzen, die blühen oder Früchte ansetzen, brauchen viel Wasser. Trockenheit bewirkt Welke und senkt den Ertrag.

Feuchtigkeit gut nutzen

Damit der Boden das Wasser besser speichert, sollten Sie regelmäßig organische Substanz einarbeiten. Das ist wichtig auf leichten Böden.

(Links außen) **Junge Pflanzen** *reagieren empfindlich auf Wassermangel. Gießen Sie regelmäßig, bis sie gut angewachsen sind.*

(Oben) **Eine Mulchauflage** *hält die Feuchtigkeit im Boden zurück, da sie die Verdunstung vermindert. Organischer Mulch trägt zur Düngung bei.*

(Links) **Ein System** *zur automatischen Bewässerung lohnt sich in der Anschaffung, wenn Sie viele Töpfe, doch wenig Zeit zum Gießen haben.*

Bei einer Kultur in Töpfen können Sie Wasser speicherndes Granulat unters Substrat mischen. Fangen Sie Regenwasser in Tonnen auf und versuchen Sie, Wasser aus dem Haushalt zum Gießen zu verwenden. Infrage kommt das Wasser, mit dem man Salate und anderes Gemüse wäscht. Wenn Sie in Urlaub fahren, stellen Sie Töpfe an einem schattigen Platz auf Tabletts zusammen – oder bitten Sie einen Nachbarn zu gießen. Gegenüber einer automatischen Bewässerung hat das den Vorteil, dass man dann gleichzeitig und wiederholt ernten kann. (Und der Gießdienst wird gleich vor Ort belohnt.)

Düngen

Der Anbau von Nutzpflanzen entzieht der Erde eine ansehnliche Menge an Nährstoffen. Damit sie nicht auslaugt, ist es wichtig, die entnommenen Nährstoffe regelmäßig zu ersetzen. Drei Hauptnährstoffe benötigen Pflanzen: Stickstoff für das Blattwachstum, Phosphor für gesunde Wurzeln und Kalium für Blüten und Früchte. Zum Wachstum brauchen sie auch Kalzium, Magnesium und Spurenelemente wie Eisen und Bor. Versorgen Sie Ihre Kulturen mit geeigneten Düngern: Wurzelgemüse erhält phosphorreichen Dünger für ein gutes Wurzelwachstum, blattreiches Gemüse muss gut mit Stickstoff versorgt werden, Fruchtgemüse wie Tomaten braucht reichlich Kalium. Von der Bodenart hängt es ab, wie oft Sie düngen müssen. Aus sandigen Böden werden Nährstoffe rasch ausgewaschen, lehmige oder tonige Böden halten sie besser.

Düngerformen

Grundsätzlich unterscheidet man zwischen organischen und synthetischen Düngemitteln. Beide Typen kann man auf verschiedene Weise geben, alle haben ihre eigenen Vorteile. Ihre Qualität wird als Verhältnis N : P : K angegeben. Das ist der Anteil von Stickstoff (N) im Verhältnis zu Phosphor (P) und Kalium (K). Egal, welchen Dünger Sie einsetzen – vermeiden Sie eine Überversorgung. Anstelle einer besseren Ernte kann es zu Schäden an den Wurzeln kommen.

1

2

3

4

1 Granulat Diese feste Anwendungsform löst sich in der Erde langsam auf und versorgt die Pflanzen über einen langen Zeitraum, oft für die Dauer der Wachstumszeit. Man erhält organische wie synthetische Düngemittel. Die Handhabung ist einfach.

2 Düngerlösung Diese Dünger wirken recht schnell. Organische oder synthetische Ausgangsstoffe werden entweder als lösliches Pulver oder als konzentrierte Lösung angeboten. Verdünnen Sie genau nach Vorschrift.

3 Nährstoffbetonte Dünger Hier kommt es weniger auf eine ausgewogene Versorgung an, sondern auf die Versorgung mit einem speziellen Nährelement, etwa Eisen.

4 Verrottete organische Substanz Damit führt man dem Boden Nährstoffe zu und gleichzeitig verbessert sich dessen Struktur. Dafür kommen recht unterschiedliche Ausgangsstoffe infrage, etwa Kompost oder Stallmist.

Anbauplanung

Fangen Sie an

Eine 3 × 3 m große Fläche eignet sich hervorragend für den Einstieg, Obst und Gemüse anzubauen. Sie bietet genug Platz für eine sinnvolle Zusammenstellung von Kulturen, und doch ist sie klein genug, damit sich der Arbeitsaufwand noch gut überschauen lässt. Um zu zeigen, was möglich ist, haben wir die Fläche während einer Wachstumsperiode bewirtschaftet. Als Start- und Entscheidungshilfe sind die verschiedenen themenbezogenen Pflanzbeispiele (S. 44–49) gedacht. Obwohl sich die Pläne auf eine 3 × 3 m große Fläche beziehen, lassen sie sich an jedes Maß anpassen, ob das nun ein kleineres Beet ist oder ein Arsenal von Töpfen und Erdsäcken auf der Terrasse.

Die Fläche herrichten

Noch vor dem Säen oder Pflanzen steht die Beetvorbereitung zwischen Herbst und Frühjahr auf dem Programm (siehe S. 20–21). Was genau dabei zu tun ist, hängt von Ihrem Grundstück und dem Boden ab. Um einen guten Ertrag zu erzielen, lohnt es sich, Zeit zu investieren und später möglicherweise auftretende Probleme zu vermeiden. Bringen Sie Nährstoffe ein und beseitigen Sie Schwachstellen wie mangelhafte Durchlüftung, ausdauernde Unkräuter oder Verdichtungen.

Falls Sie in Töpfen oder Erdsäcken kultivieren, stellen Sie sie vor der Aussaat oder dem Bepflanzen so sonnig wie möglich auf (siehe S. 28–29).

Beim Umgraben *zertrümmern Sie große Brocken und entfernen alle Unkrautwurzeln.*

Verrottete organische Substanz, *etwa Kompost, verbessert die Fruchtbarkeit und die Wasserhaltefähigkeit.*

Mit dem Rechen *wird die Oberfläche eben und feinkrümelig, sodass Sie direkt aussäen können.*

Dunkles Gewebe *verhindert das Aufkommen von Unkräutern, sofern Sie nicht unmittelbar säen können.*

Unser Pflanzplan

Die hier gezeigte Abfolge eignet sich für Anfänger, die zum ersten Mal Gemüse anbauen. Darin enthalten sind narrensichere Kulturen, die schnell reifen und deren Erntezeit sich über Wochen hinzieht. Von Pflücksalat und Kräutern kann man wenige Wochen nach der Aussaat Blätter abnehmen. Die Bohnen halten sich den ganzen Sommer über, Brokkoli und Kartoffeln liefern im Herbst eine willkommene Ernte.

ERSTE REIHE: ■ Zuckermais × 9 ■ Kürbis × 1 ■ Feuerbohnen × 8 ■ Stangen- oder Buschbohnen × 6 ■ Kartoffeln × 4

ZWEITE REIHE: ■ zwergige Strauchtomaten × 5 ■ Gurken × 3 ■ Brokkoli × 4 ■ Zucchini × 2

DRITTE REIHE: ■ Rote Bete × 20 ■ Möhren × 40 ■ Radieschen × 40 ■ Mangold × 8 ■ Kohlrabi × 12 ■ Asia-Salate × 20 ■ Kopfsalat × 20 ■ Koriander × 6 ■ Petersilie × 4

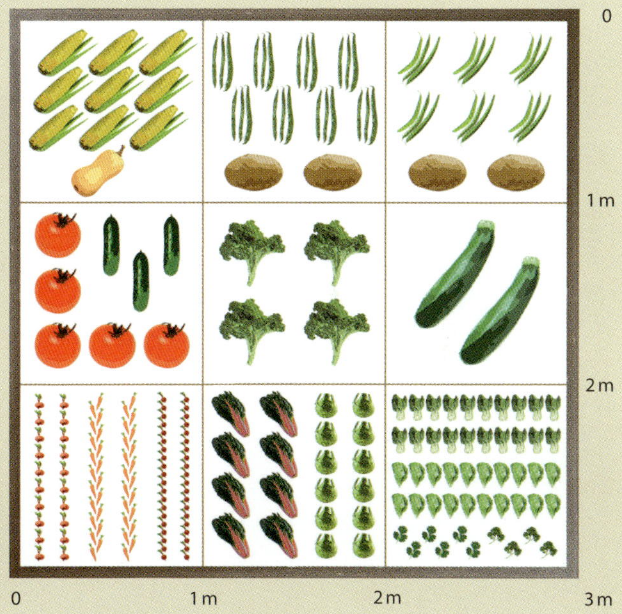

Unter Hauben *erwärmt sich die Erde, die Samen keimen schneller. Ebenso schützen sie junge Pflanzen.*

Bambusstäbe *markieren die einzelnen Bereiche, wo etwa Aussaaten hinkommen, und sie dienen als Stütze.*

ANFALLENDE ARBEITEN

- Entfernen Sie Unkraut, das sonst die Sämlinge unterdrückt.
- Mischen Sie Dünger in fester Form vor einer Direktsaat ein.
- Halten Sie aus Hygienegründen den Boden frei von Pflanzenabfällen.
- Säen Sie im Haus aus, damit Sie früh ins Freie pflanzen können.
- Lassen Sie Frühkartoffeln vorkeimen (siehe S. 146).

Kulturbeginn

Nach der Bodenvorbereitung geht es ans Säen und Pflanzen. Wegen der Spätfrostgefahr im frühen Frühjahr dürfen empfindliche Kulturen nicht zu bald ins Freie. Sie können stattdessen robusteres Gemüse direkt säen, etwa Möhren, Erbsen, Rote Bete oder Radieschen. Sie keimen schneller, wenn die Erde sich unter einer Abdeckung aus Hauben (Cloches) oder Folie erwärmen konnte. Für ein besseres Wachstum bedecken Sie Sämlinge mit Hauben und dünnen sie nach einiger Zeit aus, um eine gute Belüftung zu sichern und Konkurrenz zwischen Pflanzen zu vermeiden.

Frost wirkt sich weniger stark aus, wenn sich empfindliche Kulturen allmählich an die Außentemperaturen gewöhnen können. Das gilt etwa für Zuckermais, Feuer- oder Gartenbohnen, Tomaten und Zucchini. Dies bedeutet, dass man Sämlinge zehn Tage lang tagsüber ins Freie stellt und für die Nacht ins Haus. Pflanzen Sie erst, wenn die Spätfrostgefahr vorüber ist.

Wenn es wärmer wird, *wachsen die Pflanzen schnell. Es gibt daher viel zu tun. Pflegen Sie so gut wie nur möglich, damit die Kulturen einen guten Start haben. Kranke oder abgestorbene Pflanzen werden unverzüglich ersetzt.*

Stangen- und Feuerbohnen *winden sich um ihre Stütze. Binden Sie junge, widerspenstige Triebe an.*

Gießen Sie Jungpflanzen *nach dem Auspflanzen gründlich, sie werden dadurch widerstandsfähiger.*

Robuste Kulturen *können im Frühjahr direkt gesät werden. Halten Sie die vorbereitete Erde feucht.*

Dünnen Sie Sämlinge *frühzeitig aus, damit sich die verbliebenen Pflänzchen ungestört entwickeln.*

Biologisch abbaubare *Töpfe sorgen für eine geringere Störung des Wurzelballens beim Umpflanzen. Gut gießen.*

Halten Sie zum Abdecken *Vlies oder Hauben bereit für den Fall, dass ein Kälteeinbruch kommt.*

WEITERE ARBEITEN ZU FRÜHJAHRSBEGINN

- Seien Sie unerbittlich gegen Schnecken, streuen Sie Schneckenkorn.
- Zeitweilig mit Papier abgedeckte Aussaaten keimen schneller.
- In die Erde gesteckte, umgedrehte Flaschen erleichtern das Gießen.
- Hacken Sie zwischen den Pflanzen, um Unkraut fernzuhalten.

Pflege-Arbeiten

Die Wachstumsrate nimmt zu, wenn die Temperaturen zur Frühjahrsmitte ansteigen. Deshalb ist es wichtig, die Kulturen in bester Verfassung zu halten. Schnell reifen Radieschen und Pflücksalat, ebenso liefern Kräuter eine erste Ernte. Obst und Gemüse, das zur Reife mehr Zeit braucht, gedeiht bei fortwährender Pflege besser. Stützen und binden Sie Tomaten und Gurken auf, entfernen Sie alle gelben Blätter.

Durch Anhäufeln verhindern Sie bei Kartoffeln, dass die Knollen in Kontakt mit Licht kommen. Sie werden sonst grün und ungenießbar. Jäten beseitigt unerwünschte Konkurrenz, und Barrieren halten die Möhrenfliege oder andere Gemüsefliegen fern, deren Larven Gänge in die Wurzeln fressen. Sorgfältig durchgeführt, werden diese Arbeiten reiche Früchte tragen.

Binden Sie *schnell wachsende Gurkentriebe immer wieder mit weichem Zwirn an.*

Ausgesäte Radieschen *reifen in rund fünf Wochen. Ernten Sie sie frisch, sonst werden sie holzig.*

Jäten Sie *zwischen Möhren. Die Konkurrenz durch unerwünschte Kräuter senkt sonst den Ertrag.*

Insektenschutznetz, *60 cm hoch aufgebaut, hält die Möhrenfliege von der Eiablage an den Pflanzen ab,*

Bohnenpflanzen *müssen Sie gut gießen, damit kräftige Wurzeln viele Hülsen liefern.*

Um Kartoffeln *häufeln Sie regelmäßig Erde an, damit die Knollen nicht dem Licht ausgesetzt werden.*

Kontrollieren Sie, *ob sich Anzeichen von Krankheiten oder Schädlingen zeigen. Reagieren Sie prompt.*

Blattsalat *entwickelt sich schnell. Ernten Sie daher nach Bedarf immer wieder Blätter ab.*

Junges Gewebe *zieht Schnecken magisch an. Schreiten Sie zur Abwehr, etwa mit Schneckenkorn.*

Gelbe Blätter *werden zum Erhalt der Gesundheit entfernt. Wichtig ist das für Kohlgewächse und Gurken.*

ANDERE ARBEITEN ZUR ZEIT DES HAUPTWACHSTUMS

- Dünnen Sie Mangold aus, die jungen Pflanzen schmecken als Salat.
- Winden Sie Tomatenpflanzen um stützende Stangen.
- Ernten Sie Kräuter wie Basilikum oft, damit sie weiter nachtreiben.
- Düngen Sie Fruchtgemüse wöchentlich mit Tomatendünger.

Reiche Ernte

Am meisten zu ernten gibt es zwischen Hoch- und Spätsommer. Früchte und Blätter reifen kontinuierlich, daher müssen Sie Stangen-, Busch- oder Feuerbohnen, Zucchini und Pflücksalat regelmäßig abernten, was eine gleichmäßige Versorgung ermöglicht. Andere Kulturen wie Möhren oder Rote Bete ernten Sie auf einmal ab, dann können Sie die frei gewordene Fläche gleich wieder nutzen. Durch Folgeaussaaten oder weitere Pflanzungen bleibt Ihre Fläche weiterhin ertragreich. Gut gegossen, werden sich die weiteren Kulturen zügig entwickeln.

Langsam reifende Kulturen wie Zuckermais, Tomaten und Feuerbohnen beginnen im Spätsommer zu reifen. Nur bei guter Pflege ermöglichen Sie eine stattliche Ernte bis zum Herbst.

Lenken Sie bei Kürbis *abwegige Triebe. Sie werden noch deutlich erstarken.*

Gurken sind pflückreif *innerhalb weniger Tage. Kontrollieren Sie regelmäßig und ernten Sie ab.*

Säen Sie direkt *an freie Stellen für eine kontinuierliche Ernte. Gießen Sie die Aussaaten bei Hitze.*

Einzelne Möhren *ziehen Sie heraus, sobald sie groß genug sind, die größten Wurzeln zuerst.*

Nehmen Sie Zucchini *regelmäßig ab, sonst werden sie zu groß. Prüfen Sie die Pflanzen alle paar Tage.*

Salatpflanzen *ziehen Sie ganz aus dem Boden. Über dem Strunk abgeschnitten, treiben sie neu aus.*

Zuckermais *müssen Sie für einen hohen Ertrag gut gießen, sobald die langen Blütenstände erscheinen.*

ARBEITEN ZUR ERNTEZEIT

- Ziehen Sie Rote Bete in Sätzen.
- Prüfen Sie die Gesundheit.
- Gießen Sie gründlich.
- Düngen Sie regelmäßig.

Ernte im Herbst

Einige Kulturen brauchen lange für ihre Entwicklung. Zuckermais, Kürbis und Tomaten reifen langsam heran. Nur bei viel Sonne bilden sie reichlich Zucker, sodass sie ihren Höhepunkt erst im Herbst erreichen. Kartoffeln sind außerdem erntereif, denn ihre Schale hat sich so gut ausgebildet, dass man sie lagern kann.

Es gibt nun mehr freie Flächen, weil abgeerntet wurde. Hier können Sie schnell wachsende Keimpflanzen oder winterharten Salat für eine Ernte im Winter einsäen. Oder Sie bereiten die Fläche fürs nächste Jahr schon vor. Eine Mulchschicht verhindert das Aufkeimen von Unkraut, während unbedeckter Boden gut durchgefroren wird und Schädlinge dabei absterben.

Der Komposthaufen schwillt an. Mischen Sie das Material und wenden Sie es von innen nach außen.

Gießen Sie ganz besonders *jene Kulturen, die noch reifen, wie Kürbis und Blattsalate.*

Winterkürbisse *ernten Sie vor dem ersten Frost. Sie sollten in der Sonne liegen, damit die Schale erhärtet.*

Mulchen Sie offenen Boden *mit organischer Substanz, die bis zur Pflanzzeit in Frühjahr verrottet.*

Späte Aussaaten *von winterharten Kulturen wie Feldsalat sind möglich. Sie sollten abgedeckt werden.*

Bohnen *bilden bis zum ersten Frost Hülsen, sofern sie regelmäßig abgeerntet werden.*

Bei Zuckermais *ziehen Sie die Hüllblätter vorsichtig zurück, um den Reifegrad der Samen zu prüfen.*

Kartoffelknollen *lassen Sie nach der Ernte für ein paar Stunden auf dem Boden trocknen.*

Zucchini *erschöpfen sich allmählich. Ernten Sie die Pflanzen ab, die dann auf den Kompost kommen.*

Von Kräutern *ernten Sie Blätter und Früchte. Die Samen kann man trocknen, die Blätter einfrieren.*

Abgeerntetes Kraut *wird herausgezogen und kommt klein geschnitten auf den Komposthaufen.*

ARBEITEN GEGEN ENDE DER KULTURZEIT

- Beernten Sie Mangold bis in den Winter hinein.
- Bedecken Sie neue Aussaaten mit Hauben oder Folientunnels.
- Gießen Sie Tomaten nicht mehr, damit die Früchte reifen.
- Lagern Sie Ernteüberschuss an einem frostsicheren Platz.

Einfache Kulturen

Wenn Sie mit dem Anbau von Nutzpflanzen erst beginnen, empfiehlt sich diese Kombination aus Gemüse-Arten und Erdbeeren. Viele dieser Kulturen eignen sich hervorragend für Anfänger. Sie sind leicht zu ziehen, haben wenig Probleme mit Krankheiten oder Schädlingen und liefern Ertrag bei geringem Aufwand. Wenn Sie nur eine oder zwei Kulturen pro Quadratmeter ziehen, bekommen Sie den Anbau leicht in den Griff. Wenn Erfahrung und Selbstvertrauen zunehmen, können Sie weitere Arten (wie unten gezeigt) ergänzen. Passen Sie die Auswahl und deren Umfang Ihren Bedürfnissen an.

Anbau in Pflanzgefäßen

Einfache Kulturen lassen sich leicht in Töpfen, Balkonkästen oder Hängekörben ziehen. Sie können auch Monatserdbeeren an einer sonnigen Stelle in 20-cm-Töpfe pflanzen und sie an einem Zaun oder an einem Rankgitter entlangleiten. Salate mit flachem Wurzelwerk passen gut in kleinere Gefäße, während Zwiebeln oder Buschbohnen Töpfe von mindestens 25 cm brauchen. Kartoffeln und Zucchini reifen in großen Kübeln oder Erdsäcken.

Weitere einfache Kulturen

Tomaten
Seite 54–57

Knoblauch
Seite 162–163

Feuerbohnen
Seite 70–71

Zuckermais
Seite 166–169

Dicke Bohnen
Seite 76–77

Winterkürbis
Seite 86–89

Möhren
Seite 138–139

Speiserübchen
Seite 140–141

Einfache Mischung

Diese Kombination von Kulturpflanzen versorgt Sie mit allem Notwendigen. Auf gut vorbereitetem, gepflegtem Boden können Sie schnelle Ergebnisse und ansehnliche Erträge erwarten. Die große Fläche Erdbeeren garantiert eine reiche Ernte, die Bohnen tragen zuverlässig bis zum Herbst, zwei Zucchini-Pflanzen liefern vermutlich mehr, als Sie verzehren können. Säen Sie immer wieder Radieschen aus, die schnell heranwachsen. Sobald eine Reihe abgeerntet ist, folgt der nächste Satz.

OBERE REIHE: ■ Kartoffeln × 4 ■ Frühkartoffeln × 6 ■ Zwiebeln × 60

MITTLERE REIHE: ■ Spinat × 16 ■ Rote Bete × 30 ■ Zucchini × 2 ■ Stangen- oder Buschbohnen × 12

UNTERE REIHE: ■ Radieschen × 40 ■ Salat × 8 ■ Radieschen × 40 ■ Erdbeeren × 12

Mangold
Seite 124–125

Asia-Salate
Seite 120–121

Herbsthimbeeren
Seite 202–203

Blattsalat
Seite 112–115

Schalotten
Seite 156–157

Pflaumen
Seite 218–219

Infrage kommen auch:

- Peperoni (S. 60–63)
- Endivie (S. 128–129)
- Kohlrabi (S. 170–171)
- Rhabarber (S. 186–187)
- Koriander (S. 190–191)
- Petersilie (S. 190–191)
- Pfefferminze (S. 192–195)
- Schnittlauch (S. 192–195)
- Kopfkohl (S. 94–99)
- Schwarze Johannisbeeren (S. 208–209)
- Heidelbeeren (S. 212–213)
- Pflaumen (S. 218–219)

Das Familienbeet

Unter den Obst- und Gemüse-Arten, die eine Familie so braucht, finden sich etliche, die im Garten gedeihen. Eine 3 × 3 m große Fläche liefert eine Palette frischer Nahrungsmittel, viele Kulturen gedeihen in Töpfen. Jedes Familienmitglied sollte für einen speziellen Teil der Anbaufläche verantwortlich sein. Daraus entstehen ein sich gegenseitig anstachelnder Ehrgeiz und eine besser gepflegte Anbaufläche. Die gesammelten Erfahrungen werden ausgetauscht, Tipps und Methoden von Generation zu Generation weitergeben. Dadurch verinnerlichen alle Beteiligten den eigenen Anbau.

Anbau in Pflanzgefäßen

Falls es Ihnen an Platz mangelt – oder auch aus Spaß an der Sache –, bietet sich der Anbau in Pflanzgefäßen an. Bestücken Sie große Töpfe mit ertragreichen Kulturen, die man in Ihrer Familie gern genießt. Junge Pastinaken und Möhren können Sie in tiefe Töpfe säen, während Salat und Rote Bete in niedrigen Gefäßen gedeihen. Heidelbeeren, Erdbeeren und Äpfel eignen sich ebenso. Sichern Sie Fruchtgemüse einen warmen, sonnigen Platz.

Weitere Kulturen für das Familienbeet

Erbsen
Seite 68–69

Kopfkohl
Seite 94–99

Riesenkürbis
Seite 90–91

Gurken
Seite 80–81

Radieschen
Seite 134–135

Rosenkohl
Seite 106–107

Mangold
Seite 124–125

Kohlrabi
Seite 170–171

Familienmischung

Diese auf maximalen Ertrag ausgerichtete Kombination umfasst begehrte Kulturen, die man zwischen Sommer und Herbst erntet. Nutzen Sie den Platz bestmöglich, indem Sie unter langsam wachsendem Zuckermais schnell wachsenden Kürbis zur Bodendeckung ziehen. Spät reifende Kulturen wie Brokkoli und Spargelkohl halten den Platz für lange Zeit besetzt. Zusammengepflanzt entwickeln sie sich ohne Störung.

OBERE REIHE: ■ Frühkartoffeln × 6 ■ Rote Bete × 30 ■ Salat × 8 ■ Strauchtomaten × 4

MITTLERE REIHE: ■ Brokkoli × 8 ■ Spargelkohl × 2 ■ Kürbis × 1 ■ Zuckermais × 9 ■ Stangen- oder Buschbohnen × 12

UNTERE REIHE: ■ Möhren × 45 ■ Pastinaken × 8 ■ Zwiebeln × 30 ■ Lauch × 10 ■ Zucchini × 2

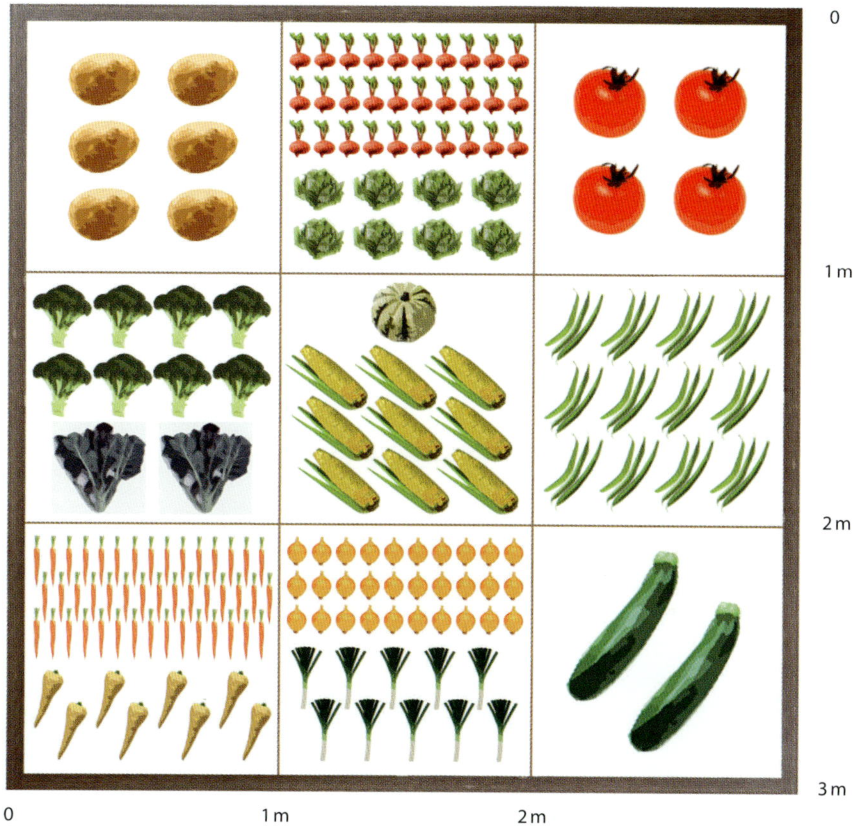

Chicorée
Seite 126–127

Paprika
Seite 58–59

Erdbeeren
Seite 200–201

Einjährige Kräuter
Seite 190–191

Auberginen
Seite 64–65

Rote Johannisbeeren
Seite 206–207

Infrage kommen auch:

- Peperoni (S. 60–63)
- Feuerbohnen (S. 70–71)
- Dicke Bohnen (S. 76–77)
- Pflück- oder Schnittsalat (S. 116–117)
- Spinat (S. 122–123)
- Speiserübchen (S. 140–141)
- Knoblauch (S. 162–163)
- Rhabarber (S. 186–187)
- Himbeeren (S. 202–203)
- Heidelbeeren (S. 212–213)
- Äpfel (S. 214–215)
- Kirschen (S. 220–221)

Kulturen für Feinschmecker

Eine unüberschaubar große Zahl an Sorten von Obst und Gemüse steht zur Verfügung. Experimentierfreudige Hobbyköche können hier aus dem Vollen schöpfen. Kulturen wie Artischocken und Chicorée sowie ungewöhnliche Sorten wie violette Möhren oder rote Stachelbeeren wirken interessant im Garten, käuflich erwerben kann man sie nicht so leicht. Mit farbigen Nutzpflanzen können Sie einen dekorativen und ebenso höchst ertragreichen Garten gestalten. Hier bestätigt sich eindeutig die Aussage: »Man isst auch mit den Augen.«

Anbau in Pflanzgefäßen

Die gezeigte Mischung aus unterschiedlichen Texturen und Farben veranschaulicht eine mobile Sammlung von schnellen Kulturen. Nicht alltäglicher Pflücksalat, Kräuter, essbare Blüten und das fiedrige Laub von Fenchel geben einige Beispiele. Auch Beerensträucher und mehrjähriges Gemüse gehören dazu, sie brauchen lehmiges Substrat zum guten Gedeihen. Wasserbedürftige Kulturen wie Fenchel und Sellerie brauchen häufige Wassergaben.

Weitere Kulturen für Feinschmecker

Grünkohl 'Black Tuscan'

Möhre 'Purple Haze'
Seite 138

Kopfkohl 'Siberia'

Tomate 'Tigerella'
Seite 56

Spargelkohl 'Claret'
Seite 104

Brunnenkresse
Seite 130–131

Kohlrabi 'Kolibri'
Seite 170

Mangold 'Ruby'

Leckere Mischung

Unabhängig von der Anbaufläche geht es hier darum, nicht gerade billiges oder selten angebotenes Gemüse anzubauen. Spargel und Rote Johannisbeeren sind im Anbau relativ einfach. Dicke Bohnen, die man jung und süß erntet, bedeuten eine Offenbarung im Vergleich zur Ware aus den Geschäften. Frische Asia-Salate liefern Ihnen den ganzen Sommer über Blätter und Stängel für pfannengerührte Gerichte und Salate.

OBERE REIHE: ■ Salatkartoffeln × 6 ■ Dicke Bohnen × 20 ■ Spargel × 4

MITTLERE REIHE: ■ Sellerie × 9 ■ Erdbeeren × 8 ■ Johannisbeeren × 1 ■ Fenchel × 10 ■ Knoblauch × 14

UNTERE REIHE: ■ Speisekürbis × 1 ■ Chicorée × 6 ■ Schalotten × 8 ■ gemischter Blattsalat × 8 ■ Asia-Salate × 10 ■ gemischter Blattsalat × 8 ■ Asia-Salate × 10

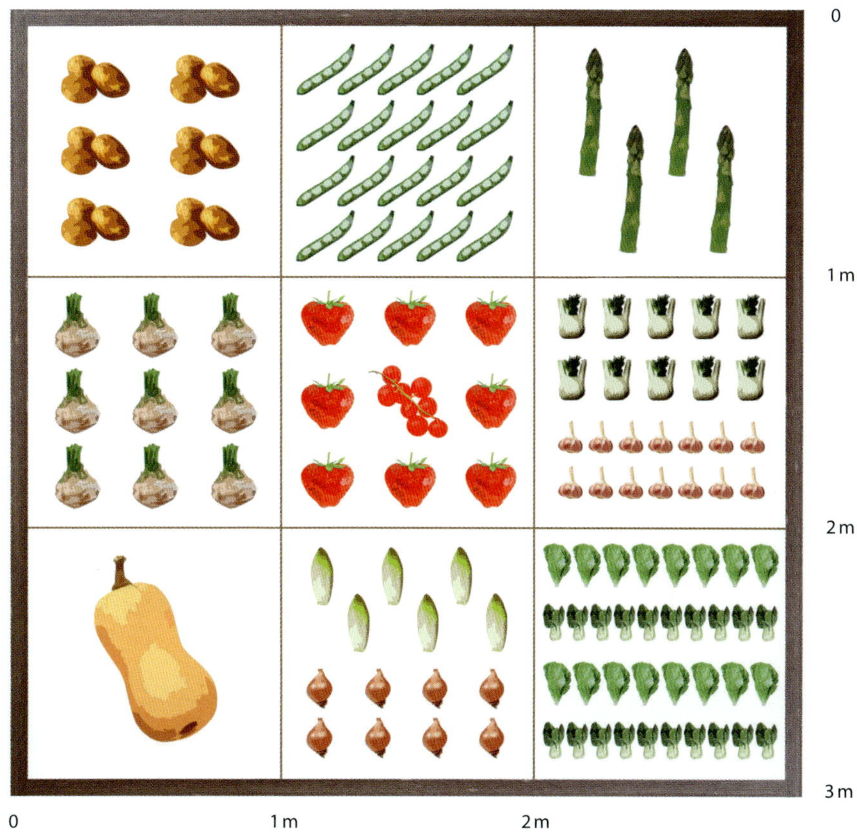

Rote Bete 'Chioggia Pink'
Seite 136

Pfefferminze
Seite 194–195

Pfirsich 'Garden Lady'
Seite 222

Artischocke
Seite 182–183

Brokkoli 'Romanesco'
Seite 102

Heidelbeeren
Seite 212–213

Infrage kommen auch:

- Paprika 'Yellow Stuffer'
- Peperoni 'Ancho'
- Erbse 'Purple Podded'
- Stangenbohne 'Lingua di Fuoco'
- Winterkürbis 'Uchiki Kuri' (S. 88)
- Riesenkürbis 'Rouge Vif d'Etampes' (S. 90)
- Topinambur (S. 184–185)
- Koriander (S. 190–191)
- Stachelbeere 'Lancashire Lad' (S. 210)
- Pflaume 'Coe's Golden Drop'

EIGENER ANBAU VON Gemüse

Fruchtgemüse

Von Tomaten, Paprika und Verwandten erntet man nicht Wurzeln oder Blätter, sondern die Früchte. Es steht eine ganze Reihe von Formen, Größen, Farben und Geschmacksrichtungen zur Verfügung, sodass hier jeder auf seine Kosten kommt. Fruchtgemüse braucht einen sonnigen, warmen Platz und kalireiche Düngung. Dann können Sie von Tomaten, Paprika, Peperoni und Auberginen Früchte abnehmen, die süßlich, manchmal auch scharf und zugleich köstlich schmecken. Viele neu gezüchtete Sorten sind kompakt und gleichzeitig sehr ertragreich. Sie bieten sich für jene an, die dem Gemüse-Anbau nicht gar so viel Platz im Garten einräumen wollen.

SCHRITT FÜR SCHRITT Tomaten

Tomaten liefern bei einer Kultur unter Schutz oder an einem sonnigen Platz im Freien eine zuverlässige Ernte. Es gibt viele verschiedene Sorten in unterschiedlichen Farben oder Formen, mit variablem Geschmack. Generell unterscheidet man zwischen Stabtomaten, die man an Stäben oder Schnüren erzieht, und Strauchtomaten, die sich freier entwickeln dürfen. Zwergtomaten eignen sich für Pflanzgefäße, hängende Sorten für Hängekörbe.

	FRÜHLING	SOMMER	HERBST	WINTER
AUSSAAT				
ERNTE				

KULTURDAUER: 16–18 WOCHEN

GEEIGNET FÜR: BEET, PFLANZGEFÄSSE, ERDSÄCKE – IM FREIEN WIE UNTER GLAS

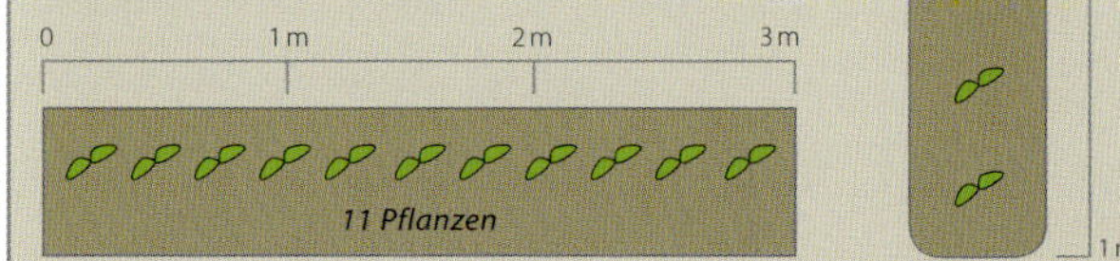

3 M LANGE REIHE
Pflanzabstand 30 cm, abhängig von der Sorte

ERDSACK
je 3 Pflanzen

1 Aussaat

Säen Sie Tomaten zwischen Mitte März und Mitte April im Haus aus. Auf dem Substrat im Topf legen Sie die Samen in 1 cm Abstand aus. Bedecken Sie sie dünn mit Substrat und stellen Sie das Gefäß für ein oder zwei Wochen in einen heizbaren Vermehrungskasten bei 18 °C. Die Sämlinge müssen Sie pikieren, sobald sich die ersten echten Blätter zeigen. Nach ein paar Wochen geschützter Anzucht werden die Pflanzen ins Freie gesetzt.

Eine Einzelaussaat *in Anzuchtsystemen erspart das Pikieren. Dadurch werden die Wurzeln der jungen Pflanzen nicht so stark gestört.*

Kultivieren Sie die Sämlinge, *bis Wurzeln am Grund der Zellen hervortreten. Dann können Sie sie in Töpfe umsetzen oder gleich ins Freie pflanzen.*

Feuchtigkeit *bleibt im Erdsack, wenn die Pflanzlöcher gerade groß genug sind zum Einpflanzen. Fürs Gießen sollte noch ein wenig Platz bleiben.*

Leiten Sie Tomaten auf, *das ist bei Stabtomaten besonders wichtig. Senkrecht gespannte Stricke sind praktisch für Kleingewächshäuser.*

2 Anbau unter Glas

Tomaten fruchten am besten im geschützten Anbau. Man kann sie auf Beete, in Erdsäcke oder Töpfe pflanzen. Sie brauchen einen hellen Platz, der vor praller Sonne geschützt ist, und eine gute Belüftung. Während Hitzeperioden sollte man sie täglich gießen und regelmäßig düngen. Stabtomaten müssen Sie ausgeizen, das heißt, die Seitentriebe werden entfernt. Dadurch brauchen die Pflanzen weniger Platz.

TIPP *Hängen Sie Gelbfallen auf, um Weiße Fliegen zu bekämpfen (siehe S. 238).*

3 Anbau im Freien

Damit Tomaten im Freien gedeihen, brauchen sie einen sonnigen Platz und mit organischer Substanz aufgebesserte Erde. Alternativ dazu können Sie in Erdsäcke oder Töpfe pflanzen. Während Trockenperioden müssen Sie gut gießen. Düngen Sie regelmäßig mit Tomatendünger. Stützen Sie breit wachsende Strauchtomaten.

Pflanzen Sie Tomaten *ebenso tief, wie sie im Topf standen, und drücken Sie den Ballen gut an.*

Stecken Sie Stäbe *neben die Pflanzen. Stabtomaten kommen mit nur einer Stütze aus.*

Binden Sie Tomaten an, *damit sie die sich entwickelnden Fruchtstände tragen können.*

Zwicken Sie Seitentriebe *an Stabtomaten mit den Fingern frühzeitig aus. Ältere Triebe entfernen Sie mit einem scharfen Messer.*

Tomatenpflanzen brauchen Wasser, *besonders wenn sie blühen oder fruchten. Die Ballen in Erdsäcken müssen ständig feucht bleiben.*

4 Erziehung

Bei Stabtomaten erzieht man einen Stängel an einem Strick oder Stab. Seitentriebe in den Blattachseln müssen Sie regelmäßig entfernen (ausgeizen), bei Strauchtomaten können sie an der Pflanze bleiben. Haben sich bei Stabtomaten vier oder fünf Fruchtstände gebildet, wird die Spitze gekappt.

5 Pflege

Gießen Sie regelmäßig, Kulturen unter Glas möglichst täglich, düngen Sie wöchentlich mit kalireichem Tomatendünger, sobald die ersten Blüten erscheinen. Trockenheit kann zu Spaltfrüchten, Störungen der Nährstoffaufnahme oder Blütenendfäule führen (siehe S. 244).

6 Ernte

Tomaten reifen ab Mitte des Sommers, das beste Aroma haben erst voll ausgefärbte Früchte. Das dauert je nach Größe unterschiedlich lang. Gepflückte Tomaten halten sich mehrere Tage, Überschüsse können Sie einkochen oder einfrieren. Unreif geerntete Früchte reifen im Haus an einem sonnigen Platz neben einem Apfel noch nach.

Für die Ernte *drücken Sie mit dem Daumen gegen den Stiel und knicken die Frucht ab.*

Tomaten

1 'Totem' Die zwergige Strauchtomate eignet sich für Erdsäcke oder den Balkonkasten, sie kommt ohne Ausgeizen aus. Die kirschgroßen Früchte entwickeln sich in großer Fülle.

2 'Tumbling Tom Yellow' Die kompakte Strauchtomate mit hängenden Trieben bringt in besonnten Hängekörben den ganzen Sommer lang kirschgroße, goldgelbe Früchte.

3 'Tumbler' Die hängende Strauchtomate passt bestens in Hängekörbe, Balkonkästen und Pflanzgefäße. Sie eignet sich ganz besonders für kleine Gärten.

4 'Marmande' Die Fleischtomate trägt große, tiefrote Früchte mit wenigen Samen. Die Stabtomate sollten Sie ins Freie pflanzen, mit einem Stab stützen und immer wieder ausgeizen.

5 'Sungold' Die Hybride trägt kirschgroße, dunkel orangefarbene, sehr süße Früchte. Man zieht sie aufgeleitet im Gewächshaus oder im Freien.

6 'Gardener's Delight' Die bekannte Kirschtomate entwickelt lange Rispen süßer roter Früchte. Sie gedeiht im Gewächshaus oder im Freien und wird am besten aufgeleitet.

7 'Sweet Olive' Die hybride Cocktailtomate liefert ovale, etwa 4cm lange, rote Früchte. Sie eignet sich für den Anbau im Gewächshaus oder im Freien und sollte gestützt werden.

8 'Moneymaker' Die traditionelle Stabtomate wächst im Gewächshaus oder im Freien. Sie bringt rote Früchte mittlerer Größe. Geizen Sie die Pflanze aus und geben Sie eine Stütze.

9 'Tigerella' Die ungewöhnliche, früh reifende Sorte liefert mittelgroße rote Früchte mit gelben Streifen. Sie wird im Gewächshaus oder im Freien am besten aufgeleitet.

Weitere Sorten

'Black Russian'
'Ferline'
'Gartenperle'
'Green Sausage'
'Roma VF'
'Yellow Stuffer'

1

2

3

6

4

5

7

8

9

SCHRITT FÜR SCHRITT Paprika

Zwei oder drei geschützt gezogene Paprika-Pflanzen versorgen Sie mit süßen, aromatischen Früchten. Paprika kann man gut im Topf ziehen. Die vielen Sorten tragen unterschiedlich geformte und gefärbte Früchte, es gibt sie sogar in Violett, Orange und Schwarz. Ernten Sie Paprika grün, so regen Sie die Bildung weiterer Früchte an. Wenn die Früchte an der Pflanze ausfärben und ausreifen, entwickeln sie ihren vollen, süßen Geschmack.

	FRÜHLING	SOMMER	HERBST	WINTER
AUSSAAT				
ERNTE				

KULTURDAUER: 20–26 WOCHEN

GEEIGNET FÜR: BEET, PFLANZGEFÄSSE, ERDSÄCKE – IM FREIEN WIE UNTER GLAS

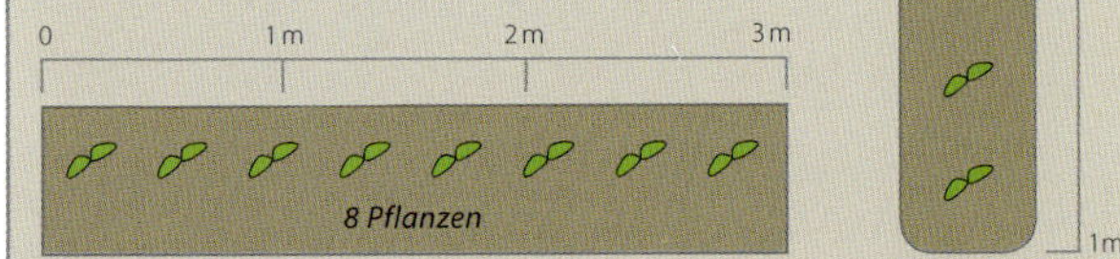

3 M LANGE REIHE
Pflanzabstand 40 cm

ERDSACK
je 3 Pflanzen

1 Kulturbeginn

Die wärmebedürftigen Paprika erfordern eine lange Wachstumszeit, daher ist eine frühe Aussaat im Haus so wichtig, damit sie Zeit haben, ihre Früchte zu entwickeln. Die Pflanzen wachsen gut in großen Containern, wenn sie nährstoffreiches Substrat und genug Raum zur Entwicklung haben.

'California Wonder' *trägt lange, eckige, glänzend rote, sehr süße Früchte.*

'Marconi' *hat lange, dünne, geprägte Früchte, die bei der Reife rot glänzen.*

'Gourmet' *entwickelt kompakte Pflanzen mit zahlreichen orangefarbenen Früchten.*

'Gypsy' *bildet in Massen gedrungene, fleischige, sehr aromatische Früchte.*

Einzelaussaat *in kleine Töpfe: Bedecken Sie jedes Korn mit Erde und stellen Sie die Töpfe in einen Vermehrungskasten.*

Kräftige Sämlinge *setzen Sie in einen 9-cm-Topf, der geschützt aufgestellt wird. Gießen Sie immer gut.*

Wenn der Topf durchwurzelt ist, *können Sie erneut umtopfen. Im größeren Topf kann die Pflanze heranwachsen.*

2 Aussaat

Füllen Sie Aussaaterde in Töpfe, die Sie verdichten, gießen Sie und lassen Sie Wasser ablaufen. Legen Sie Samen 1 cm unterhalb der Topfkante aus und drücken Sie sie an. Darauf kommt eine 5 mm starke Lage Substrat. Nach dem Befeuchten kommt der Topf aufs Fensterbrett. Sämlinge, die man gut handhaben kann, setzt man um in Einzeltöpfe. Sobald die Pflanzen 20 cm hoch sind, werden sie regelmäßig mit einer Lösung Tomatendünger versorgt.

TIPP *Für kompakten Wuchs die Triebspitzen bei einer Höhe von 30 cm ausknipsen.*

3 Auspflanzen

Soll Paprika im Freien wachsen, müssen die Pflanzen im Frühsommer zwei Wochen lang abgehärtet werden, indem sie tagsüber im Freien stehen. Danach kommen sie an einen sonnigen, geschützten Platz mit einem Pflanzabstand von 40 cm oder in mindestens 30 cm große Container mit Universalerde. Gießen Sie reichlich.

Paprika-Pflanzen *sind im Frühsommer groß genug zum Auspflanzen. Sie kommen an einen sonnigen, warmen Platz.*

Drücken Sie die Pflanzen gut an, *denn sie werden mit der Zeit massig. Gießen Sie gründlich und halten Sie die Erde stets feucht.*

Stecken Sie einen Bambusstab *von 60 cm Höhe ein und binden Sie die Pflanzen an. Die großen Früchte können recht schwer werden.*

Sobald Früchte erscheinen, *düngen Sie alle zwei Wochen. Düngen und regelmäßiges Gießen schützen die Haut vor dem Aufplatzen.*

4 Kultur unter Glas

Paprika gedeihen auch an einem sonnigen Zimmerfenster oder an einem hellen Platz im Gewächshaus. Dann müssen Sie die Blüten von Hand bestäuben. Mit einem Wattestäbchen oder einem Pinsel entnehmen Sie Pollen aus einer voll geöffneten Blüte und übertragen ihn auf eine gleich weit entwickelte.

5 Pflege

Achten Sie auf eine gute Wasserversorgung und düngen Sie regelmäßig mit kalireichem Dünger (Tomatendünger), um die Bildung von Blüten und Früchten zu fördern. Oft bildet sich eine große Frucht, bevor sich weitere entwickeln, daher wird sie grün gepflückt, damit mehr Früchte wachsen.

6 Ernte

Einzelne Früchte verfärben sich von Grün nach Gelb, Orange, Rot oder Violett, je nach Sorte. Sie können die Schoten grün ernten oder warten, bis sie ausreifen und dann süßer schmecken. Schneiden Sie die Früchte mit einer Schere ab, Abreißen kann die Pflanze beschädigen. Stülpen Sie über Pflanzen im Freien im Herbst eine Haube, damit die Reife zügig vorangeht.

Lassen Sie beim Schneiden *ein Stück vom Stiel an den Früchten. Sie halten dann länger.*

SCHRITT FÜR SCHRITT Peperoni

Gewürzpaprika mit seinen kleinen Früchten bringt Farbe ins Beet. Die Kultur gelingt an einem hellen, sonnigen Platz leicht. Hohe Erträge sind im kleinsten Garten oder am Fensterbrett zu erwarten. Peperoni oder Chilis gibt es in Rot, Grün, Gelb, Orange und Violett, dazu in einer großen Bandbreite an scharfen Aromen – von mild bis explosiv. Meist lassen sich die Früchte gut trocknen. Das bedeutet, dass man das ganze Jahr über versorgt ist.

	FRÜHLING	SOMMER	HERBST	WINTER
AUSSAAT				
ERNTE				

KULTURDAUER: 20–26 WOCHEN

GEEIGNET FÜR: BEET, PFLANZGEFÄSSE, ERDSÄCKE – IM FREIEN WIE UNTER GLAS

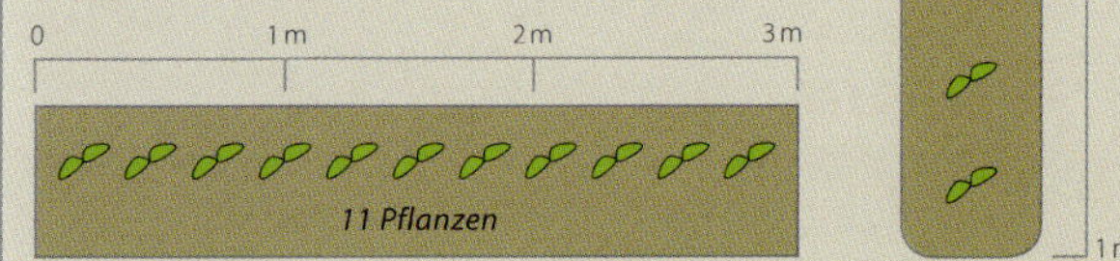

3 M LANGE REIHE
Pflanzabstand 30 cm

ERDSACK
je 3 Pflanzen

Samen von Peperoni *sind recht groß und leicht zu handhaben. Säen Sie in 5 mm Tiefe, in Saatschalen, halten Sie etwa 2 cm Abstand.*

Setzen Sie wachsende Sämlinge *einzeln in Töpfe. Verwenden Sie kompostierbare Töpfe (Bild), um die Pflanzen darin später auszupflanzen.*

1 Aussaat

Wegen der langen Kulturzeit sollten Sie Peperoni im zeitigen Frühjahr im Haus aussäen. Füllen Sie kleine Töpfe, Schalen oder Anzuchtsysteme mit Aussaaterde, gießen Sie. Legen Sie die Samen aus, gießen Sie wieder und stellen Sie die Aussaaten in einen Vermehrungskasten bei 20–24 °C. Nach ein oder zwei Wochen beginnt die Keimung, die Weiterkultur erfolgt an einem warmen Platz im Haus.

TIPP *Aussaaten können in einem Schrank stehen, doch kontrollieren Sie täglich.*

2 Weiterkultur

Halten Sie die Sämlinge an einem hellen Platz unter Glas, sie sollen nicht kühler als bei 18 °C stehen, auch nachts. Pflänzchen aus Anzuchtsystemen werden in 10-cm-Töpfe umgesetzt, sobald die Wurzeln die Kammern ausfüllen. Ab einer Höhe von 10 cm wird kalireicher Dünger gegeben. Für eine gute Verzweigung mit vielen fruchtenden Trieben zwicken Sie den Haupttrieb ab, sobald die Pflanzen eine Höhe von 20 cm erreicht haben.

Topfen Sie um, *sobald die Wurzeln an den Ballenrand stoßen, ansonsten stockt das Wachstum. Verwenden Sie Universalerde.*

Die Kultur unter Schutz *dauert so lang, bis keine Spätfröste mehr zu befürchten sind und man ins Freie auspflanzen kann.*

3 Auspflanzen

Sollen Peperoni im Freien wachsen, müssen Sie die Pflanzen im Frühsommer abhärten. Danach sind sie bereit für das Auspflanzen in Container, einen Erdsack oder in durchlässige Erde an einem sonnigen Platz. Wollen Sie Peperoni im Haus oder Gewächshaus ziehen, brauchen die Pflanzen einen Topf von mindestens 25 cm Durchmesser.

Pflanzen Sie Peperoni *genauso tief aus, wie sie im Topf standen, und gießen Sie gut. Streuen Sie zum Schutz Schneckenkorn aus.*

Stützen Sie die Pflanzen *mit einem eingesteckten festen Stab, an den Sie die Pflanze anbinden. Große Fruchtlast verlangt mehrere Stäbe je Pflanze.*

Gießen Sie ausgiebig, *damit sich eine reiche Ernte entwickelt. Trockenperioden führen zu weniger, kleineren, schärferen Früchten.*

Peperoni fruchten wochenlang, *Überschüsse kann man einfrieren oder trocknen. Berühren Sie nach dem Anfassen der Früchte nicht die Augen.*

4 Pflege

Während der Wachstumszeit müssen Sie gut gießen, vor allem bei Pflanzen unter Glas oder im Topf ist das wichtig. Düngen Sie mit Tomatendünger. Bei kühler oder windiger Witterung und bei Kulturen im Haus sollten Sie für einen besseren Fruchtansatz von Hand bestäuben.

5 Ernte

Peperoni reifen über Wochen hinweg. Sobald sie groß genug sind, kann man Früchte abnehmen, ob sie grün sind oder schon völlig ausgefärbt. Gegen Ende der Wachstumszeit können Sie Pflanzen im Freien mit Hauben abdecken oder ausreißen und trocken zur Nachreife aufhängen.

Früchte trocknen

Peperoni lassen sich grün oder ausgereift trocknen, allerdings faulen fleischige Typen leicht. Breiten Sie die Früchte in einem warmen, trockenen, gut durchlüfteten Raum aus. Sie können Peperoni auch bündeln und aufhängen. Sie trocknen in etwa einer Woche. Aufbewahrt werden sie als Ketten oder in Gefäßen.

Peperoni

1 'Apache' Die kompakte, nur 45 cm hohe Sorte erweist sich als ideal für Töpfe auf der Terrasse oder für Balkonkästen. Die roten Früchte mit mittlerer Schärfe werden 4 cm lang.

2 'Alma Paprika' Die Sorten mit mildem Geschmack eignen sich für kühlere Lagen. Die runde Frucht wird bis 5 cm lang. Sie schmeckt frisch am besten und eignet sich für Salate.

3 'Hungarian Hot Wax' Sogar an kühleren Plätzen entwickeln sich die großen, spitzen, milden Früchte, die von Hellgelb nach Rot reifen. Geerntet wird, wenn die Frucht groß genug ist.

4 'Prairie Fire' Die ertragreiche Auslese liefert den ganzen Sommer über kleine, farbige Früchte, die sehr scharf schmecken. Geeignet für den Anbau in Töpfen und zum Trocknen.

5 'Aji Amarillo' Die Sorte braucht zum Gedeihen einen warmen Platz, am besten gedeiht sie unter Glas. Die langen, schmalen, scharfen Früchte erntet man grün oder rot.

6 'Padron' Über mehrere Wochen hinweg entwickeln sich zahlreiche der 5 cm langen Früchte. Man erntet sie entweder mild und grün oder lässt sie ausreifen. Geeignet zum Trocknen.

7 Cayenne Es handelt sich eher um eine Form als um eine bestimmte Sorte. Die gewundene Frucht wird bis zu 30 cm lang. Sie schmeckt feurig scharf und eignet sich zum Trocknen.

8 'Cherry Bomb' Es wachsen Unmengen winziger Früchte heran, die sehr scharf schmecken. Durch ihren kompakten Wuchs eignet sich die Sorte für Töpfe und als Zierpflanze.

9 'Demon Red' Die Sorte liefert große Mengen an winzigen, scharfen Früchten mit dünner Fruchtwand. Die kompakte Pflanze eignet sich für Töpfe und gedeiht an kühleren Plätzen.

Weitere Sorten

'De Arbol'
'Heatwave'
'Hot Mexican'
'Inferno'
'Tabasco'

1

2

3

6

4

5

7

8

9

SCHRITT FÜR SCHRITT Auberginen

Auberginen verlangen einen warmen, geschützten Platz, doch die neuerdings angebotenen veredelten Pflanzen ermöglichen die Kultur in kühleren Regionen. Eine Pflanze kann vier bis acht Früchte tragen – am besten entwickeln sich Auberginen in nährstoffreichem Boden an einem sonnigen Platz im Gewächshaus. Unter den vielen Sorten finden sich neben den großen violetten Früchten auch kleinfrüchtige, weiß- oder grünschalige Typen.

	FRÜHLING	SOMMER	HERBST	WINTER
AUSSAAT				
ERNTE				

KULTURDAUER: 24–28 WOCHEN

GEEIGNET FÜR: BEET, PFLANZGEFÄSSE, ERDSÄCKE – IM FREIEN ODER UNTER GLAS

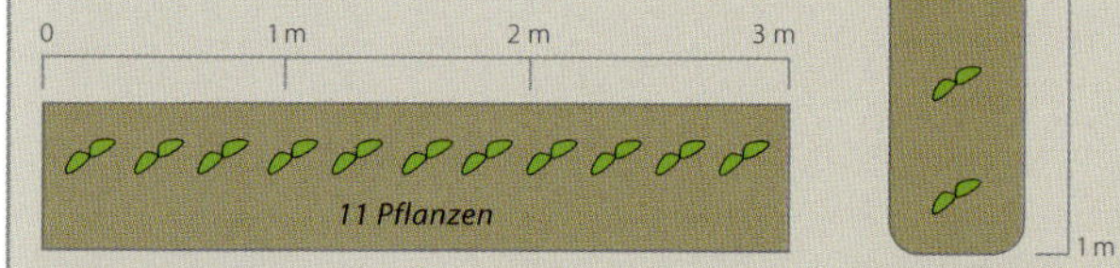

3 M LANGE REIHE
Pflanzabstand 30 cm

ERDSACK
je 3 Pflanzen

1 Anzucht

Auberginen zieht man im Allgemeinen aus Samen, doch werden im Frühjahr junge Pflanzen zum Kauf angeboten. Veredelte Pflanzen tragen sehr gut, sie bestehen aus einer benamten Sorte auf einem wüchsigen Wurzelwerk. Erhältlich sind sie übers Internet oder Gärtnereien.

'Moneymaker' *trägt verlässlich große Früchte, im Freiland wie unter Glas.*

'Calliope' *bringt viele kleine Früchte. Die Sorte entwickelt sich gut in Pflanzgefäßen.*

'Black Enorma' *bringt zuverlässig viele sehr große, dunkle, glänzende Früchte.*

Weißfrüchtige *Typen sieht man selten, von ihnen leitet sich der Name »Eierpflanze« ab.*

Füllen Sie Anzuchterde *in Gefäße, drücken Sie an und gießen Sie gut. Das Wasser lassen Sie vor der Aussaat ablaufen.*

Legen Sie ein Samenkorn *in jeden Topf, den Sie in einen Vermehrungskasten stellen. Bis zum Keimen vergeht eine Woche.*

Sämlinge *kommen aus dem Vermehrungskasten. Wenn sie heranwachsen, werden sie je nach Bedarf öfter umgetopft.*

2 Aussaat

Aussäen sollten Sie im zeitigen Frühjahr. Füllen Sie Aussaaterde in Töpfe ein, die Sie andrücken und gut angießen, überschüssiges Wasser muss abfließen können. Legen Sie Samen im Abstand von 2 cm auf die Oberfläche, die Sie leicht andrücken. Bedecken Sie die Samen mit ein wenig Substrat, gießen Sie an und stellen Sie die Töpfe in einen beheizten Vermehrungskasten. Sobald sich die Sämlinge gut anfassen lassen, werden sie einzeln in 10-cm-Töpfe mit Universalerde pikiert. Bei der Weiterkultur im Haus erhalten sie für ein gesundes Wachstum regelmäßig ausgewogenen Dünger.

3 Anbau unter Glas

Sobald Wurzeln aus dem Wasserabzugsloch herausschauen, sollten Sie die Pflanzen einzeln in 30-cm-Container mit Universalerde umtopfen. Drei Auberginen-Pflanzen haben in einem Erdsack Platz. Wählen Sie eine helle, sonnige Stelle, etwa in einem normalen oder in einem Zimmergewächshaus.

Störungen der Wurzeln *beeinträchtigen das Wachstum. Halten Sie den Ballen beim Umtopfen möglichst intakt und topfen Sie rechtzeitig um.*

Pflanzen fürs Freiland *müssen zunächst richtig abhärten. Sie sollten sich ein paar Wochen lang an die Außenbedingungen gewöhnen.*

Die Früchte *nehmen mit dem Wachstum stark an Gewicht zu. Fruchtende Pflanzen brauchen eine Stütze, damit die Stängel nicht abbrechen.*

4 Anbau im Freien

Wenn keine Spätfröste mehr drohen, pflanzen Sie Auberginen an einen sonnigen, geschützten Platz. Stäben Sie alle Pflanzen und zwicken Sie den Haupttrieb aus, sobald eine Höhe von 30 cm erreicht ist, um eine bessere Verzweigung zu erzielen.

5 Pflege

Gießen Sie gut. Sobald die ersten Blüten erscheinen, wechseln Sie von Universaldünger zu einem Produkt mit hohem Kaliumgehalt, um den Fruchtansatz zu fördern. Damit es zur Bestäubung kommt, sollten Sie Gewächshäuser an sonnigen Tagen offen halten.

6 Ernte

Nehmen Sie Früchte ab, wenn sie groß genug sind. Die Schale sollte noch glänzen, bei überreifen Früchten wirkt sie matt. Regelmäßiges Pflücken regt das Wachstum weiterer Früchte an. Entfernen Sie gegen Sommerende kleine Früchte.

TIPP *Auberginen halten sich nicht gut. Verarbeiten Sie sie zügig.*

Schneiden Sie *reife Früchte mit der Gartenschere. Die Stiele können zäh und verholzt sein.*

Hülsenfrüchte

Jung geerntet und innerhalb einer Stunde verzehrt, schmecken Erbsen und Bohnen unvergleichlich. Eines der Geheimnisse für eine reiche Ernte beruht auf einem kräftigen Wurzelwerk, damit sich fortlaufend Blüten und Früchte (Hülsen) bilden. Ein kühler, frischer Bereich eignet sich für den Anbau am besten. Häufiges Pflücken bewirkt außerdem eine verlängerte Ernte von Erbsen und Bohnen. Das sichert die Versorgung mit zarten Hülsen den ganzen Sommer über. Durch die Fähigkeit ihrer Knöllchenbakterien, die an den Wurzeln leben, sind Leguminosen in der Lage, Stickstoff aus der Luft aufzunehmen und dem Boden zuzuführen. Das erhöht die Fruchtbarkeit.

SCHRITT FÜR SCHRITT Erbsen

Jedes Gemüse schmeckt frisch geerntet am besten, doch auf Erbsen trifft dies ganz besonders zu. Sie kommen einem im Vergleich zu Ware aus dem Supermarkt wie ein völlig anderes Nahrungsmittel vor. Die Kultur von Erbsen ist sehr leicht, es gibt zwergige und rankende Formen. Erbsen eignen sich gut für kleine Flächen. Wenn Sie öfter ein bisschen aussäen, können Sie frische Erbsen oder die teureren Zuckererbsen von Mai bis Oktober genießen.

	FRÜHLING	SOMMER	HERBST	WINTER
AUSSAAT				
ERNTE				

KULTURDAUER: 12–14 WOCHEN

GEEIGNET FÜR: BEETE UND PFLANZGEFÄSSE

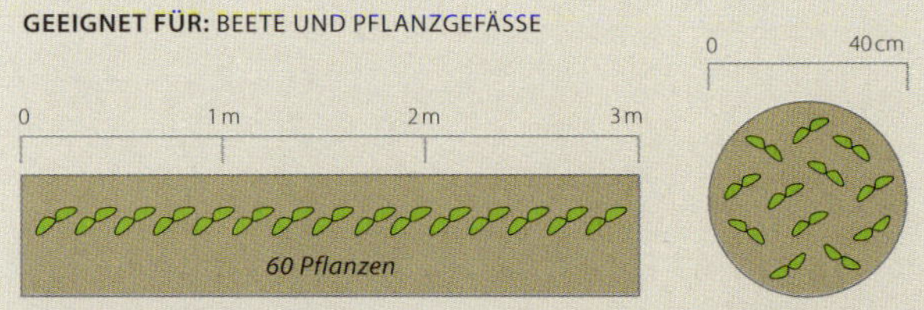

3 M LANGE REIHE
Direktsaat oder in 5 cm Abstand pflanzen

TOPF
je 20 Pflanzen

1 Kulturbeginn

Erbsen werden ausgesät. Dabei unterscheidet man zwischen den glatten Samen der Palerbsen und den runzeligen Samen der Markerbsen. Palerbsen vertragen Kälte besser und eignen sich für eine frühe Aussaat. Markerbsen schmecken süßer, man sät sie im späten Frühling oder im Sommer.

'Oregon Sugar Pod' *ist eine Zuckererbse, bei der man jung die ganze Hülse verzehrt.*

'Douce Provence' *liefert an gedrungenen Pflanzen reichlich gewöhnliche Erbsen.*

'Meteor' *bringt an kompakten Pflanzen süße Erbsen in Fülle hervor. Gut geeignet für Töpfe.*

'Feltham First' *wächst zwergig. Die Sorte eignet sich für frühen Anbau und für Töpfe.*

In kleine Töpfe *stecken Sie jeweils drei Samenkörner, in Paperpots kommt jeweils ein Korn. Die Samen kommen etwa 5 cm tief in die Erde.*

Halten Sie Sämlinge kühl *und gießen Sie genug, damit sich ein starkes Wurzelwerk entwickelt. Mangelhafte Pflege beeinträchtigt Wachstum und Ertrag.*

2 Aussaat im Haus

Geschützt vorkultiviert, sind Erbsen pflanzfertig, wenn es draußen wärmer wird. Säen Sie zwischen Mitte März und Mitte April in Paperpots aus Papier oder in tiefe Töpfe aus, die mit Aussaaterde befüllt sind. Gießen Sie an, die Samen keimen ohne zusätzliche Wärme innerhalb von zwei Wochen. Nach der Anzucht werden die Pflanzen abgehärtet. Groß genug zum Auspflanzen sind sie, wenn sie eine Höhe von ungefähr 20 cm erreicht haben.

TIPP *Paperpots lassen sich aus alten Zeitungen oder Karton selbst rollen.*

Erbsensamen brauchen erwärmten Boden. *In zu kühler oder zu nasser Erde keimen sie vielleicht nicht oder faulen. Verziehen Sie die Pflänzchen.*

Dünnen Sie Sämlinge aus, *die enger als 5 cm entfernt stehen. Die schmackhaften Pflänzchen verzehrt man besser und kompostiert sie nicht.*

3 Aussaat im Freien

Wenn sich die Erde im Frühling erwärmt, ziehen Sie eine 10 cm breite und 5 cm tiefe Saatrille. Wässern Sie, dann legen Sie im Abstand von 5 cm Samen aus. Geben Sie darüber Erde, die Sie behutsam andrücken und gießen Sie. Für Aussaaten im Sommer wässern Sie schon zwei Tage vorher, säen Sie dann etwa 8 cm tief.

Stäbe oder Reisig *dienen den Jungpflanzen als Stütze. Sie können aber auch ein Erbsennetz entlang der ganzen Reihe aufspannen.*

Gießen Sie Erbsen gründlich, *vor allem dann, wenn die Blüten erscheinen. Dadurch schwellen die Früchte schneller an.*

4 Stützen

Die meisten Erbsen ranken und benötigen eine Stütze. Gleich nach der Aussaat oder dem Auspflanzen stecken Sie Stäbe entlang der Reihe. Sie müssen lang genug sein, die Höhe der Sorte ist auf dem Päckchen angegeben. Es eignen sich ebenso Erbsennetz oder auf Abstand gespannter Hühnerdraht.

5 Pflege

Gießen Sie den ganzen Sommer über gründlich, besonders wenn Blüten und Hülsen erscheinen. Tauben lieben die Blätter und Hülsen, sie fressen schnell Pflanzen kahl. Zum Schutz können Sie die Pflanzen mit einem Netz bedecken, bevor die Vögel Appetit bekommen. Achten Sie auf Löcher.

6 Ernte

Zarte junge Erbsen sind ab dem späten Frühjahr erntereif. Nach dem Abpflücken sollten Sie sie möglichst schnell verzehren und die Süße genießen. Steht eine Schwemme an, pflücken Sie ab und frieren Sie den Überschuss ein, Erbsen halten sich auf diese Weise gut. Falls Sie eigenes Saatgut abnehmen wollen, lassen Sie gegen Sommerende ein paar Hülsen an der Pflanze trocken werden.

Öfter gepflückt, *fruchten die Pflanzen mehrere Wochen lang. Kontrollieren Sie alle paar Tage.*

SCHRITT FÜR SCHRITT Feuerbohnen

Feuerbohnen gehören zu den ertragreichsten Kulturen, sie liefern den ganzen Sommer über zarte »Schoten«, die botanisch korrekt »Hülsen« heißen. Je mehr Sie abpflücken, desto mehr wächst nach. In aller Regel sind Feuerbohnen Schlingpflanzen, mit denen sich eine kleine Fläche gut ausnutzen lässt. Am einfachsten ist es, ein Stangenzelt zu bauen, das sich gut auch in eine Zierrabatte einfügt. Die Vertikale wird damit recht effektiv erschlossen.

	FRÜHLING	SOMMER	HERBST	WINTER
AUSSAAT				
ERNTE				

KULTURDAUER: 12–16 WOCHEN

GEEIGNET FÜR: BEETE UND PFLANZGEFÄSSE

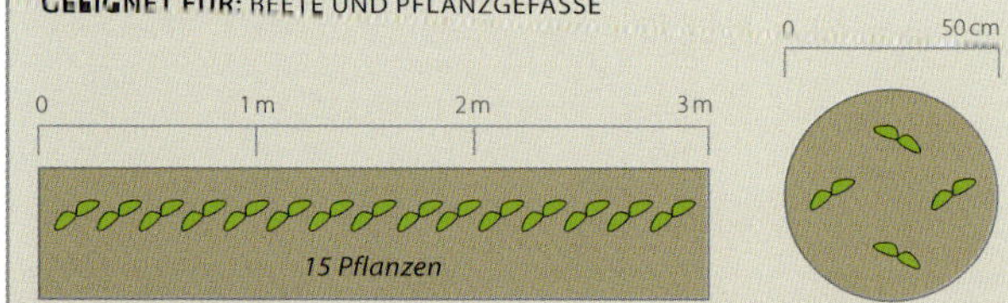

3 M LANGE REIHE
Direktsaat oder in 20 cm Abstand pflanzen

TOPF
je 4 Pflanzen

1 Kulturbeginn

Wer eine ansehnliche Ernte anstrebt, sollte Pflanzen aus Samen heranziehen. Säen Sie im Haus aus oder direkt ins Freie. Der Kauf von einigen Jungpflanzen empfiehlt sich im Frühling bei einem nur geringen Bedarf. Neben schlingenden gibt es zwergige, buschige Sorten, die in Töpfen gedeihen.

'Desiree' *bringt für lange Zeit im Sommer schmackhafte Hülsen in großer Menge.*

'White Lady' *entwickelt weiße Blüten, die von Vögeln weniger gern gefressen werden.*

'Lady Di' *bringt fadenlose »Schoten« den Sommer hindurch. Zuverlässig für Anfänger.*

'Polestar' *trägt bis zu 25 cm lange, fadenlose »Schoten«, den ganzen Sommer über.*

Bereiten Sie die Erde vor, *indem Sie organische Substanz vor der Aussaat einarbeiten. Bohnen wollen feuchten Boden.*

Stecken Sie Stangen *entweder in zwei Reihen, die sich dann paarweise an der Spitze berühren, oder formen Sie ein Zelt.*

Wenn die Erde erwärmt ist, *können Sie direkt aussäen. Die Samen von Feuerbohnen brauchen 12 °C, um zu keimen.*

2 Aussaat im Freien

Feuerbohnen sind empfindliche Pflanzen, direkt ins Freie kann man erst säen, wenn die Spätfrostgefahr vorüber ist. Vor der Aussaat müssen Sie den Boden für die vorgesehene Fläche im Frühling gut vorbereiten und gut verrottetes organisches Material wie Kompost oder Stallmist einarbeiten. Stecken Sie Stangen und drücken Sie daneben in 5 cm Tiefe zwei Samen ein. Bedecken Sie die Aussaat mit Erde und gießen Sie. Nach ein paar Wochen erfolgt die Keimung, belassen Sie pro Stange nur den kräftigsten Sämling. Streuen Sie zum Schutz etwas Schneckenkorn.

3 Aussaat im Haus

In kühleren Regionen keimen Feuerbohnen unter Schutz früher und zuverlässiger. Stecken Sie jeweils einen Samen in kleine Töpfe oder Paperpots, die mit Aussaaterde gefüllt sind. Gießen Sie gut. Die Weiterkultur verläuft für ein paar Wochen an einem hellen Platz im Haus. Ausgepflanzt wird, wenn keine Spätfröste mehr drohen.

Legen Sie die Samen *5 cm tief ein, gießen Sie gut. Säen Sie mehr, als Sie brauchen, denn nicht alle Samen gehen auf.*

Härten Sie Jungpflanzen ab, *indem Sie sie für etwa zwei Wochen tagsüber ins Freie stellen, nachts aber ins Haus holen.*

Pflanzen Sie *an den Fuß von Stangen, die als Stütze dienen. Gießen Sie gut an und schlingen Sie den Stängel um die Stange.*

Mulchen Sie *mit reichlich verrottetem Stallmist oder Kompost. Dadurch bleibt der Wurzelraum besser feucht, der Ertrag erreicht das Maximum.*

Die Wurzeln von Feuerbohnen *dringen tief in den Boden ein. Gießen Sie durchdringend, damit das Wasser so weit hinunter einsickert.*

4 Mulchen

Feuerbohnen brauchen reichlich Wasser und Nährstoffe. Mulchen trägt dazu bei, Feuchtigkeit im Boden zu halten. Organischer Mulch wie Kompost verbessert die Verfügbarkeit von Nährstoffen. Mulchen lohnt sich bei Kulturen in Pflanzgefäßen besonders.

5 Pflege

Sobald sich Blüten zeigen und sich Früchte entwickeln, müssen Sie erst recht gut gießen. Trockene Phasen führen zum Welken von Blüten oder Hülsen, die abfallen können. Zwicken Sie die Triebspitze aus, sobald die Pflanzen die Stangenspitze erreicht haben.

6 Ernte

Nehmen Sie die »Schoten« ab, sobald sie groß genug sind, kontrollieren Sie alle zwei oder drei Tage. Regelmäßiges Abernten führt zu einer längeren Ernte. Zu alte Hülsen werden zäh, ernten Sie Bohnen jung und zart, frieren Sie Ernte-Überschüsse ein.

TIPP *Wenn Sie im Sommer verreisen, bitten Sie Nachbarn, die Bohnen zu ernten.*

Für eigenes Saatgut *belassen Sie gegen Sommerende ein paar Hülsen, die dann voll ausreifen.*

SCHRITT FÜR SCHRITT Gartenbohnen

Stangen- und Buschbohnen sind einfache Kulturen für Anfänger, entweder bereitet man die ganze Hülse zu oder nur die Samenkörner. Auf kleinen Flächen bringen Stangenbohnen den Vorteil, dass man sie platzsparend an Stangenzelten aufleiten kann, kompakte Buschbohnen gedeihen auch in Töpfen. In einem beheizten Gewächshaus können Sie Bohnen für eine zeitige Ernte im Frühjahr ziehen.

	FRÜHLING	SOMMER	HERBST	WINTER
AUSSAAT				
ERNTE				

KULTURDAUER: 12–16 WOCHEN

GEEIGNET FÜR: BEETE, TÖPFE, ERDSÄCKE

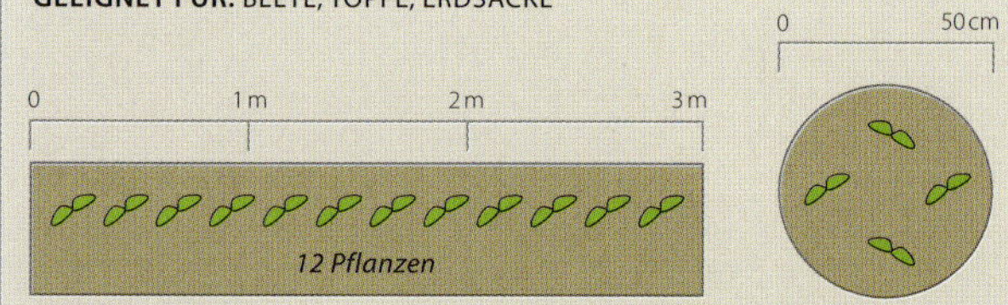

3 M LANGE REIHE
Direktsaat oder in 25 cm Abstand pflanzen

TOPF
je 4 Pflanzen

1 Aussaat im Freien

Am einfachsten ist es, Gartenbohnen im Spätfrühling direkt zu säen. Mischen Sie bei der Bodenvorbereitung gut verrottete organische Substanz wie Kompost unter (das kann schon im Herbst geschehen) und entfernen Sie Unkraut. Hacken und rechen Sie. Stecken Sie für Stangenbohnen in 25 cm Abstand die Stangen, säen Sie daneben jeweils zwei Samenkörner in 5 cm Tiefe. Vereinzeln Sie nach der Keimung.

Gartenbohnen brauchen viel Nährstoffe *und feuchte Erde mit hohem Humusanteil.*

Säen Sie dann an Ort und Stelle, *wenn sich der Boden erwärmt hat. Hauben sind dabei hilfreich.*

2 Aussaat im Haus

Wollen Sie früh in kühleren Regionen aussäen, müssen Sie dies unter Glas tun. Jeweils zwei Samen stecken Sie 3 cm tief in Töpfe oder Module mit Aussaaterde. Feucht gehalten, dauert es bis zum Keimen bei 15–18 °C eine Woche.

Röhren aus Papier *sind leicht selbst hergestellt. Sie kommen den langen Bohnenwurzeln entgegen.*

Die Sämlinge wachsen rasch. *Säen Sie nicht zu früh, auspflanzen können Sie nach den Spätfrösten.*

3 Anzucht

Die Weiterkultur erfolgt an einem hellen Platz im Haus so lange, bis die Spätfrostgefahr vorbei ist. Lassen Sie pro Gefäß nur den kräftigsten Sämling stehen. Sind die Pflanzen 8 cm hoch, werden sie abgehärtet: Tagsüber stehen sie im Freien, nachts kommen sie ins Haus. Aussaaten im Freiland müssen Sie gut gießen und vor Schnecken schützen. Hauben fördern ein zügiges Wachstum.

Die Sämlinge strecken sich zu sehr, *falls man nicht frühzeitig ausdünnt.*

4 Auspflanzen

Setzen Sie im Haus ausgesäte Stangenbohnen an den Fuß der Stangen, gießen Sie gut und winden Sie vorsichtig den Stängel um die Stange. Buschbohnen können Sie in große Pflanzgefäße setzen, die für jede Pflanze einen Abstand von mindestens 25 cm ermöglichen, oder setzen Sie drei Pflanzen in einen Erdsack.

Lösen Sie im Topf gezogene Pflanzen *vorsichtig aus dem Gefäß. Eine Umhüllung aus Papier wird mit eingepflanzt – sie verrottet schnell.*

Setzen Sie die Bohnenpflanzen genauso tief ein, *wie sie im Topf standen, und winden Sie den Stängel um die Stange.*

Stellen Sie Stangen auf, *eine pro Pflanze. Für Stangenbohnen müssen sie mindestens 2,5 m hoch sein und 30 cm tief im Boden stecken.*

Unkräuter übertragen Krankheiten *und sie bedeuten Konkurrenz. Jäten Sie zwischen Pflanzen von Hand oder hacken Sie vorsichtig.*

5 Stützen

Stangenbohnen ranken sich von selbst um ihre Stützen, man braucht sie nicht aufleiten. Nur junge oder widerspenstige Triebe muss man manchmal anbinden. Buschbohnen wachsen gedrungen, sie kommen ohne Stützen oder zusätzliches Anbinden aus.

6 Pflege

Sobald Blüten erscheinen, achten Sie auf ausreichende Wassergaben und düngen Sie ausgeglichen. Bei Trockenheit können Blüten und sich entwickelnde Hülsen abfallen. Schützen Sie junge Pflanzen, indem Sie Schneckenkorn streuen.

7 Ernte

Zarte Hülsen können Sie ernten, sobald sie groß genug sind. Pflücken Sie die Pflanzen alle paar Tage durch, um das ideale Reifestadium zu erwischen und einen neuen Fruchtansatz zu fördern. Wollen Sie die Samen ernten, lassen Sie die Hülsen bis zur vollständigen Reife an den Pflanzen.

TIPP *Lassen Sie ein paar Hülsen völlig ausreifen, um Saatgut zu gewinnen.*

Zwicken Sie die Hülsen *mit den Fingern von den Stielen ab, bevor sie alt und zäh werden.*

Gartenbohnen

1 'Selma Zebra' Die traditionelle Stangenbohnen-Sorte reift früh und trägt grüne, stark gemaserte Hülsen. Beim Kochen entsteht eine charakteristische violette Färbung.

2 'Borlotto' Die Buschbohne hat flache, intensiv rot gemaserte Hülsen. Die Samen bereitet man frisch oder getrocknet zu. Stützen verhindern den Kontakt der Hülsen mit der Erde.

3 'Rocquencourt' Die Buschbohne trägt reichlich lebhaft gelb gefärbte Hülsen. Sie verträgt kühlere Temperatur und reift schnell. Dadurch ist sie ideal für frühe oder späte Aussaaten.

4 'Purple Teepee' Die Buschbohne hält ihre Hülsen oberhalb der Blätter, was die frühe und reiche Ernte erleichtert. Beim Kochen verfärben sich die fadenlosen Hülsen sattgrün.

5 'The Prince' Die weitverbreitete Buschbohne bringt hohen Ertrag. Die gleichmäßig grünen Hülsen bilden sich über eine lange Zeit hinweg, ungewöhnlich für eine Buschbohne.

6 'Speedy' Die Hülsen dieser Buschbohne reifen unglaublich schnell, innerhalb von 60 Tagen. Die grünen Hülsen empfehlen sich für einen frühen oder späten Anbau.

7 'Cobra' Die Stangenbohne liefert über lange Zeit hinweg fadenlose, grüne Hülsen. Sie trägt zudem hübsche violette Blüten und eignet sich damit sogar für Schmuckbeete.

8 'Amethyst' Diese Buschbohne bleibt besonders kompakt und eignet sich dadurch für Töpfe. Die schlanken, fadenlosen Hülsen reifen während einer ausgedehnten Erntezeit.

9 'Delinel' Die beliebte Buschbohne bringt zarte, völlig fadenlose Hülsen mit ausgezeichnetem Geschmack. Wird sie gut gegossen, gedeiht sie sogar in Pflanzgefäßen.

Weitere Sorten

'Cornetti Meraviglia di Venezia'
'Yin Yang'
'Borlotto Lingua di Fuoco'
'Cannellino'
'Neckargold'

1

2

3

6

4

5

7

8

9

SCHRITT FÜR SCHRITT Dicke Bohnen

Die kleinen zarten Bohnen gehören zum Pflichtprogramm, gekaufte Ware kommt an frisch Gepflücktes bei Weitem nicht heran. Dicke bzw. Puffbohnen zählen zu den ersten Gemüse-Arten, die man im Frühling erntet. Daher eignen sie sich gut für kleine Flächen, weil man danach Folgekulturen anbauen kann. Bei sehr beschränktem Platz gedeihen sie sogar in Töpfen. Neben den reifen Samen sind auch die Triebspitzen und die Hülsen essbar.

	FRÜHLING	SOMMER	HERBST	WINTER
AUSSAAT				
ERNTE				

KULTURDAUER: 14–28 WOCHEN

GEEIGNET FÜR: BEETE UND PFLANZGEFÄSSE

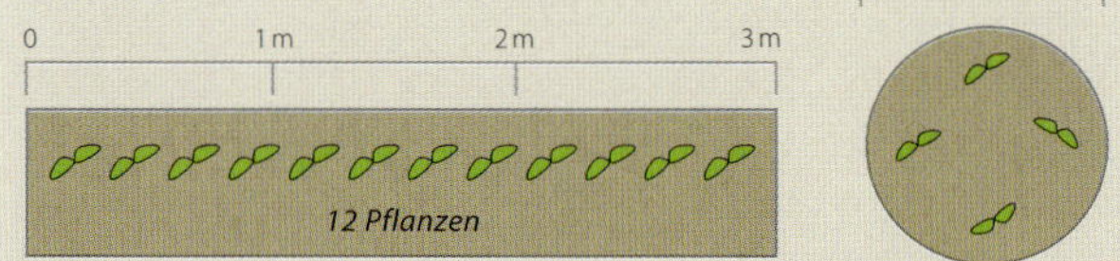

3 M LANGE REIHE
Direktsaat oder in 25 cm Abstand pflanzen

TOPF
je 4 Pflanzen

1 Kulturbeginn

Im Allgemeinen werden Dicke Bohnen ausgesät, auch wenn es im Frühjahr Pflanzen zu kaufen gibt. Sie wachsen in allen Böden. Da sie Frost bis –8 °C vertragen, können sie in den meisten Lagen schon Anfang März gesät werden, zum Beispiel als Vorkultur für Tomaten, die später aufs Beet kommen.

'The Sutton' *fruchtet früh an kräftigen, gedrungenen Pflanzen. Sehr frühe Aussaat möglich.*

'Super Aquadulce' *liefert früh schmackhafte Bohnen. Sehr frühe Aussaat möglich.*

'Stereo' *bietet die Wahl zwischen der Ernte ganzer Hülsen oder ausgereiften Samen.*

'Jubilee Hysor' *bringt große Hülsen, die 6–8 Samen enthalten. Sehr frühe Aussaat möglich.*

2 Aussaat im Haus

In kühlen Regionen kann die Kultur unter Schutz im Frühling früher beginnen, um später auszupflanzen. Dicke Bohnen haben lange Pfahlwurzeln, säen Sie daher in hohe Töpfe oder Papierröhren aus. Die Sämlinge, die nach einer Woche erscheinen, kommen an einen kühlen, hellen, frostfreien Platz.

TIPP *Pflanzen in Gruppen stützen sich gegenseitig.*

Hohe Papierröhren *können Sie selbst basteln. Sie sind ideal für die Aussaat von Dicken Bohnen.*

3 Aussaat im Freien

Dicke Bohnen können Sie im zeitigen Frühling, in milden Regionen sogar im Herbst säen. Rechen Sie Unkraut und Erdklumpen weg, dann legen Sie Samen in Rillen ab oder in einem Gitternetzmuster mit je 25 cm Abstand.

Dicke Bohnen *nehmen Luftstickstoff auf und führen ihn dem Boden zu. Sie brauchen keine Düngung.*

Säen Sie die Samen *5 cm tief direkt ins Beet oder in Töpfe aus. Nach dem Zudecken gießen Sie gut.*

4 Auspflanzen

Im Haus ausgesäte Pflanzen müssen eine oder zwei Wochen lang abgehärtet werden, damit sie sich an die Außentemperaturen gewöhnen. Graben Sie die Fläche sorgfältig um, entfernen Sie Unkraut, brechen Sie Erdklumpen auf. Dann setzen Sie die Pflanzen in 25 cm Abstand. Gruppen von Pflanzen kommen ohne Stütze aus.

Härten Sie *Jungpflanzen ab, bevor sie aufs Beet im Freiland kommen. Tagsüber stehen sie dafür im Freien, nachts im Haus.*

Sämlinge aus Papierröhren *werden mit ihrer Hülle eingepflanzt. Die Wurzeln wachsen hindurch, das Papier verrottet.*

Vlies schützt die Sämlinge, *wenn nach dem Auspflanzen starker Frost droht. Direktaussaaten brauchen keinen Schutz.*

Junge Pflanzen *sollten Sie anfangs gut gießen, später entwickeln sie eine Pfahlwurzel. Auf leichten Böden bewahrt Mulch die Feuchtigkeit.*

Auszwicken der Triebspitzen (Pinzieren) *regt die Bildung von Hülsen an. Die Blätter kann man essen, sie schmecken gedünstet köstlich.*

5 Pflege

Dicke Bohnen brauchen wenig Pflege, wenn sie kräftig wachsen, nur im Sommer brauchen sie zur Blütezeit Wasser. Bis die Pflanzen gut eingewachsen sind, sollten Sie jäten. In Gruppen ist das Unkrautaufkommen unterdrückt, kontrollieren Sie dennoch.

6 Pinzieren

Sobald die ersten Blüten Früchte ansetzen, zwicken Sie die weiche Triebspitze jeder Pflanze aus. Dadurch setzt die Pflanze ihre Energie für die Entwicklung von Hülsen anstelle von krautigem Wuchs ein. Dies wehrt außerdem Trauermücken (siehe S. 240) ab.

7 Ernte

Dicke Bohnen erntet man am besten jung, noch bevor durch die wachsenden Samen Schwellungen auf den Hülsen zu sehen sind. Frieren Sie alles ein, was Sie nicht gleich verwerten können. Schneiden Sie die Pflanzen nach der Ernte unten ab. Die Wurzeln verbleiben aber im Boden, wo sie verrotten. Dadurch wird eingelagerter Stickstoff für die nächste Kultur freigesetzt.

Dicke Bohnen *genießt man am besten frisch, doch sie halten sich gekühlt ein paar Tage.*

SALAD

Gurkengewächse

Eine üppige Ernte versprechen die Arten dieser Familie, zu der Gurken, Zucchini, Speise-, Riesen- und Winterkürbisse zählen. Im Sommer reifende Sorten liefern buntes Gemüse, das auf der Zunge zergeht. Riesen- und Winterkürbis sind unschätzbar zum Einlagern, ihren süßen und nussigen Geschmack kann man den ganzen Herbst und Winter genießen. Gigantisch groß sind die Früchte mancher Sorten. Das kräftige Wachstum und der hohe Nährstoffbedarf fordern gut gepflegten, stets feuchten Boden und viel Wärme für ein zügiges Fruchtwachstum. Wenn Sie diese Bedürfnisse erfüllen können, werden Sie reich belohnt.

SCHRITT FÜR SCHRITT Gurken

Diese Zutaten für Sommersalate gedeihen in jedem Garten, allerdings tragen manche Sorten erst im Gewächshaus reich. Sorten mit gefurchter Schale (Schälgurken) entwickeln sich im Freien gut. Man kann die Ranken am Boden entlang leiten, bei beschränktem Platz erzieht man sie an festen Stäben nach oben. Mini- oder Vespergurken fruchten besonders gut. Sie haben eine komfortable Größe und passen dadurch perfekt in ein Brotzeitpaket.

	FRÜHLING	SOMMER	HERBST	WINTER
AUSSAAT				
ERNTE				

KULTURDAUER: 16–20 WOCHEN

GEEIGNET FÜR: BEETE, PFLANZGEFÄSSE UND ERDSÄCKE – IM FREIEN ODER UNTER GLAS

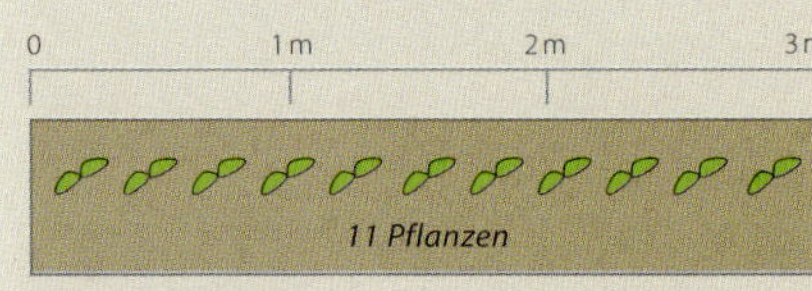

3 M LANGE REIHE
Pflanzabstand 30 cm

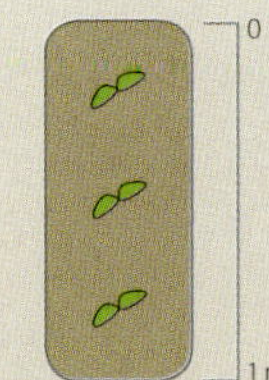

ERDSACK
je 3 Pflanzen

1 Kulturbeginn

Eine Anzucht aus Samen bietet sich an, wenn Sie mehrere Pflanzen ziehen wollen. Jungpflanzen können Sie im Frühjahr kaufen, falls Sie nur ein paar Exemplare brauchen. Gurken tragen gut, was auch von der Sorte abhängt. Zwei oder drei Pflanzen versorgen eine Familie den ganzen Sommer lang.

'Burpless Tasty' *kann im Freien stehen. Die Sorte bringt lange, glänzend grüne Früchte.*

'Passandra' *wächst im Gewächshaus und liefert viele kleine Früchte.*

'Masterpiece' *ist eine Schälgurke fürs Freiland, die auf der Schale kleine Borsten trägt.*

'Crystal Apple' *bringt reichlich runde, saftige Früchte. Die Sorte gedeiht im Freien.*

Gurkensaatgut kann Geld kosten. *Legen Sie ein Korn pro Topf, den Sie warm, bei 22–25 °C, aufstellen, um die Keimung zu fördern.*

Prüfen Sie immer wieder, *wann die Keimung einsetzt. Es dauert ein oder zwei Wochen, dann holen Sie die Töpfe aus dem Vermehrungskasten.*

2 Aussaat

Weil die Pflanzen so eine lange Wachstumszeit benötigen, beginnt die Kultur mit einer Aussaat im Haus. Hybrid-Saatgut kostet vielleicht etwas mehr, doch es bringt vermutlich kräftigere, ertragreiche Pflanzen hervor. Füllen Sie in 10-cm-Töpfe Aussaaterde ein, wässern Sie gut, lassen Sie überschüssiges Wasser ablaufen. Legen Sie ein Samenkorn pro Topf in 2 cm Tiefe, gießen Sie und stellen Sie den Topf in einen beheizten Vermehrungskasten.

TIPP *Gurken brauchen gleichmäßig hohe Temperaturen. Säen Sie nicht zu früh.*

3 Auspflanzen

Sobald sie groß genug sind, kommen Gurkenpflanzen ab Mitte Mai ins Freie. Verbessern Sie zuvor den Boden gründlich. Einlegegurken können Sie im Freien an einen sonnigen Platz setzen, ihre Ranken breiten sich auf der Beetoberfläche aus oder man leitet sie an Stäben hoch. Gewächshaus-Sorten gedeihen auch in 30-cm-Töpfen.

Pflanzen fürs Freiland *werden ein paar Wochen lang abgehärtet, um sie an die Außenbedingungen zu gewöhnen.*

Stecken Sie Stäbe, *um Gurken daran hochzuleiten, wenn es an Platz mangelt. Die Früchte bleiben dadurch obendrein sauber.*

Erdsäcke *eignen sich ideal für Gewächshäuser, doch ebenso fürs Freiland. Sie sollen sich vor dem Bepflanzen erwärmen.*

Weibliche Blüten *haben einen Fruchtknoten unterhalb der Blütenblätter. Nur rein weiblich blühende Pflanzen brauchen keine Bestäubung.*

Wachsende Gurken *erreichen ein enormes Gewicht. Befestigen Sie die Triebe an Stützen, vor allem wenn sie mehrere Früchte tragen.*

4 Bestäubung

Sorten fürs Freiland haben männliche und weibliche Blüten. Sie bilden Früchte nur nach Bestäubung. Zeitgemäße Gewächshaussorten blühen rein weiblich. Werden sie bestäubt, entstehen bitter schmeckende Früchte. Achten Sie auf Abstand zu Pflanzen mit männlichen Blüten.

5 Pflege

Gießen Sie immer gut und geben Sie Tomatendünger in der angegebenen Konzentration. Pflanzen im Gewächshaus wollen feuchte Luft, befeuchten Sie daher die Erde um die Pflanzen herum. Dies drängt außerdem Spinnmilben und Echten Mehltau zurück (siehe S. 240 und S. 244).

6 Ernte

Schneiden Sie Früchte ab, sobald sie groß genug sind. Gurken wachsen schnell, ihre Qualität sinkt, wenn sie zu lang an der Pflanze hängen. Kontrollieren Sie die Pflanzen täglich und ernten Sie frühzeitig. Früchte können im Kühlschrank notfalls bis zum Verbrauch lagern. Falls eine Schwemme über Sie hereinbricht, können Sie junge Gurken sauer einlegen.

Manche Gurken *haben eine glatte Haut, andere tragen Borsten, doch sie schmecken alle gleich.*

SCHRITT FÜR SCHRITT Zucchini

Die Zucchini oder Gemüsekürbisse sind berüchtigt für ihre hohe Ertragsleistung. Zwei oder drei Pflanzen versorgen Sie locker den ganzen Sommer über. Die Pflanzen brauchen nährstoffreichen Boden und gedeihen problemlos, im Beet wie in Töpfen oder Erdsäcken. Die vielen Sorten liefern grüne oder gelbe Früchte, die länglich sind oder rund wie jene vom Typ Rondini. Große reife Früchte passen perfekt in herbstliche Eintöpfe.

	FRÜHLING	SOMMER	HERBST	WINTER
AUSSAAT				
ERNTE				

KULTURDAUER: 14 WOCHEN

GEEIGNET FÜR: BEETE, PFLANZGEFÄSSE UND ERDSÄCKE – IM FREIEN ODER UNTER GLAS

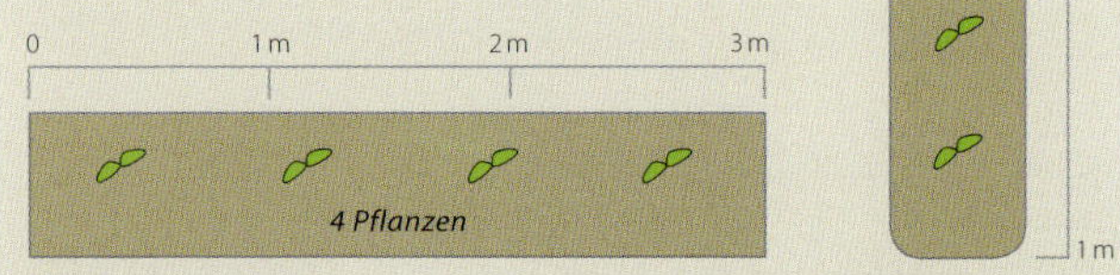

3 M LANGE REIHE
Pflanzabstand 75–90 cm

ERDSACK
je 2 Pflanzen

1 Kulturbeginn

Zucchini können Sie leicht aus Samen anziehen. Das bietet sich an, wenn Sie eine bestimmte Sorte haben wollen. Junge Pflanzen werden im Frühjahr überall angeboten. Zucchini wachsen sehr schnell. Sorten mit gelben Früchten sind im Vorteil, denn man erkennt sie zwischen dem üppigen Laub besser.

'Zucchini' *fruchtet früher als andere Sorten. Ernten Sie die Früchte bei 15 cm Länge.*

'Defender' *ist resistent gegen das Gurkenmosaikvirus (siehe S. 242) und trägt überreich.*

'Jemmer' *entwickelt gelbe Früchte, die sich vor dem üppigen Laub gut abheben.*

'Parador' *bringt leuchtend gelbe Früchte, die beim Kochen ihre Färbung behalten.*

Legen Sie Samen *in 10-cm-Töpfe, die nicht ganz mit Substrat befüllt sind. Stecken Sie sie seitlich gedreht ein und bringen Sie Erde auf.*

Direkt aufs Beet *säen Sie in 90 cm Abstand jeweils zwei Samen. Gießen Sie gut, stülpen Sie Hauben darüber und vereinzeln Sie später auf eine Pflanze.*

2 Aussaat

Zucchini sind empfindliche Pflanzen, man sät sie daher im Haus aus. Legen Sie ein Samenkorn 2,5 cm tief in einen Topf, den Sie bis zur Keimung in einen beheizten Vermehrungskasten stellen. Sie können Mitte Mai auch ins Freie säen. Das bringt eine zweite Ernte im Anschluss an die im Haus vorgezogene Kultur. Wählen Sie einen sonnigen, geschützten Platz und verbessern Sie den Boden vor der Aussaat mit organischer Substanz.

TIPP *Schnecken fressen gern an jungen Pflanzen, streuen Sie Schneckenkorn.*

3 Weiterkultur

Ziehen Sie die Pflanzen im Haus bei 18 °C. Gießen Sie gut und geben Sie alle zwei Wochen eine universelle Düngerlösung. Die schnell wachsenden Pflanzen müssen Sie umtopfen, sobald Wurzeln an der Topfunterseite erscheinen. Nach dem Abhärten können Sie in Beete, Erdsäcke (siehe links) oder in einen 30-cm-Topf auspflanzen.

Früh gesäte Sämlinge *müssen Sie, solange noch Spätfröste drohen, mehrfach umtopfen, wenn sie zu groß werden.*

Zur Frühlingsmitte *ausgesäte Pflanzen werden abgehärtet, sobald die Gefahr von Spätfrösten vorbei ist.*

Nach dem Auspflanzen *fördern Abdeckungen aus Hauben oder abgeschnittene Flaschen ein zügiges Anwachsen.*

Ältere Zucchini-Pflanzen *entwickeln ein üppiges Blattwerk. Mithilfe eines Trichters oder Flaschenrumpfes können Sie leichter gießen.*

Echter Mehltau *(siehe S. 244) kann sich auf den Blättern entwickeln und die Pflanzen schwächen. Entfernen Sie krankes Laub und gießen Sie mehr.*

4 Gießen

Die zügig wachsenden und fruchtenden Zucchini müssen Sie den ganzen Sommer über gut gießen. Damit dies leichter geht, formen Sie einen Erdwall um die Pflanze. Sie können auch einen Trichter oder das umgedrehte obere Stück einer durchgeschnittenen Plastikflasche einstecken.

5 Pflege

Rund um junge Pflanzen müssen Sie jäten, später unterdrückt das viele Laub unerwünschten Aufwuchs. Die meisten Zucchini-Pflanzen bilden einen Blattquirl, doch manche neue Sorten ranken und man kann sie an Stützstäben aufleiten. Entfernen Sie gelbe Blätter von älteren Pflanzen.

6 Ernte

Mit einem scharfen Messer nehmen Sie Zucchini ab, wenn sie eine Länge von 8–15 cm erreicht haben, rundfrüchtige Sorten ernten Sie bei einem Durchmesser von 7–12 cm. Kontrollieren Sie die Pflanzen im Sommer täglich. Wenn sich ein oder zwei Pflanzen voll entwickeln können, haben Sie im Herbst eine bescheidenere Ernte von dickschaligen Gemüsekürbissen.

Ernten Sie die Zucchini jung. *Wenn sie weiterwachsen, kommen weniger Früchte nach.*

SCHRITT FÜR SCHRITT Sommerkürbis

Die Kultur dieses nahen Verwandten der Zucchini gelingt leicht. Manche Sorten kann man aufwärts leiten, sodass sie sich für kleinere Flächen eignen. Es gibt Sommer- oder Speisekürbisse in vielen Formen und Größen, etwa die Squash-Typen (Patissons) mit bogenförmigem Rand oder Sorten mit langem Schwanenhals, alle fruchten bereitwillig. Die Früchte isst man entweder jung und dünnschalig im Ganzen oder man füllt und überbäckt große Exemplare.

	FRÜHLING	SOMMER	HERBST	WINTER
AUSSAAT				
ERNTE				

KULTURDAUER: 14–20 WOCHEN

GEEIGNET FÜR: BEETE, PFLANZGEFÄSSE UND ERDSÄCKE

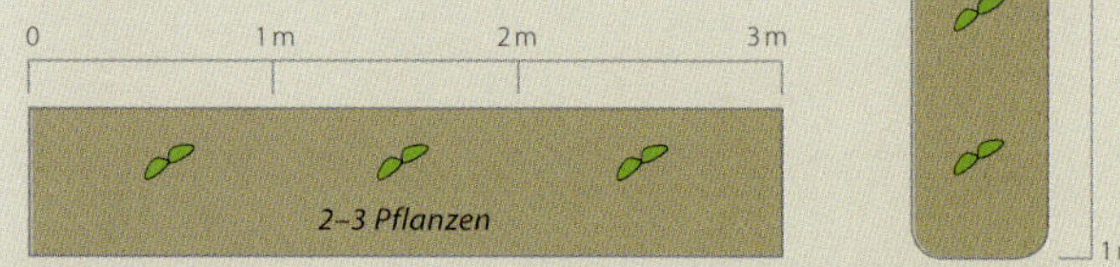

3 M LANGE REIHE
Pflanzabstand 1–1,5 m, abhängig von der Sorte

ERDSACK
je 2 Pflanzen

1 Kulturbeginn

Nur wenige Sorten werden als Jungpflanzen zum Kauf angeboten, daher lohnt sich die eigene Anzucht aus Samen. Von den ertragreichen Pflanzen genügen zwei oder drei zur Versorgung. Ziehen Sie nicht mehr, als Sie brauchen. Die Kürbisse werden jung geerntet, um den Fruchtansatz in Gang zu halten.

Patty Pan *ist eher ein Typ, keine Sorte. Auslesen haben weiße, grüne oder gelbe Früchte..*

'Sunburst' *kann man jung ernten oder ausreifen lassen. Häufige Ernte bringt viel Ertrag.*

'Tromboncino' *nimmt man besser bei 30 cm Länge ab, doch kann die Frucht 1 m lang werden.*

'Rolet' *liefert reichlich runde Früchte, etwas größer als Tennisbälle, die süß schmecken.*

Legen Sie Samen *2 cm tief in 10-cm-Töpfe, bedecken Sie sie mit Erde. Nach dem Angießen kommen die Töpfe in den Vermehrungskasten.*

Für eine Direktsaat *müssen Sie das Saatbett erst herrichten und dann Samen in 90 cm Abstand 2 cm tief legen. Seitlich gesteckte Samen faulen weniger.*

2 Aussaat

Einen frühen Start ermöglichen Sie, wenn Sie im Haus aussäen für eine Keimung im beheizten Vermehrungskasten. Die Sämlinge kultivieren Sie an einem hellen Platz weiter bei 18°C. Nach etwa zwei Wochen beginnen Sie mit flüssigen Düngergaben. Samen können Sie im Spätfrühling auch direkt ins Freiland säen. Legen Sie immer zwei Samen, gießen Sie und bedecken Sie sie mit einer Haube oder abgeschnittenen Plastikflaschen. Vereinzeln Sie.

TIPP *Führen Sie für Sommerkürbisse dem Boden reichlich Kompost zu.*

3 Weiterkultur

Kultivieren Sie die Pflanzen, bis die Gefahr von Spätfrösten vorbei ist. Sie müssen abhärten, bevor sie in 1–1,5 m Abstand ins Freie gesetzt werden. Gießen Sie gut. Das Wässern wird erleichtert, wenn Sie eine Plastikflasche mit abgeschnittenem Boden umgedreht in die Erde stecken. Kürbisse wachsen auch im 30-cm-Topf.

Härten Sie Jungpflanzen *vor dem Auspflanzen ein paar Wochen lang ab. Sie stehen tagsüber im Freien und kommen für die Nacht ins Haus.*

Rankende Sorten *können Sie unter hoch wachsende Kulturen wie Zuckermais und Tomaten setzen oder neben Reihen von Stangenbohnen.*

Mulchen hält den Boden feucht. *Wenn die Pflanzen austrocknen oder unregelmäßig Wasser erhalten, kann die Schale aufspringen.*

Leiten Sie die Ranken *entlang von Beetkanten oder Wegen, damit Sie gut an die Früchte herankommen. Außerdem wird dadurch Beetfläche frei.*

4 Pflege

Sommerkürbisse wachsen kräftig, sie brauchen häufige Wassergaben und regelmäßige Düngung mit Tomatendünger. Eine dicke Mulchschicht aus organischer Substanz wie Kompost rund um die Pflanzen bewahrt die Bodenfeuchtigkeit. Das verrottende Material setzt Nährstoffe frei.

5 Erziehen

Die meisten Sorten ranken, die Triebe können am Boden entlang wachsen. Die Ernte gestaltet sich einfacher, wenn mit der Zeit die unteren Blätter entfernt werden, um die Früchte besser zu erreichen. Bei wenig Platz können Sie die Triebe am Boden spiralig aufrollen oder an Stäben aufleiten.

6 Ernte

Weibliche und männliche Blüten bilden sich an einer Pflanze. Bestäubte weibliche Blüten welken rasch und die Fruchtbildung setzt ein. Junge, zarte Kürbisse können Sie nach vier bis sieben Tagen ernten. Bleiben sie an der Pflanze, bilden sich größere Früchte, die sich zum Füllen und Überbacken vorzüglich eignen.

Länger halten sich Kürbisse, *wenn sie vor der Ernte eine dicke Schale ausbilden konnten.*

SCHRITT FÜR SCHRITT Winterkürbis

Von Winterkürbissen gibt es unzählige Formen und Farben; sie schmecken köstlich im Herbst, besonders in Suppen oder gratiniert. Die Kultur ist einfach, die am Boden wachsenden Triebe nutzen den Platz zwischen anderen Kulturen gut. Die Pflanzen gedeihen auch im großen Topf, wobei die Früchte dekorativ wirken. Wenn Sie Platz haben, können Sie die Früchte bis in den Winter hinein lagern.

	FRÜHLING	SOMMER	HERBST	WINTER
AUSSAAT				
ERNTE				

KULTURDAUER: 18–20 WOCHEN

GEEIGNET FÜR: BEETE UND PFLANZGEFÄSSE

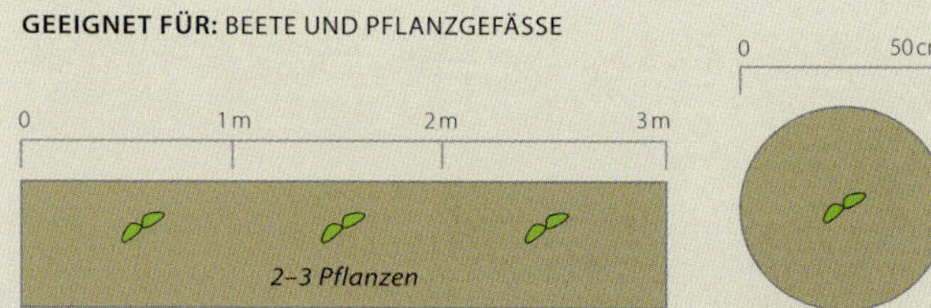

3 M LANGE REIHE
Säen oder Pflanzen im Abstand von 1–1,5 m

TOPF
je 1 Pflanze

1 Aussaat im Haus

Die empfindlichen Winterkürbisse zieht man im Haus an, um sie nach den Eisheiligen auszupflanzen. Befüllen Sie 10-cm-Töpfe mit Aussaaterde, gießen Sie gut. Legen Sie pro Topf ein Samenkorn in 3 cm Tiefe ein. Stellen Sie ihn für eine Woche in einen beheizten Vermehrungskasten bei 15–18 °C. Sobald die Keimung erfolgt, kommt der Topf an einen warmen, hellen Platz.

Legen Sie die Samen seitlich ein, *mit der schmalen Kante nach unten, damit daran Wasser abläuft. Das senkt das Risiko von Fäulnis.*

Die Sämlinge wachsen schnell, *doch erst wenn die Spätfrostgefahr vorbei ist, können sie ins Freie. Säen Sie nicht zu früh und topfen Sie mehrfach um.*

Direkt säen *können Sie neben einer stabilen Stütze, um daran die Kürbispflanze aufzuleiten oder Sie stecken Samen unter hoch wachsenden Kulturen.*

Beim Vereinzeln *bleibt nur der kräftigste Sämling stehen. Falls sich Lücken auftun, setzen Sie behutsam überzählige Pflänzchen um.*

2 Aussaat im Freien

Ab Mitte Mai können Sie direkt aussäen. Bereiten Sie den Boden auf, indem Sie reichlich verrotteten Stallmist oder Kompost untermischen, entfernen Sie Unkraut. Dann hacken Sie und rechen das Beet glatt und eben. Eine Haubenabdeckung beschleunigt die Keimung. Säen Sie jeweils zwei Samen 3 cm tief und in 1 m Abstand. Gießen Sie gut, vereinzeln Sie nach der Keimung, schützen Sie vor Schnecken.

TIPP *Mit abgeschnittenem Boden dienen Plastikflaschen als Abdeckhauben.*

3 Auspflanzen

Im Haus ausgesäte Pflanzen setzen Sie ab Mitte Mai ins Freie. Zuvor müssen sie abhärten, um sich an die Freilandbedingungen zu gewöhnen. Zwei Wochen lang kommen sie tagsüber ins Freie und für die Nacht wieder ins Haus. Pflanzen Sie in 1 m Abstand und gießen Sie gut an. Schützen Sie junge Pflanzen vor Schnecken.

Gießen Sie *vor dem Auspflanzen gut, damit sich das Wurzelwerk gut entwickelt.*

Die Pflanzen setzen Sie *in derselben Tiefe, wie sie im Topf standen. Drücken Sie sie an.*

Gießen Sie gründlich an, *halten Sie die Erde immer feucht, bis die Pflanzen gut wachsen.*

Mulchen Sie mit Kompost, *damit Feuchtigkeit im Boden bleibt, vor allem auf leichten Böden. Der verrottende Mulch setzt Nährstoffe frei.*

Rankende Triebe *können Sie um Stützstäbe im Kreis herum schlingen oder daran hochleiten. So erziehen Sie die Pflanzen in kleineren Gärten.*

4 Pflege

Während der Sommermonate brauchen die Pflanzen viel Wasser. Das Gießen geht leichter, wenn Sie ein abgeschnittenes oberes Stück einer Plastikflasche neben jede Pflanze einsenken (siehe S. 83). Geben Sie, verdünnt nach Anweisung auf der Packung, regelmäßige Düngerlösungen.

5 Erziehen

Winterkürbisse wachsen rankend oder buschig. Letztere bilden Quirle von Blättern, während die rankenden lange, sich windende Triebe entwickeln. Sie können spiralig aufgeleitet oder zwischen anderen Pflanzen entlanggeführt werden. Kleinfrüchtige Sorten können am Rankgitter wachsen.

6 Ernte

Zur Herbstmitte sterben die Blätter allmählich ab, die Früchte sollten eine schöne Färbung annehmen. Vor dem ersten Frost müssen Sie ernten. Belassen Sie beim Schneiden ein kurzes Stück Stiel als Griff. Die Früchte sollen an einem warmen, sonnigen Platz, etwa am Fenster, zwei Wochen lang liegen, damit die Schale erhärtet. Man kann die Kürbisse auch lagern.

Bunte Früchte *dienen zeitweilig als Dekoration, bevor man sie in der Küche verarbeitet.*

Winterkürbis

1 'Sweet Dumpling' Die rankende Sorte trägt leicht gerippte, weißschalige Früchte mit grünen Längsstreifen. Jede Frucht mit gelbem Fleisch wird 12–15 cm groß.

2 'Uchiki Kuri' Die auch als »Zwiebelkürbis« bezeichnete, rankende Sorte liefert köstliche Früchte mit kräftig orangefarbenem Fleisch. Eine Pflanze bringt fünf oder sechs Früchte.

3 'Queensland Blue' Die traditionelle australische Sorte entwickelt stark gerippte, graublaue Früchte. Sie erreichen 25 cm im Durchmesser und haben nussiges, orangefarbenes Fleisch.

4 'Butternut' Die Kürbisse mit ihrer typischen Form bilden sich an rankenden Pflanzen. Das satt orangefarbene Fleisch mit wenigen Kernen ist ideal zum Rösten und Gratinieren.

5 'Cream of the Crop' Die cremeweißen Früchte mit der Form von Eicheln haben ein nussartiges, goldgelbes Fleisch. Eine der kompakten Pflanzen liefert drei oder vier Früchte.

6 Türkenturban Der rankende Typ zeichnet sich durch ungewöhnlich geformte, orangefarbene, 20–25 cm große Früchte mit deutlichen grünen und weißen Streifen aus.

7 'Crown Prince' Die rankende Pflanze bringt runde, gedrungene, graublaue, im Durchmesser 20–25 cm große Früchte. Gekocht schmeckt das dunkel-orangefarbene Fleisch nussig.

8 'Harlequin' Die Sorte mit vielfarbiger Frucht empfiehlt sich für begrenzte Platzverhältnisse, wo Pflanzen nach etwas aussehen und außerdem gut fruchten sollen.

9 Spaghetti-Kürbis Beim Kochen formt das Fruchtfleisch Stränge, die aussehen wie Spaghetti. Von einer Pflanze sind drei oder vier große Früchte zu erwarten.

Weitere Sorten

'Blue Hubbard'
'Butternut Harrier'
'Muscade de Provence'
'Sunshine'

1

3

2

6

4

5

7

8

9

SCHRITT FÜR SCHRITT Riesenkürbis

Gewöhnliche Riesenkürbisse nehmen viel Platz ein, doch gibt es Sorten mit weniger großen Früchten, die sich für kleine Gärten oder sogar für Töpfe eignen. Die Kultur gelingt leicht. Riesenkürbisse brauchen nur reichlich Wasser, nährstoffreiche Erde und einen gewissen Schutz vor Schnecken. Man bringt die Früchte zwar mit dem Schnitzen von Fratzen zu Halloween in Verbindung, doch schmecken sie süßlich und lassen sich lange lagern.

	FRÜHLING	SOMMER	HERBST	WINTER
AUSSAAT				
ERNTE				

KULTURDAUER: 18–22 WOCHEN

GEEIGNET FÜR: BEETE UND PFLANZGEFÄSSE

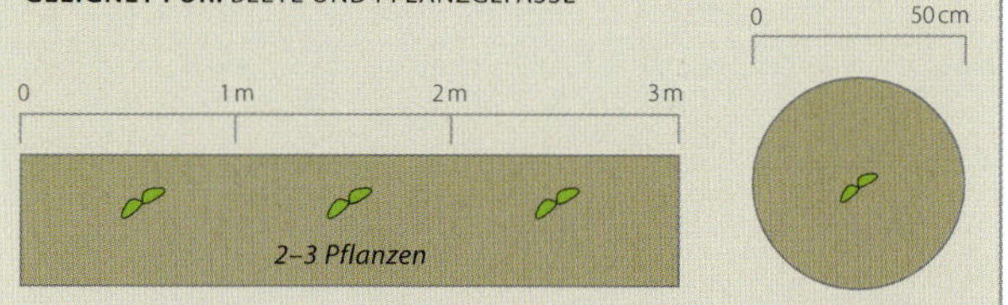

3 M LANGE REIHE
Pflanzabstand 1–1,5 m, abhängig von der Sorte

TOPF
je 1 Pflanze

1 Kulturbeginn

Jungpflanzen werden im Frühjahr käuflich angeboten, doch die üblichere Anzucht aus Samen bietet eine größere Sortenwahl. Wünschen Sie voluminöse Früchte zum Schnitzen, belassen Sie an der Pflanze einer geeigneten Sorte nur ein oder zwei Früchte. Normal sind vier oder fünf Früchte pro Pflanze.

'Atlantic Giant' *bringt mit die größten Früchte.. Für den Verzehr sollte man aber früh ernten.*

'Jack be Little' *trägt kleine, leuchtend gelbe Früchte, die zieren und auch gut schmecken.*

'Rouge Vif d'Etampes' *hat große Früchte, die sich für die Küche ebenso eignen wie als Schmuck.*

'Baby Bear' *heißt die kompakte Sorte mit dünnschaligen Früchten in Fußballgröße.*

Legen Sie einzelne Samen *2 cm tief in 10-cm-Töpfe, die Sie in den beheizten Vermehrungskasten bei 20–25 °C stellen.*

Kontrollieren Sie täglich, *ob die Keimung beginnt. Nach diesen ein oder zwei Wochen kultivieren Sie die Sämlinge im Haus weiter.*

2 Aussaat im Haus

Um ihre volle Größe zu erreichen, benötigen Riesenkürbisse eine lange Wachstumszeit. Vor allem in kühlen Regionen müssen Sie im Frühjahr bald beginnen und dann die Pflanzen vor dem Auspflanzen Mitte Mai abhärten. Befüllen Sie kleine Töpfe zum Teil mit Anzuchterde, legen Sie ein Samenkorn ein, gießen Sie gut und stellen Sie den Topf in einen Vermehrungskasten. Nach der Keimung kommen die Sämlinge an einen hellen Platz.

TIPP *Legen Sie die Samen seitlich gedreht ein, sie faulen dann nicht so leicht.*

3 Aussaat im Freien

Ab Mitte Mai können Sie direkt ins Beet säen. Verbessern Sie zuvor den Boden mit verrotteter organischer Substanz wie Kompost, dann säen Sie 3 cm tief und in 1 m Abstand. Gießen Sie danach gut und decken Sie mit einer Haube oder einer abgeschnittenen Plastikflasche ab. Wachsende Pflanzen müssen Sie immer reichlich wässern.

Legen Sie im Freien *die Samen in Zweier- oder Dreiergruppen ab. Sie haben dann bei Ausfällen gleich Ersatz. Keimen mehrere, vereinzeln Sie.*

Setzen Sie kräftige Sämlinge, *die überzählig sind, behutsam in Lücken ein. Eine Pflanzschaufel dient zum Entnehmen aus der Erde.*

Mulchen Sie *mit verrotteter organischer Substanz wie Kompost. Das hält die Feuchtigkeit im Boden und dient der Nährstoffversorgung.*

Bei wenig Platz *können Sie die Kürbispflanzen vertikal erziehen und die schwellenden Früchte mit einem Netz abstützen. Binden Sie Triebe an.*

4 Pflege

Riesenkürbis-Pflanzen sind enorm nährstoffbedürftig und brauchen regelmäßige Düngergaben. Zwischen jungen Pflanzen müssen Sie jäten. Früchte bleiben sauber und weg vom Boden, wenn man unter jede ein Holzbrettchen legt.

5 Erziehen

Die meisten Riesenkürbisse ranken und lassen sich am Boden zwischen anderen Pflanzen entlangleiten. Bei beengten Verhältnissen können Sie die Triebe um im Kreis gesteckte Stäbe wickeln. Kleinfrüchtige Sorten können an stabilen Stützen hochgeleitet werden.

6 Ernte

Zur Herbstmitte ist die Erntezeit gekommen. Schneiden Sie Kürbisse mit einem Stück Stiel ab, der bei vollreifen Früchten hart und trocken ist. Das verhindert Fäulnis am Stielansatz. Falls Sie die Frucht nicht gleich verbrauchen, lassen Sie ihre Schale für eine Woche an einem sonnigen Platz trocknen – oder an einem hellen, geschützten Ort, falls es regnen sollte. Die Frucht hält sich dann monatelang.

Kleine Riesenkürbisse *kann man im Ganzen zubereiten, größere müssen Sie zerteilen.*

Kohl

Ohne die vielseitigen Kohlarten kommt kein Gemüsegarten aus. Kälteverträgliche Kulturen wie Rosenkohl und Grünkohl liefern mitten im Winter vitaminreiches Gemüse, dann, wenn es sonst kaum etwas zu ernten gibt. Kopfkohl und Blumenkohl kommen über Monate hinweg zur Reife, während man den wärmebedürftigen Brokkoli im Sommer erntet. Stellen Sie Kohlarten einen nährstoffreichen, gut wasserabführenden Boden zur Verfügung und decken Sie die Pflanzen mit Kulturschutznetz ab, um sie vor Kohlweißlingsraupen zu schützen. Bei guter Pflege können Sie fast das ganze Jahr über das nahrhafte Grün genießen.

SCHRITT FÜR SCHRITT Kopfkohl

Ob Sie ihn zum Sonntagsbraten essen oder exotischere Speisen wie Wokgerichte zubereiten – Kopfkohl erweist sich als unentbehrlich. Der Anbau ist über lange Zeit möglich (siehe auch S. 104). Frühe und späte Sorten versorgen Sie zuverlässig, sofern sie gut gegossen und mit Kulturschutznetzen abgedeckt werden. Nach der Ernte können die Strünke im Boden bleiben, wo sie Blätter austreiben, die mit einer weiteren Ernte den Platz perfekt nutzen.

	FRÜHLING	SOMMER	HERBST	WINTER
AUSSAAT				
ERNTE				

KULTURDAUER: 18–24 WOCHEN

GEEIGNET FÜR: BEETE

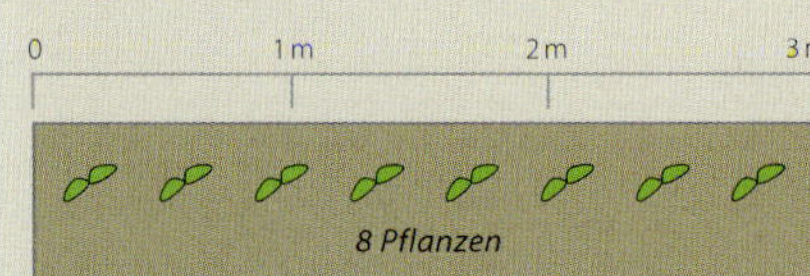

3 M LANGE REIHE
Pflanzabstand 40 cm

Säen Sie dünn, *kontrollieren Sie täglich, ob Sämlinge erscheinen. Sie brauchen keine Heizung.*

Dünnen Sie Sämlinge aus. *Die größeren können Sie in kleine Töpfe umsetzen.*

1 Aussaat im Haus

Für eine baldige Ernte säen Sie frühe Sorten im Frühjahr. Befüllen Sie Saatschalen oder Anzuchtsysteme mit Aussaaterde, gießen Sie gut, säen Sie 2 cm tief. Von den erscheinenden Sämlingen belassen Sie nur die kräftigsten, die Sie in kleine Töpfe umsetzen. Kultivieren Sie die jungen Pflanzen noch ein paar Wochen lang an einem kühlen, hellen Platz im Haus.

TIPP *Kopfkohl ist wie die meisten Kreuzblütler anfällig für Kohlhernie (siehe S. 242).*

2 Aussaat im Freien

Kohl für die Hauptwachstumszeit sät man direkt an Ort und Stelle. Lockern Sie ein paar Wochen vor der Aussaat den Boden, entfernen Sie Unkraut, hacken und verdichten Sie leicht, rechen Sie die Oberfläche eben. Ziehen Sie eine 2 cm tiefe Saatrille und gießen Sie gut. Dann säen Sie dünn ein, bedecken die Saat mit Erde und gießen leicht. Sobald die Sämlinge ein paar Blätter haben, müssen Sie vereinzeln. Gießen Sie regelmäßig und sorgen Sie für Schutz vor Schnecken.

Streuen Sie Samen *durch Antippen direkt aus dem Päckchen oder streuen Sie mit den Fingern.*

Dünnen Sie die Sämlinge *auf ihren Endabstand aus oder setzen Sie 15 cm hohe Pflänzchen um.*

3 Auspflanzen

Wenn sie groß genug sind, kommen die Jungpflanzen an ihren endgültigen Platz. Bereiten Sie die Fläche vor, indem Sie umgraben, Unkraut entfernen und stickstoffbetonten Dünger in fester Form geben. Gießen Sie Jungpflanzen gut, bevor Sie sie aufnehmen, und pflanzen Sie in 40 cm Abstand aufs Beet.

Versetzen Sie Jungpflanzen *vorsichtig, um Wurzelschwund oder Störungen gering zu halten, was das Wachstum beeinträchtigt. Gießen Sie gut.*

Junge Pflanzen *sind anfällig für unterschiedliche Schädlinge einschließlich Blattläusen (oben, siehe S. 240). Kontrollieren Sie auf Anzeichen von Befall.*

Eine Abdeckung mit Kulturschutznetz *hält Kohlweißlinge von der Eiablage am Kohl ab. Stäbe halten es auf Abstand zu den Gewächsen.*

Wässern Sie gründlich *und richten Sie den Strahl auf den Grund. Auf leichten Böden bewahrt eine Mulchschicht die Feuchtigkeit.*

4 Pflanzenschutz

Ein Kragen aus Pappkarton schützt Kohlpflanzen vor Kohlfliegen (siehe S. 240). Decken Sie die Pflanzen mit Kulturschutznetz ab, als Abwehr gegen die Raupen des Kohlweißlings (siehe S. 238) und gegen Tauben. Vermeiden Sie die Fraßlöcher.

5 Pflege

Jäten Sie anfangs sorgfältig, später unterdrückt das Laub das Unkrautaufkommen. Gießen Sie regelmäßig, besonders in heißen oder trockenen Perioden, geben Sie für ein kräftiges, vegetatives Wachstum ausgeglichenen Dünger in Lösung nach Vorschrift.

6 Ernte

Ab Frühsommer wird geerntet, sobald sich feste Köpfe gebildet haben. Durchschneiden Sie den festen Strunk mit einem Messer oder heben Sie das Wurzelwerk mit einer Grabegabel. Ausgewachsene Pflanzen können für einige Wochen im Boden bleiben, doch sie verrotten allmählich. Verwerfen Sie die äußeren, zähen Blätter, verarbeiten Sie nur das zarte Herz. Köpfe halten sich eine Woche im Kühlschrank.

Ernten Sie jungen Kohl, *indem Sie jeden zweiten Kopf entfernen, die anderen dürfen ausreifen.*

Kopfkohl

1 'Greyhound' Die zuverlässige, schnell reifende Sorte formt lockere Köpfe mit wenigen harten Adern. Bei einer Aussaat im Frühjahr ist im Frühsommer die erste Ernte zu erwarten.

2 'Derby Day' Die frühe Sommersorte liefert runde, feste Köpfe aus zarten Blättern. Es ist der erste Kopfkohl, der im Verlauf eines Gartenjahres reift.

3 'Hotspur' Die großen, geschmacksintensiven Köpfe werden ab Spätsommer geerntet. Die Sorte hat einen kurzen Strunk und wenige harte Adern, es gibt beim Zubereiten wenig Abfall.

4 'Red Jewel' Die Sorte entwickelt dichte, runde, feste Köpfe mit dunklen, violetten Blättern, die beim Kochen ihre Farbe gut bewahren. Gut zum Lagern und zum Einschlagen in Erde.

5 'Duncan' Die schnell reifende Sorte bildet lockere, zugespitzte Köpfe. Der vielseitige Kohl kann im Frühjahr für eine Ernte im Herbst gesät werden – oder man überwintert ihn.

6 'Marner Frührot' Die großen Köpfe rötlicher Blätter sind ab Mitte Herbst erntereif. Sie behalten beim Kochen ihre Farbe, schmecken aber fein geraspelt auch roh.

7 'Stonehead' Die kompakten Pflanzen mittlerer Größe können nahe beieinander wachsen, was kleine Flächen optimal nutzt. Die Köpfe können bis zum Verbrauch in der Erde bleiben.

8 'Kalibos' Die traditionelle Sorte bringt kleine, zugespitzte, feste Köpfe dunkler, rötlicher Blätter. Man kann den Kohl fein geraspelt roh in Salaten verzehren oder man dünstet ihn.

9 'Hispi' Die Sorte reift sehr schnell, man kann sie in milden Regionen im Herbst für eine Ernte im Frühjahr säen. Die zugespitzten, ebenmäßigen Köpfe liefern schmackhafte Blätter.

Weitere Sorten

'Filderkraut'
'Kilaton'
'Marner Allfrüh'
'Matsumo'
'Rona'
'Ruby Ball'

1

2

3

6

4

5

7

8

9

SCHRITT FÜR SCHRITT Winterkohl

Vom dunkelgrünen Wirsing mit runzligem Blatt bis zu den zugespitzten, dichten Auslesen für eine Ernte im Frühjahr – diese Sorten sind für die karge Jahreszeit unentbehrlich. Frostfeste Pflanzen, die im Frühjahr reifen, nutzen in milden Regionen dicht stehend kleine Flächen gut aus. Sie liefern im Frühjahr zudem eine weitere Ernte lockerer Blätter, wenn die verbliebenen Strünke erneut austreiben. Kulturschutznetze wehren Schädlinge ab.

	FRÜHLING	SOMMER	HERBST	WINTER
AUSSAAT				
ERNTE				

KULTURDAUER: 26–28 WOCHEN

GEEIGNET FÜR: BEETE

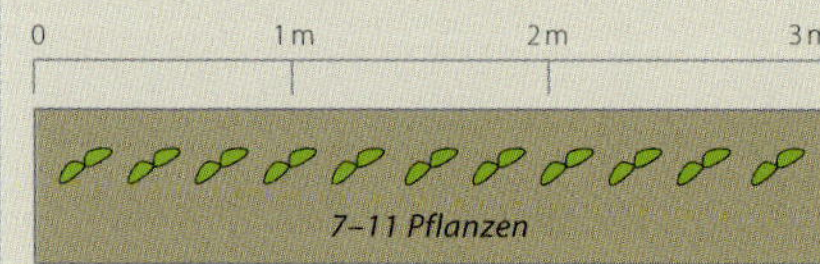

3 M LANGE REIHE
Pflanzabstand 30–50 cm, abhängig von der Sorte

1 Kulturbeginn

Am besten ziehen Sie Kohl aus Samen. Säen Sie entweder im April im Haus aus oder im Sommer im Freiland, wenn Sie im Herbst ernten oder überwintern wollen. Falls Sie nur ein paar Pflanzen brauchen, können Sie Jungpflanzen im Sommer kaufen, was die Kultur erleichtert, allerdings mehr kostet.

'Tundra' *ist eine Wintersorte, die im Boden wochenlang bis zum Bedarf bleiben kann.*

'Jewel' *entwickelt lockere Köpfe glatter Blätter. Sie können auf dem Beet überwintern.*

'January King' *hat im Herbst erntereife junge Köpfe, sie können aber auch noch länger reifen.*

'Tarvoy' *reift langsam. Die späte Wirsingsorte liefert süßliche, runzlige Blätter.*

Samen von Kohl keimt zuverlässig *und ist leicht zu handhaben. Legen Sie zwei Körner in eine Zelle für den Fall, dass eines taub ist.*

Halten Sie die Sämlinge *für zwei oder drei Wochen an einem hellen Platz im Haus kühl, aber frostfrei, bis Sie auspflanzen können.*

2 Aussaat im Haus

Die geschützte Anzucht mindert die Schäden, die Kohlhernie hervorrufen kann (siehe S. 242). Füllen Sie in Anzuchtsysteme Substrat ein, gießen Sie gut. Bohren Sie 1 cm tiefe Löcher in jede Zelle und legen Sie jeweils zwei Samenkörner hinein, lassen Sie nach der Keimung nur den kräftigsten Sämling stehen. Ziehen Sie die Pflanzen im Haus, bis sie 15 cm hoch sind. Sie kommen dann zum Abhärten tagsüber ins Freie, nachts stehen sie drinnen.

TIPP *Gewöhnen Sie die Jungpflanzen zwei Wochen lang an Freilandbedingungen.*

3 Aussaat im Freien

Winterkohl kann im Sommer direkt in warmen Boden gesät werden. Richten Sie das Saatbett her, indem Sie lockern, Unkraut entfernen und eben rechen. Wässern Sie die 2 cm tiefen Saatreihen gut, dann säen Sie dünn aus. Füllen Sie mit Erde auf, die Sie andrücken, wässern Sie behutsam. Die Keimung dauert gut eine Woche.

Bereiten Sie den Boden *vor dem Auspflanzen auf. Untergemischte verrottete organische Substanz fördert das Blattwachstum.*

Ziehen Sie Saatrillen *in geeigneter Länge. Damit Feuchtigkeit im Boden bleibt, decken Sie die Erde bis zur Keimung mit Zeitungspapier ab.*

Junge Kohlpflanzen *werden bei einer Höhe von 15 cm ausgepflanzt. Kleinere oder größere Pflanzen wachsen womöglich schlecht an.*

Kohl entwickelt viel Blattmasse, *gießen Sie daher am Grund, damit Wasser an die Wurzeln kommt. Günstig ist eine Kanne mit langem Hals.*

4 Auspflanzen

Winterkohl wird im Sommer, Kohl für die Ernte im Frühjahr im Herbst gepflanzt. Richten Sie das Beet her, indem Sie umgraben, jäten und stickstoffbetonten Dünger untermischen. Pflanzen Sie Winterkohl in 50 cm, überwinternde Pflanzen in 30 cm Abstand.

5 Pflege

Gießen Sie regelmäßig, ganz besonders während Trockenperioden. Für ein kräftiges Wachstum bis zum Winter geben Sie stickstoffbetonte Düngerlösung im Spätsommer. Jäten Sie immer wieder und entfernen Sie alle vergilbenden Blätter von den Pflanzen.

6 Ernte

Mit einem scharfen Messer schneiden Sie Köpfe vom Strunk, wenn sie groß genug zum Verbrauchen sind. Reife Pflanzen können einige Wochen lang im Boden bleiben, verrotten aber später. Lassen Sie die Strünke von im Frühjahr abgeernteten Pflanzen im Boden und schneiden Sie sie oben kreuzweise ein. Es wachsen Blätter in lockerer Anordnung aus, die Sie ein paar Wochen später abernten können.

Locker stehende Blätter *bringen nach dem Schnitt der Köpfe im Frühjahr eine weitere Ernte.*

SCHRITT FÜR SCHRITT Blumenkohl

Dank der vielen Sorten kann man köstlichen frischen Blumenkohl monatelang ernten. Neben den üblichen weißen Typen gibt es auch Sorten mit überraschenden violetten, orangefarbenen oder grünen Köpfen. Weit genug gepflanzt, erreichen sie ihre volle Größe, dicht in Töpfen gesetzt dagegen, bildet sich Miniatur-Blumenkohl. Die Pflanzen können sehr hohe Erträge liefern, sofern sie genug Nährstoffe und Wasser erhalten.

	FRÜHLING	SOMMER	HERBST	WINTER
AUSSAAT				
ERNTE				

KULTURDAUER: 20–26 WOCHEN

GEEIGNET FÜR: BEETE UND PFLANZGEFÄSSE

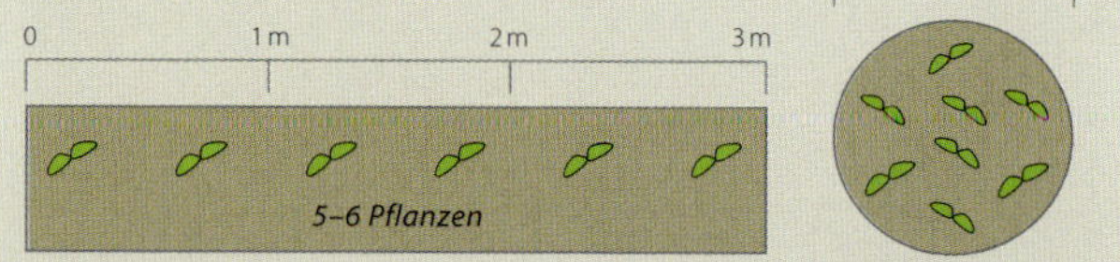

3 M LANGE REIHE
Pflanzabstand 60–70 cm

TOPF
4–8 Pflanzen

1 Kulturbeginn

Soll Blumenkohl in sehr milden Regionen zwischen Herbst und Frühling reifen, wird im Spätsommer direkt in warmen Boden gesät. Die Keimung verläuft dann erfolgreich. Im Sommer erntereife Sorten dagegen säen Sie zwischen März und Mai im Haus. Am besten zieht man sie in Anzuchtsystemen heran.

'Snowball' *wird im Frühjahr für die Herbsternte gesät. Haltbare, mittelgroße Köpfe.*

'Violet Queen' *bringt violette Köpfe im Sommer, die beim Kochen grün werden.*

'Walcheren Winter Pilgrim' *ist robust und kann im Frühjahr geerntet werden.*

'Mayflower' *wird ab Mitte März ausgesät und ab Hochsommer geerntet.*

2 Aussaat im Haus

Füllen Sie in Module oder Töpfe Aussaaterde ein, gießen Sie gut. Bohren Sie ein 1 cm tiefes Loch und legen Sie zwei Samenkörner ein. Drücken Sie Erde darüber und gießen Sie. Von den Sämlingen verbleibt nur der stärkere.

Für die Ernte im Sommer *oder Herbst säen Sie ab Mitte März. Keimung im Vermehrungskasten.*

Gießen Sie Sämlinge gut. *Blumenkohl braucht in allen Entwicklungsstadien viel Wasser.*

3 Im Freien

Für Sommer- und Herbsternte können Sie ab April auch direkt aufs Beet säen. Bereiten Sie den Boden vor durch Lockern und Einarbeiten von viel organischer Substanz. Ziehen Sie eine kurze, 2 cm tiefe Saatrille. Gießen Sie, legen Sie die Samen aus, die Sie mit Erde bedecken und wieder leicht wässern. Damit sich bodenbürtige Krankheiten nicht aufschaukeln, wählen Sie Stellen, wo in den letzten drei Jahren kein Kohl stand.

Säen Sie dünn *entlang der Saatrille. Bei Bedarf können Sie die Sämlinge ausdünnen.*

4 Auspflanzen

Härten Sie Sämlinge aus Anzuchtsystemen ab, sobald sie 15 cm hoch sind. Stellen Sie sie eine Woche lang tagsüber ins Freie und nachts ins Haus. Pflänzchen aus dem Saatbett werden bei dieser Größe gewässert und vorsichtig herausgenommen. Die Pflanzen werden in 60 cm Abstand gesetzt, überwinternde Sätze etwas weiter.

Abgehärteter Blumenkohl *sollte schnell gepflanzt werden. Die Pflanzen schießen leicht, wenn sie zu groß werden.*

Setzen Sie *die Pflänzchen gleich welcher Anzuchtform in Erde, in die stickstoffbetonter Dünger untergemischt wurde.*

Drücken Sie die Pflanzen *gut an, denn die Köpfe werden schwer und brauchen dann eine gute Stütze.*

Die Netzabdeckung *muss bis zum Boden reichen, damit keine Schädlinge hindurchschlüpfen. Graben Sie das Netz am besten am Rand ein.*

Das Einhüllen der Köpfe in die Blätter *verhindert, dass weiße Sorten in der Sonne gelb werden. Eine Schnur befestigt die Blätter.*

5 Pflanzenschutz

Schlämmen Sie neu gesetzte Jungpflanzen ein und bringen Sie um jeden Wurzelhals einen Pappkragen an. Breiten Sie Kulturschutznetz mit einer Maschenweite von 1 cm um die Pflanzen aus, um Kohlweißlinge und Tauben abzuhalten. Hacken Sie, bis größere Pflanzen Unkraut unterdrücken.

6 Pflege

Blumenkohl müssen Sie während des Sommers gut wässern, damit stattliche Köpfe heranwachsen. Während ihrer Entwicklungszeit knicken Sie ein paar Blätter darüber. Dies schützt Sommersorten vor Sonnenbrand und bietet späten Kulturen einen gewissen Schutz vor Frost.

7 Ernte

Köpfe, die groß genug sind, schneiden Sie ab. Blumenkohl isst man am besten frisch, doch kann man ihn im Kühlschrank ein paar Tage lang aufbewahren. Er hält sich besser, wenn ein paar Blätter dranbleiben. Blanchiert können Sie ihn auch einfrieren.

TIPP *In Töpfen kann Mini-Blumenkohl von 6 cm Größe heranwachsen.*

Ernten Sie Blumenkohl *zu seiner besten Zeit – dann, wenn die Köpfe noch fest sind.*

SCHRITT FÜR SCHRITT Brokkoli

Der Anbau von Brokkoli lohnt, weil selbst angebauter viel zarter und schmackhafter ist als käufliche Ware. Die Pflanzen bilden einen großen Blütenstand in der Mitte und dazu zahlreiche kleine Seitensprosse, die die Erntezeit verlängern. Die Köpfe kann man gut einfrieren, so lassen sich Überschüsse gut aufbewahren. Haben Sie im Haus keinen Platz für die Aussaat? Kein Problem – Direktaussaaten entwickeln sich im Sommer überaus gut.

	FRÜHLING	SOMMER	HERBST	WINTER
AUSSAAT				
ERNTE				

KULTURDAUER: 12–16 WOCHEN

GEEIGNET FÜR: BEETE

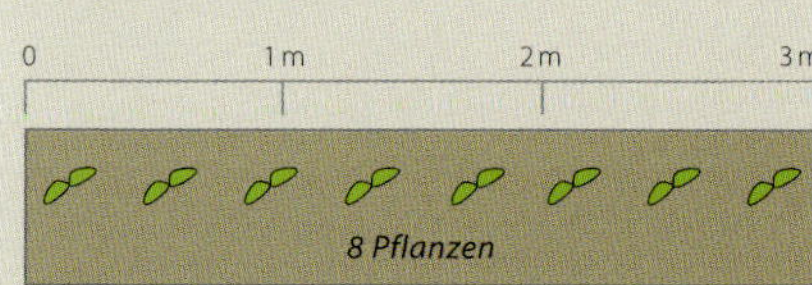

3 M LANGE REIHE
Pflanzabstand 40 cm

1 Kulturbeginn

Brokkoli bevorzugt nährstoffreichen, durchlässigen Boden. Fügen Sie in der Wachstumszeit zuvor reichlich organische Substanz hinzu, etwa verrotteten Stallmist oder Kompost. Es sollte in den vergangenen drei Jahren kein Kreuzblütler auf derselben Fläche gestanden haben.

'Romanesco', *der dem Blumenkohl nahe steht, liefert dekorative, sehr geschmackvolle Köpfe,.*

'Fiesta' *entwickelt große, schön abgerundete Köpfe und später viele Seitensprosse.*

'Corvet' *zeichnet sich durch die ansehnliche Ernte von graugrünen Köpfen aus.*

'Belstar' *mit blaugrünen, schmackhaften Köpfen hält sich nach dem Schnitt gut.*

Brokkoli kann überwintern *in einem frostfreien Gewächshaus. Säen Sie im September in Töpfe, die Ernte erfolgt im frühen Frühjahr.*

Sämlinge müssen Sie vereinzeln, *sodass nur einer pro Topf oder Zelle verbleibt. Bei zu engem Stand bilden sich kleinere Sprosse.*

2 Aussaat

Brokkoli kann man im Haus in Töpfe oder großzellige Anzuchtsysteme säen, um später auszupflanzen. Füllen Sie Aussaaterde ein, die Sie leicht andrücken, und wässern Sie. Bohren Sie 1 cm tiefe Löcher und legen Sie zwei Saatkörner ein, bevor Sie sanft angießen. Nach der Keimung belassen Sie nur den kräftigeren Sämling. Sie können auch direkt ins Freie am endgültigen Standort säen. Ziehen Sie im Saatbett Rillen in 30 cm Abstand und streuen Sie alle 40 cm jeweils drei Samen in 2 cm Tiefe. Lassen Sie nur den kräftigsten Sämling stehen und streuen Sie zum Schutz Schneckenkorn.

3 Auspflanzen

Härten Sie im Haus ausgesäte Pflanzen ab, sobald sie 15 cm hoch sind und setzen Sie sie mit 40 cm Abstand in 30 cm voneinander entfernte Reihen. Das Wurzelwachstum soll nicht an der Topfwand stocken, dies könnte zur vorzeitigen Bildung kleiner Köpfe führen. Gießen Sie gut, jäten Sie und bringen Sie einen Pappkragen an.

Teilen Sie die Fläche *mit Bambusstäben und Schnüren ein. Der richtige Pflanzabstand gelingt dann leichter und Sie haben eine Stütze für Netze.*

Junge Pflanzen *sollten Sie im Frühling möglichst bald abhärten und auspflanzen. Sie vertragen den Wechsel besser, wenn es nicht so warm ist.*

Hohe Sorten brauchen eine Stütze, *falls das Anhäufeln nicht ausreicht. Binden Sie Pflanzen bei Bedarf an einen stabilen Bambusstab an.*

Die Mehlige Kohlblattlaus *schädigt Kohlpflanzen. Oft tritt sie in Massen auf und lässt die Blätter verkrüppeln. Schützen Sie frühzeitig.*

4 Pflege

Sobald sich die Blütenstände entwickeln, häufeln Sie Erde um die Basis zum Stützen an. Zu diesem Zeitpunkt regt eine stickstoffbetonte Kopfdüngung die Bildung großer Köpfe an. Sie unterstützt auch die spätere Entwicklung von Seitentrieben für eine nachfolgende Ernte.

5 Pflanzenschutz

Ein mit feinem Netz bespannter Rahmen hält Kohlweißlinge und Vögel – vor allem Tauben – ab. Die Maschenweite darf höchstens 1 cm betragen, damit die Schmetterlinge nicht eindringen. Halten Sie das Netz gespannt, damit sich Vögel nicht darin verfangen können.

6 Ernte

Der erste Schnitt ist drei bis vier Monate nach der Aussaat möglich, das schwankt je nach Sorte und Jahreszeit. Schneiden Sie zuerst die mittlere Blume, danach erscheinen Seitentriebe, die Sie wieder ernten. Junge Blätter sind ebenso essbar.

Schneiden Sie die Mittelblume *mit einem Messer, bevor sich die Blütenknospen öffnen.*

TIPP *Nur 15 cm weit gesetzter Brokkoli ermöglicht die Ernte kleiner Köpfe.*

SCHRITT FÜR SCHRITT Winterbrokkoli

Die Ernte dieser robusten Kultur, auch Spargelkohl genannt, wird im Frühling sehnsüchtig erwartet. Die Pflanzen tragen eine Fülle zarter Stängel, an deren Spitze schmackhafte weiße oder violette Blütenstände stehen. Althergebrachte Sorten bringen große, langsam reifende Pflanzen hervor, sie passen eher in große Gärten. Wenn Sie Brokkoli mögen, aber eine kleine Fläche bestellen, wählen Sie neuere Sommersorten, die viel schneller heranreifen.

	FRÜHLING	SOMMER	HERBST	WINTER
AUSSAAT				
ERNTE				

KULTURDAUER: 20–52 WOCHEN

GEEIGNET FÜR: BEETE

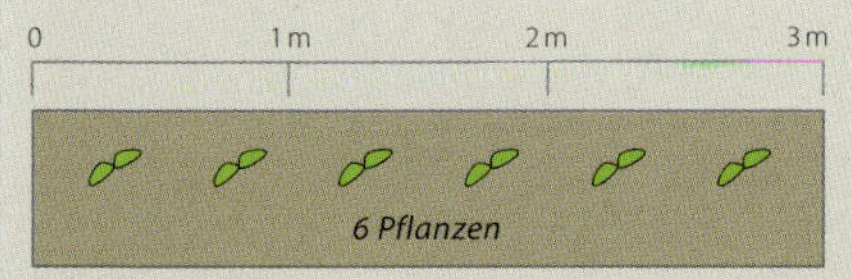

3 M LANGE REIHE
Pflanzabstand 60 cm

1 Kulturbeginn

Ältere Sorten bilden nach Aussaat im Juli bis August, je noch Sorte, erst nach einer Überwinterung im nächsten Frühjahr die ersehnten Röschen. Wenn Sie nicht so lange warten wollen, können Sie neuere, ab Sommer reifende Sorten in Sätzen von März bis Mai aussäen und sie bereits von Juli bis Oktober beernten.

'Claret' *liefert zuverlässig ab der Frühjahrsmitte die fleischigen Sprosse.*

'Purple Sprouting' *verträgt Frost und trägt im zeitigen Frühjahr viele dunkle Sprosse.*

'White Star' *bringt im Frühjahr ansehnliche weiße Blütenstände, man kann sie auch roh essen.*

'Bordeaux' *entwickelt ab Sommer aus einer Frühjahrsaussaat schnell schmackhafte Sprossen.*

Eine Aussaat in Anzuchtsystemen *hat den Vorteil, dass sich das Pikieren erübrigt, die Wurzeln bleiben ungestört.*

Vereinzeln Sie *und lassen Sie nur den kräftigsten Sämling pro Zelle stehen. Gibt es Lücken, können Sie vorsichtig überzählige Pflänzchen einsetzen.*

2 Aussaat im Haus

Winterbrokkoli verträgt etwas Frost, die meisten Sorten brauchen eine lange Kulturzeit. Einen guten Start verschafft neuen Sommersorten des Spargelkohls geschützte Aussaat im Frühling. Befüllen Sie Multitöpfe mit Aussaaterde, gießen Sie gut. Bohren Sie in jede Zelle ein 2 cm tiefes Loch, legen Sie jeweils zwei Samen ein. Bedecken Sie sie mit Erde, wässern Sie leicht. Die Samen brauchen keine zusätzliche Wärme, sondern keimen nach einer Woche.

TIPP *Durch die Anzucht im Haus sinkt die Gefahr durch Kohlhernie (siehe S. 242).*

3 Aussaat im Freien

Aussäen können Sie in ein Saatbett, um später umzupflanzen, oder gleich an Ort und Stelle. Für ein Saatbett lockern Sie den Boden und rechen die Oberfläche ebenmäßig und fein. Dann ziehen Sie 2 cm tiefe Saatreihen. Sie können auch Horste in 60 cm Abstand legen und später auf das jeweils kräftigste Pflänzchen auslichten.

Bei längeren Reihen *streuen Sie die Samen vorsichtig aus dem Päckchen. Tippen Sie oben auf die Packung, damit die Körner gleichmäßig ausfallen.*

Bei Horstsaaten *müssen Sie die Sämlinge später nicht verpflanzen, die Wurzeln der Kulturen bleiben ungestört.*

Passen Sie einen Kragen *aus Pappe um den Wurzelhals jeder Pflanze an. So können Kohlfliegen ihre Eier nicht unten am Stängel ablegen.*

Breiten Sie Netze aus, *um Kohlweißlinge und Tauben abzuwehren. Halten Sie das Netz gespannt, damit Vögel sich nicht darin verfangen.*

4 Auspflanzen

Härten Sie im Haus angezogene Pflanzen vor dem Auspflanzen ab und wässern Sie das Saatbett gut, dann lassen sich die Jungpflanze leicht entnehmen. Mischen Sie stickstoffbetonten Dünger in vorgeschriebener Dosierung. Setzen Sie Jungpflanzen in 60 cm Abstand und gießen Sie gut.

5 Pflege

Gießen und jäten Sie regelmäßig, um ein kontinuierliches Wachstum zu gewährleisten. Werden die Pflanzen höher, häufeln Sie um den Stängelgrund an für eine bessere Standfestigkeit. In windigen Lagen sollten Sie zur Stütze neben jeder Pflanze einen stabilen Stab einstecken.

6 Ernte

Sobald die überwinterten Pflanzen im Frühling ihre Blütenstände entwickeln, pflücken Sie täglich durch, damit Sie die Köpfchen wirklich noch fest und geschlossen ernten. Lassen Sie immer auch ein etwa 10 cm langes Stück Stiel daran. Es ist wie die Blätter besonders zart für den Verzehr. Bei häufiger Ernte kommen Sprosse nach. Man verzehrt sie bald oder friert sie ein.

Die zarten Sprosse *werden geschnitten, bevor sich die winzigen Blütenknospen öffnen.*

SCHRITT FÜR SCHRITT Rosenkohl

Ein winterlicher Nutzgarten wäre ohne Rosenkohl unvollständig. Wählen Sie Sorten, die von der Herbstmitte bis tief in den Winter hinein tragen. Einzelne Knospen entwickeln sich über lange Zeit, dadurch können zwei oder drei Pflanzen Sie den Winter hindurch versorgen. Zusätzlich zu den Knospen können Sie den Blattschopf an der Spitze der Pflanzen ernten. Das köstlich und mild schmeckende Gemüse birgt hohe Qualität in kleinen Mengen.

	FRÜHLING	SOMMER	HERBST	WINTER
AUSSAAT				
ERNTE				

KULTURDAUER: 36–36 WOCHEN

GEEIGNET FÜR: BEETE

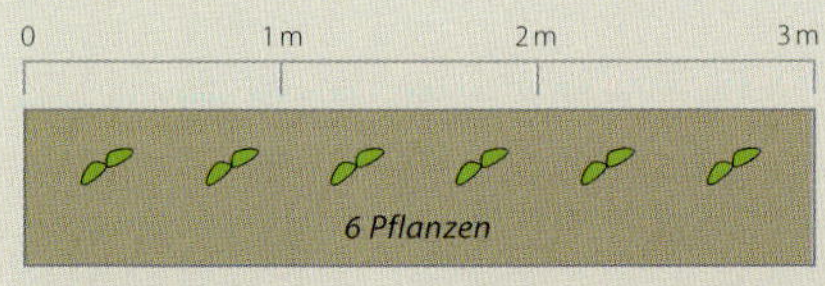

3 M LANGE REIHE
Pflanzabstand 60 cm

1 Kulturbeginn

Es lohnt sich, reich tragenden Rosenkohl aus Samen zu ziehen, obwohl Jungpflanzen im Frühjahr erhältlich sind. Bereiten Sie das Beet vor, indem Sie in der Wachstumszeit zuvor reichlich organische Substanz einarbeiten. Rosenkohl gedeiht bei einem pH-Wert über 6,7 am besten, kalken Sie notfalls.

'Bosworth' *bringt feste, gleichmäßige, milde Röschen, die man im frühen Winter erntet.*

'Red Delicious' *behält gekocht seine Farbe. Geerntet werden die Knospen im Winter.*

'Trafalgar' *trägt verlässlich im Winter viele feste, aromatische Röschen.*

'Maximus' *liefert einen hohen Ertrag süßlicher, grüner Knospen über eine lange Zeit hinweg.*

Streuen Sie die Samen *entlang einer kurzen Saatrille, um später die Sämlinge umzusetzen. Das empfiehlt sich, wenn der Platz begrenzt ist.*

Im Haus säen Sie *in 5 cm voneinander entfernte Löcher in einer Aussaatschale. Pikieren Sie die Sämlinge, sobald sie leicht zu handhaben sind,*

2 Aussaat

Für die Direktsaat lockern Sie den Boden und entfernen alles Unkraut. Dem Hacken folgt das Einebnen mit dem Rechen. Entweder säen Sie in eine 2 cm tiefe, kurze Rille, dann müssen Sie die Jungpflanzen an ihren endgültigen Standplatz umsetzen. Oder Sie säen Horste in 60 × 60 cm Abstand. Dann können Sie auf den jeweils kräftigsten Sämling vereinzeln, die Wurzeln bleiben ungestört. Sie können außerdem im Haus in Anzuchtsysteme aussäen. In die mit Aussaaterde gefüllten Zellen legen Sie je zwei Samenkörner 2 cm tief. Nach der Keimung belassen Sie pro Zelle nur einen, den kräftigeren Sämling.

3 Auspflanzen

Sobald im Haus angezogene Sämlinge 10–12 cm groß sind, werden sie für die Freilandbedingungen abgehärtet. Jungpflanzen aus dem Saatbett gießen Sie für eine leichtere Entnahme gründlich an. Richten Sie das Beet für die Kultur her und setzen Sie dann die Pflänzchen im Abstand von 60 × 60 cm. Gießen Sie gut an.

Setzen Sie *die gesündesten Sämlinge um, sobald sie 10–12 cm hoch sind und vier oder fünf echte Blätter haben.*

Pflanzen Sie *im Abstand von 60 cm, sodass Luft ungehindert dazwischen durchstreift. Drücken Sie den Ballen gut an.*

Pappkrägen *halten Kohlfliegen ab. Der verbreitete Schädling kann Jungpflanzen zum Absterben bringen.*

Vogelschutznetze *müssen straff gespannt sein, damit sich Vögel nicht darin verfangen. Kontrollieren Sie regelmäßig auf Lücken.*

Ältere Blätter an der Basis *vergilben von Natur aus und bedeuten kein Gesundheitsproblem. Sie lassen sich leicht abknicken.*

4 Pflanzenschutz

Bringen Sie Pappkrägen rund um den Wurzelhals der Sämlinge an, um die Eiablage von Kohlfliegen zu unterbinden (siehe S. 240). Stellen Sie einen mit Netz bespannten Rahmen auf, um Tauben und Kohlweißlinge fernzuhalten. Bedenken Sie dabei, dass Rosenkohl 80 cm hoch werden kann.

5 Pflege

Sorgen Sie für einen festen Stand der kopflastigen Pflanzen, indem Sie anhäufeln oder stäben. Die unteren Blätter vergilben mit der Zeit. Sie werden abgenommen, damit die Luft um die Knospen leicht vorbeistreifen kann. Gießen Sie gut und geben Sie stickstoffbetonten Dünger in Lösung.

6 Ernte

Sind die Knospen groß genug zum Ernten, drehen Sie sie ab. Ältere Sorten reifen vom Grund an aufwärts. Neueres Hybridsaatgut reift gleichmäßiger, sodass man den ganzen Stängel schneiden und bis zum Verbrauch im Haus in Wasser stellen kann.

TIPP *Ernten Sie die köstlich beblätterte Triebspitze noch vor den Knospen.*

Die Röschen schmecken *betont mild, wenn sie ein paarmal dem Frost ausgesetzt waren.*

SCHRITT FÜR SCHRITT Grünkohl

Der frostverträgliche Grünkohl liefert reichlich Vitamine. Er behauptet sich den Winter über hervorragend auf dem Beet und liefert eine reiche Ernte zu einer Zeit, in der es sonst karg zugeht. Die dekorativen Pflanzen erweisen sich als wenig anfällig für die üblichen Krankheiten und Schädlinge an Kohlpflanzen. Die Blätter sollten Sie klein und öfter abnehmen, damit sie zart bleiben. Zwei oder drei Pflanzen bringen, wiederholt beerntet, reichen Ertrag.

	FRÜHLING	SOMMER	HERBST	WINTER
AUSSAAT				
ERNTE				

KULTURDAUER: 24–28 WOCHEN

GEEIGNET FÜR: BEETE

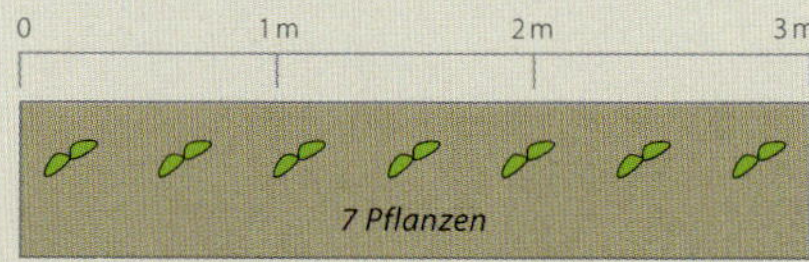

3 M LANGE REIHE
Pflanzabstand 50 cm

1 Kulturbeginn

Grünkohl will nährstoffreichen, wasserdurchlässigen, strukturstabilen Boden und braucht genügend Platz. Es stehen etliche Sorten zur Auswahl: Es gibt gekräuselte und runzlige Typen, zwergige Auslesen, und manche haben auffällige violette Stängel. Alle wirken ungemein dekorativ und zieren sogar in Rabatten.

'Cavolo Nero' *mit dunkelgrünen, runzligen, aromatischen Blättern schmeckt gekocht zart.*

'Nero di Toscana' *ist eine alte »schwarze« Sorte mit dunklen, runzligen Blättern.*

'Redbor' *macht sich gut in Rabatten dank der gekräuselten Blätter an violetten Stielen.*

'Starbor' *hat stark gekräuselte Blätter, die man am besten jung und zart abnimmt.*

Sie können in Töpfe säen. *Mit einem Pikierstab oder einem Bleistift bohren Sie Löcher in die Erde. Dahinein kommen zwei oder drei Samen.*

Legen Sie Horste *von zwei oder drei Samen in einem Gittermuster ab. Es verbleibt später nur der kräftigste Sämling. Streuen Sie Schneckenkorn.*

2 Aussaat

Im April können Sie im Haus aussäen. Füllen Sie in Anzuchtsysteme Aussaaterde ein, gießen Sie gut. Legen Sie in die 1 cm tiefen Löcher jeder Zelle zwei Samenkörner, die Sie mit Erde bedecken. Gießen Sie leicht an. Beim Vereinzeln bleibt nur der kräftigste Sämling stehen. Grünkohl können Sie auch direkt ins Freie säen. Lockern Sie die Erde im Saatbett, entfernen Sie alles Unkraut und arbeiten Sie stickstoffbetonten Dünger ein. Rechen Sie die Oberfläche eben. Entweder säen Sie in eine kurze Rille und pflanzen später um, oder Sie legen zwei oder drei Körner als Horste im Abstand von 50 × 50 cm ab.

3 Auspflanzen

Pflanzen Sie Grünkohl ab Ende Mai im Abstand von 50 × 50 cm. Gießen Sie gut an, bringen Sie zum Schutz vor Kohlfliegen einen Pappkragen um den Wurzelhals an. Sie halten die weiblichen Fliegen von der Eiablage am Stängelgrund ab (siehe S. 240). Hacken Sie zwischen den Pflanzen, um Unkraut zu beseitigen.

Sobald die Wurzeln *des Sämlings die Zelle oder den Topf ausfüllen, beginnen Sie mit dem Abhärten für das Auspflanzen.*

Die Jungpflanzen *drücken Sie beim Einpflanzen gut an. Die Pflanzen können schwer werden und haben dann eine Stütze.*

Grünkohl *kann sich stattlich entwickeln, daher setzt man ihn in einem weiten Pflanzabstand von etwa 50 × 50 cm.*

Jäten Sie umsichtig, *vor allem junge Pflanzen leiden unter Konkurrenz. Ziehen Sie das Unkraut nach Möglichkeit von Hand aus der Erde.*

Kohlweißlinge *(siehe S. 238) legen winzige gelbe Eier an der Blattunterseite ab. Kulturschutznetz schützt vor solchen Attacken.*

4 Pflanzenschutz

Düngen und gießen Sie gut, damit die Pflanzen alle Angriffe von Kohlerdflöhen abwehren und keine Wachstumsstockungen erleiden. Entstehen Probleme durch Kohlweißlinge (siehe S. 238) oder Tauben, spannen Sie über die Pflanzen auf Stäben ein straffes Netz mit einer Maschenweite von 1 × 1 cm.

5 Pflege

Wachsende Pflanzen können im Lauf der Zeit schwer und kopflastig werden. Da manche Sorten bis zu 1 m Höhe erreichen, kann es nötig sein, einzelne Pflanzen mit einem stabilen Stab aus Bambus oder Holz zu stützen. Entfernen Sie alle älteren, vergilbenden Blätter, sie können kompostiert werden.

6 Ernte

Die inneren Blätter der Rosetten sind zarter, die äußeren etwas zäher. Ernten Sie die Blätter, wenn sie groß genug sind, doch das Entfernen aller junger Blätter schwächt die Pflanzen. Wenn Sie alle paar Tage Blätter abnehmen, wächst immer genug nach.

Grünkohl entwickelt *eine Blattrosette, manchmal dazu noch kleine Rosetten an Seitentrieben.*

TIPP *Nach Frosteinwirkung entwickelt sich der feine Geschmack des Grünkohls.*

Salat und Blattgemüse

Die Kulturen nehmen weder viel Zeit noch Aufmerksamkeit oder Platz in Anspruch. Die Gruppe umfasst eine riesige Bandbreite von Kulturen – vom winzigen Sämling, der kurz nach der Keimung gezupft wird, über Schnitt- oder Pflücksalat, der immer wieder nachwächst, bis zum kälteverträglichen Chicorée, den man im Winter erntet. Auch der Geschmack variiert: von knackig, weich und mild bis scharf und pfeffrig. Manche dieser Kulturen gedeihen noch in einem Pflanzgefäß auf der Terrasse oder in einem Hängekorb. Das bedeutet, dass man wirklich in jedem Garten einen Platz dafür findet.

SCHRITT FÜR SCHRITT Salat

Weil er so schnell wächst und gut aussieht, eignet sich Salat bestens für Töpfe, Balkonkästen oder Erdsäcke, falls es an Anbaufläche mangelt. Es stehen verschiedene Sorten zur Verfügung: entweder mit dichtem Kopf oder Auslesen mit offenen Blattrosetten, geeignet als Pflück- oder Schnittsalat (siehe S. 116–117). Falls sie voll auswachsen, werden sie im Ganzen geerntet. Salat muss nie ausgehen, denn im Haus können Sie auch im Winter ernten.

	FRÜHLING	SOMMER	HERBST	WINTER
AUSSAAT				
ERNTE				

KULTURDAUER: 6–8 WOCHEN

GEEIGNET FÜR: BEETE, PFLANZGEFÄSSE UND ERDSÄCKE

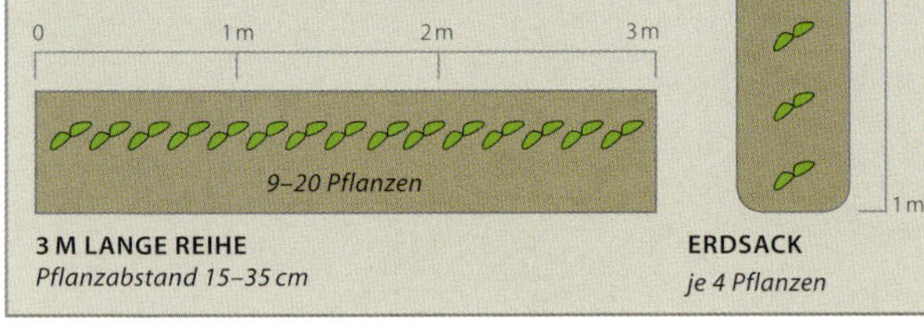

1 Aussaat im Haus

Frühe Aussaaten im Haus bieten sich zwischen Spätwinter und zeitigem Frühjahr an. Ausgepflanzt wird, wenn sich die Witterung dafür anbietet. Füllen Sie Aussaaterde in Anzuchtsysteme oder Aussaatschalen ein, die Sie behutsam andrücken und gut angießen. In ein 1 cm tiefes Loch pro Zelle oder Topf legen Sie zwei Samenkörner ab oder Sie säen in größere Schalen. Bedecken Sie die Samen mit Erde, gießen Sie leicht an. Warm und hell platzieren.

Legen Sie zwei oder drei Samen *pro Topf oder Zelle, vereinzeln Sie nach der Keimung. Nur der kräftigste Sämling wird weiterkultiviert.*

Säen Sie dünn *in größere Aussaatschalen aus. Pikieren Sie die Sämlinge. Pflanzen Sie Jungpflanzen in Einzeltöpfe oder Module für die Weiterkultur.*

Salatsamen *keimen manchmal zögerlich. Säen Sie alle 10 cm in Horsten entlang der Saatrille für den Fall, dass das Saatgut nicht aufgeht.*

Nach dem Auflaufen *lassen Sie nur noch den kräftigsten Sämling pro Horst stehen. Später lichten Sie auf 30 cm Abstand aus.*

2 Aussaat im Freien

Ab dem zeitigen Frühling bis zur Sommermitte können Sie Sommersorten direkt ins Freie säen. Winterharten Salat säen Sie im Spätsommer. Lockern Sie den Boden, entfernen Sie dabei Unkraut, rechen Sie die Oberfläche eben. Ziehen Sie 1 cm tiefe Rillen in 30 cm Abstand. Säen Sie in Horsten alle 15 cm vier oder fünf Samenkörner, die Sie mit Erde bedecken. Sorgen Sie für Schutz vor Schnecken.

TIPP *Lassen Sie abgeschnittene Strünke im Boden, daran treiben kleine Blätter aus.*

3 Auspflanzen

Sobald sich Sämlinge im Haus gut handhaben lassen, werden sie an die Außenbedingungen allmählich angepasst. Für sieben bis zehn Tage kommen sie tagsüber ins Freie, nachts ins Haus. Lockern und jäten Sie das Beet. Pflanzen Sie die Jungpflanzen in 15–35 cm Abstand und decken Sie bei kühler Witterung mit einer Haube ab.

Sämlinge aus Anzuchtsystemen *sind bereit fürs Auspflanzen, wenn sie ihre Zellen durchwurzelt haben. Gießen Sie zuvor gut.*

Drücken Sie die Erde *gut um die Ballen herum an. Salat braucht ausreichend Raum, er soll in 30 cm Abstand innerhalb der Reihen stehen.*

Jäten Sie regelmäßig *um Schnitt- oder Pflücksalat herum, damit keine Blätter unerwünschter Kräuter ins Erntegut kommen.*

Ein Ring aus Sand oder Splitt *um die Pflanzen hält Schnecken fern. Kontrollieren Sie öfter, ob der Damm keine Lücken aufweist.*

4 Pflege

Gießen Sie bei warmer Witterung gut, dann legen die Pflanzen schnell an Masse zu. In den letzten Wochen vor der Ernte sollte Salat nicht austrocknen, sonst neigt er zum Schießen. Das regelmäßige Jäten zwischen den Reihen verhindert Konkurrenz um Licht, Nährstoffe und Feuchtigkeit.

5 Pflanzenschutz

Schnecken (siehe S. 240) bereiten am häufigsten Probleme, besonders bei feucht-warmer Witterung. Stellen Sie Bierfallen auf, streuen Sie Schneckenkorn oder legen Sie eine Barriere rund um die Pflanzen. Blattläuse können ebenso schädigen, kontrollieren Sie Salat öfter nach Anzeichen dafür.

6 Ernte

Schneiden oder pflücken Sie von Typen mit offener Blattrosette immer wieder Blätter oder ernten Sie auf einmal. Sorten mit dichtem Kopf schneiden Sie bei der Reife ganz ab. Säen Sie wenig, doch öfter für eine kontinuierliche Versorgung mit frischem Blatt. Obwohl sich die Reifezeiten unterscheiden, lautet eine gängige Faustregel, dass man einen neuen Satz sät, wenn der vorige bereit zum Auspflanzen ist.

Ernten Sie Salat, *sobald er seine Größe erreicht hat, oder schneiden Sie Blätter einzeln ab.*

Salat

1 'Pinocchio' Der weiche Romana-Salat hat aufrechte Blätter und milde, gelbe Herzen. Die kälteverträgliche, kompakte Sorte eignet sich für eine frühe Aussaat und die Topfkultur.

2 'Tom Thumb' Der Kopfsalat entwickelt zarte grüne Blätter, die nur andeutungsweise bitter schmecken. Die kompakte Sorte ist wertvoll für die Kultur in Balkonkästen und Pflanzgefäßen.

3 'Freckles' Bei diesem Romana-Salat sind die sattgrünen Blätter weinrot gesprenkelt. Die aufrechten Pflanzen wachsen gedrungen und gehen nicht so schnell zur Blütenbildung über.

4 'Winter Density' Die verbreitete Sorte für feste Salatherzen erweist sich als recht frostverträglich. Sie kommt auch mit Hitze zurecht und eignet sich für eine frühe oder späte Kultur.

5 'Sioux' Bei dem Eissalat sind die knackigen grünen Blätter zur Reifezeit rötlich überzogen, besonders an sonnigen Plätzen. Er ist recht widerstandsfähig gegen Echten Mehltau.

6 'Lollo Rossa' Die bekannte, offen wachsende Sorte hat rötlich überzogene, krause Blätter, die man bei Bedarf abnehmen kann – oder man schneidet den ganzen Kopf.

7 'Mottistone' Die mittelgrünen Blätter mit gewelltem Rand sind weinrot gefleckt. Man kann sie einzeln abnehmen oder die lockeren Köpfe im Ganzen ernten.

8 'Little Gem' Der bekannte Mini-Romana-Salat liefert kleine, dichte Salatherzen. Er bietet sich für Pflanzgefäße an, verträgt Kälte und schießt im Sommer nicht so schnell.

9 'Nymans' Der auffällige milde Romana-Salat hat glänzende weinrote Blätter und ein gelbes Herz. Man kann ihn als Babyleaf ziehen. Er widersteht Echtem Mehltau und schießt kaum.

Weitere Sorten

'Attraktion'
'Red Salad Bowl'
'Cocarde'
'Merveille des quatre saisons'
'Valmaine'

1

3

2

6

4

5

7

8

9

SCHRITT FÜR SCHRITT Schnitt- und Pflücksalat

Der Name sagt schon, dass es eher um eine Kulturmethode geht als um eine bestimmte Gemüse-Art. Schnell und viel lässt sich damit anziehen, sogar in Pflanzgefäßen, frei gewordene Stücke werden für kurze Zeit genutzt, was sich im kleinen Garten auszahlt. Häufig ist Saatgut in Mischungen erhältlich, etwa als scharfe, würzige Mischung oder für Zubereitungen im Wok. Sie können jedoch nach eigenem Geschmack Mischungen erstellen.

	FRÜHLING	SOMMER	HERBST	WINTER
AUSSAAT				
ERNTE				

KULTURDAUER: 4–6 WOCHEN

GEEIGNET FÜR: BEETE, PFLANZGEFÄSSE UND ERDSÄCKE – IM FREIEN ODER UNTER GLAS

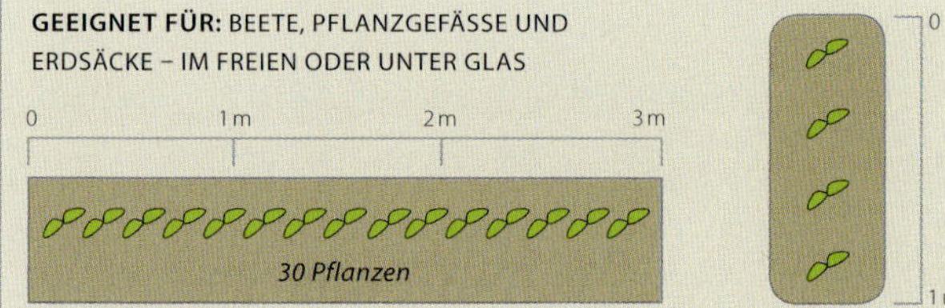

3 M LANGE REIHE
Säen und Ausdünnen auf 10 cm Abstand

ERDSACK
je 10 Pflanzen

1 Kulturbeginn

Die Pflänzchen werden gesät. Das kann satzweise bis weit in den Herbst geschehen. Üblicherweise verwendet man Salatsamen, doch eignen sich die meisten Gemüse-Arten für diese Art von Kultur. In der Regel wird im Sommer im Freien kultiviert, doch es funktioniert im Herbst oder Frühling auch im Haus.

Feldsalat *ist wertvoll für den Anbau im Winter. Er verträgt Frost und wächst zuverlässig.*

Salat *liefert bewährtermaßen junge Blätter. Es stehen viele gute Sorten zur Auswahl.*

Gartenkresse *schmeckt würzig. Sie bietet sich für eine Kultur im Haus an, um früh schon zu ernten.*

Rucola *schmeckt pfeffrig und passt gut zu milderem Grün wie Salatblätter.*

Säen Sie *in der Dichte wie auf dem Päckchen angegeben aus. Die Sorten werden unterschiedlich tief und dicht ausgebracht.*

Zupfen Sie Blätter *einzeln ab, sobald sie groß genug für den Verbrauch sind. Die Pflanzen entwickeln sich danach weiter.*

Ein Schnitt *beeinträchtigt das Wachstum, die Erholung dauert ein oder zwei Wochen. Gutes Gießen regt den Neuaustrieb an.*

2 Geschützte Kultur

Falls im Freiland kein Platz ist – oder für eine frühe bzw. späte Kultur können Sie Pflanzen im Haus ziehen. Dafür eignen sich Erdsäcke, Töpfe oder Aussaatschalen, die mit Substrat gefüllt sind. Gießen Sie gut, bevor Sie säen und die Samen mit Erde abdecken. Halten Sie bis zur Keimung nach etwa einer Woche alles feucht. Ernten Sie die Blätter in geeigneter Größe. Lassen Sie den Wachstumspunkt stehen. Rechnen Sie mit zwei oder drei Ernten.

TIPP *Versorgen Sie Kulturen im Haus mit Düngerlösung für einen Neuaustrieb.*

3 Aussaat im Freien

Um mehr zu ernten, säen Sie im Sommer direkt aufs Beet. Lockern Sie den Boden, entfernen Sie Unkraut, hacken und rechen Sie. Ziehen Sie 1–2 cm tiefe Saatrillen, die Sie wässern. Die ausgebrachten Samen bedecken Sie mit Erde und gießen noch einmal. Bei warmer Witterung bedecken Sie die Erde zeitweilig mit Zeitungspapier.

Säen Sie *in Rillen, so erkennen Sie jegliches Unkraut leichter. Bei beschränktem Platz können Sie direkt in Töpfe oder Erdsäcke säen.*

Kulturen in Töpfen und Erdsäcken *trocknen schneller aus als jene in gewachsenem Boden. Man muss sie öfter gießen.*

Werden einzelne Blätter abgenommen, *wachsen die Pflanzen weiter. Sie leben länger als bei einem Schnitt bis zum Grund.*

4 Pflege

Sämlinge erscheinen nach ein paar Tagen. (Eine Abdeckung aus Zeitungspapier müssen Sie dann entfernen. Kontrollieren Sie deswegen täglich.) Jäten Sie die Saatreihen und gießen Sie für ein zügiges Wachstum. Streuen Sie zum Schutz der Pflanzen Schneckenkorn aus.

5 Ernte

Im Hochsommer sind die Salatpflänzchen schon nach etwa drei Wochen reif für die Ernte. Sie können entweder einzelne Blätter abpflücken, sobald sie groß genug sind, oder Sie schneiden Kraut ab. Verarbeiten sollten Sie die Blätter immer frisch und nur so viel ernten, wie Sie gleich verwerten.

Weiterkultur

Abgeschnittene Salatpflanzen treiben nach einer Erholungsphase wieder aus. Gießen Sie gut und geben Sie Dünger in Lösung. Nach etwa zwei Wochen können Sie erneut ernten. Nach einigen Erntegängen wachsen die Pflanzen aus. Säen Sie zum Schutz vor Krankheiten folgende Sätze an einer anderen Stelle aus.

SCHRITT FÜR SCHRITT Keimpflanzen

Die schmackhafte und trendige Kultur wird in Nobelrestaurants in Szene gesetzt, ihr Anbau gelingt leicht. Die gesäten Sämlinge sind innerhalb von rund neun Tagen erntereif. Dutzende von Gemüse-Kulturen lassen sich auf diese Art ziehen. Wenn Sie verschiedene gemeinsam säen, kombinieren Sie die Aromen. Sie brauchen dafür weder Garten noch Platz im Freien – Keimpflanzen (Microgreens) wachsen im Topf an einem hellen Fenster, sogar in Watte.

	FRÜHLING	SOMMER	HERBST	WINTER
AUSSAAT				
ERNTE				

KULTURDAUER: 7–10 TAGE

GEEIGNET FÜR: BEETE, PFLANZGEFÄSSE UND ERDSÄCKE – IM FREIEN ODER UNTER GLAS

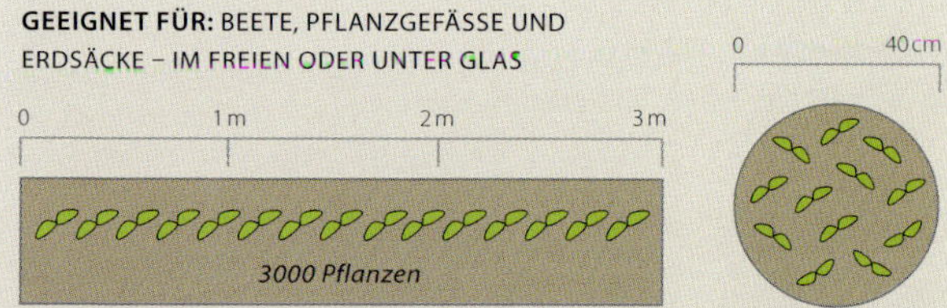

3 M LANGE REIHE
Säen und Ausdünnen auf 1 cm Abstand

TOPF
je 300 Pflanzen

1 Kulturbeginn

Für die aus Samen gezogenen Keimpflanzen gibt es viele Möglichkeiten. Es sind fertige Mischungen erhältlich, Sie können aber auch selbst mischen. Meist handelt es sich um dieselben Typen wie für den gewöhnlichen Anbau, nur werden die Sämlinge geerntet. Immer wenn Samen von den normalen Aussaaten übrig bleibt, ist es sinnvoller, diesen Rest als Keimpflanzen zu säen, als ihn fürs nächste Jahr aufzusparen.

Basilikum *Wie bei vielen Küchenkräutern schmecken die Sämlinge sehr intensiv.*

Rote Bete *Bei dem Wurzelgemüse schmecken auch die Blätter aromatisch.*

Kohl *Die Sämlinge aller Kohlarten besitzen einen köstlichen, nussartigen Geschmack.*

Koriander *Ältere Pflanzen schießen leicht, verbrauchen Sie die Sämlinge.*

Mangold *Die weichblättrigen Sämlinge mit etwas herbem Aroma passen zu Salaten.*

Sellerie *Das ganze Jahr über steht der arttypische Geschmack zur Verfügung.*

Salat *Die aromatischen Sämlinge dienen als Garnierung und ersetzen die gewohnte Kresse.*

Pak Choi *Die wertvolle Kultur kann man in nahezu jedem Stadium ernten.*

Schnittlauch *Die zarten Blätter schmecken ausgesprochen mild. Gut zur Dekoration.*

Erbsensprossen *Hier klingt das Erbsenaroma an. Sie passen zu Salaten und Wokgerichten.*

2 Aussaat im Haus

Füllen Sie feuchte Aussaaterde in Aussaatschalen und säen Sie darauf aus. Bedecken Sie die Samen leicht mit Erde und gießen Sie sanft. Die Samen keimen innerhalb weniger Tage, sie sollten an einem hellen Platz weiterwachsen. Manches Saatgut können Sie auch unbedeckt auf Schalen mit feuchtem Küchenpapier oder Watte auslegen.

Eine dichte Aussaat *ermöglicht eine gute Ernte. Säen Sie alle paar Tage für ständigen Nachschub. Am Küchenfenster sind sie griffbereit.*

Direkt in die Erde *können Sie im Freien säen, allerdings auch in kleinen Mengen in Pflanzgefäßen, Erdsäcken oder Balkonkästen.*

Können Sie Unkraut *schlecht von den Sämlingen unterscheiden, säen Sie besser in Reihen, um es leichter ausfindig zu machen.*

3 Aussaat im Freien

Vor der Aussaat im Freien richten Sie den Platz durch Jäten und Feinrechen her. Gießen Sie und säen Sie in 5 mm Tiefe in Horsten oder Reihen, bedecken Sie die Samen leicht und gießen Sie noch einmal. Streuen Sie zum Schutz etwas Schneckenkorn.

4 Pflege

Kulturen im Haus brauchen wenig Pflege, man muss sie bis zur Ernte höchstens ein- oder zweimal gießen. Im Freien müssen Sie Unkrautsämlinge zwischen den Keimpflanzen zupfen. Machen Sie das frühzeitig, damit sie nicht unter die Ernte kommen.

5 Ernte

Je nach Temperatur und Lichtangebot sind die Sämlinge vielleicht schon nach einer Woche erntereif. Gießen Sie in dieser Zeit ausreichend. Zwicken Sie einzelne Blätter mit den Fingern ab oder ernten Sie Büschel von Sämlingen mit der Schere.

TIPP *Verwerten Sie die Sämlinge innerhalb einer Stunde, bevor sie welken.*

Ernten Sie Keimpflanzen, *sobald die Sämlinge ihr erstes Paar echter Blätter entwickeln.*

SCHRITT FÜR SCHRITT Asia-Salate

Bei den meisten dieser Kulturen handelt es sich um Kohlgewächse, die hervorragend in Salate oder Wokgerichte passen. Es steht eine Riesenfülle von Sorten zur Verfügung, allein vom Pak Choi kennt man große, hohe Formen, die man wegen der knackigen Stiele zieht, und ebenso gedrungene Typen mit rundlichen Blättern. Asia-Salate eignen sich zum Füllen von Beetlücken im Sommer, denn sie wachsen, ausgesät im Hoch- oder Spätsommer, schnell.

	FRÜHLING	SOMMER	HERBST	WINTER
AUSSAAT				
ERNTE				

KULTURDAUER: 6–8 WOCHEN

GEEIGNET FÜR: BEETE, PFLANZGEFÄSSE UND ERDSÄCKE

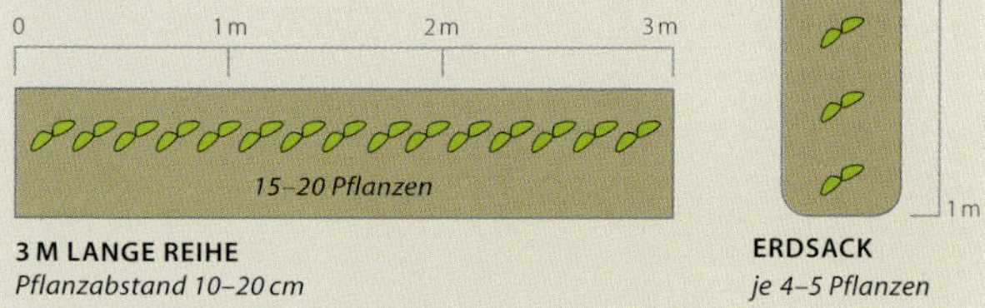

1 Kulturbeginn

Säen Sie Asia-Salate nicht zu früh im Jahr. Niedrige Temperaturen und die zunehmende Tageslänge machen sie nämlich anfällig fürs Schießen. Warten Sie daher bis zur Sommersonnenwende. Doch können Hitze und Trockenheit weiterhin zur Blüten- und Samenbildung führen.

Pak Choi *hat große, rundliche Blätter. Roh oder gekocht schmeckt er gut.*

Amchoi 'Red Giant' *mit rotem Blatt liefert mild pfeffriges Aroma für Salate.*

Mizuna *bringt mild aromatische, ausgezackte Blätter, die sehr dekorativ wirken.*

Tatsoi *entwickelt löffelförmige Blätter, die man am besten jung für Salate schneidet.*

2 Aussaat im Haus

Säen Sie satzweise ab Ende Juni. Füllen Sie in Saatschalen oder Anzuchtsysteme Aussaaterde ein, die Sie leicht andrücken und wässern. Verteilen Sie Samen dünn über die Oberfläche, streuen Sie 1 cm hoch Erde darüber. Drücken Sie an und gießen Sie leicht. Die Saat braucht keine zusätzliche Wärme, sie keimt nach etwa einer Woche. Vor dem Auspflanzen abhärten lassen.

Staffeln Sie die Aussaaten, *damit Sie nicht überschwemmt werden. Säen Sie alle zwei Wochen.*

3 Aussaat im Freien

Asia-Salate entwickeln sich bei Direktsaat gut. Lockern Sie den Boden, entfernen Sie alles Unkraut, führen Sie stickstoffreichen Dünger zu. Auf der eben gerechten Fläche ziehen Sie 1 cm tiefe Rillen in 15–30 cm Abstand, je nach Kultur.

Wässern Sie die Saatrille, *legen Sie Samen in 2 cm Abstand. Drücken Sie mit umgedrehtem Rechen an.*

Die Sämlinge *müssen ausgedünnt werden. Verziehen Sie sie vorsichtig auf 10–20 cm Abstand.*

4 Auspflanzen

Bereiten Sie den Boden gut vor: Lockern Sie und entfernen Sie alles Unkraut, bringen Sie stickstoffreichen Dünger aus. Sind Jungpflanzen aus der Anzucht im Haus handlich genug, werden sie zwei Wochen lang abgehärtet: Sie kommen tagsüber ins Freie, während der Nacht stehen sie im Haus. Pflanzen Sie weit genug.

In Lücken, *die durch abgeerntetes Gemüse entstehen, können Sie diese schnell wachsenden Kulturen einsetzen und so den Platz gut nutzen.*

Asia-Salate brauchen viel Wasser. *Sie leiden bei Konkurrenz durch Unkräuter. Zupfen Sie daher alle unerwünschten Sämlinge aus.*

Ideal sind diese Kulturen *zum Abpflücken oder Abschneiden, weil sie wieder nachtreiben. Die Ernte zieht sich über viele Wochen hin.*

5 Pflege

Asia-Salate sind anfällig für typische Schädlinge an Kohlpflanzen wie Kohlfliegen (siehe S. 240) und Kohlerdfloh. Bedecken Sie die Reihen daher mit einem Insektenschutznetz. Halten Sie die Kulturen unkrautfrei und gießen Sie oft, damit sie schnell wachsen. Dies schützt auch vor dem Durchschießen.

6 Frühes Abpflücken

Blätter, die groß genug sind, oder Sprosse können Sie einzeln abnehmen oder die ganze Pflanze abräumen. Asia-Salate wachsen schnell, säen Sie im Sommer öfter kleine Sätze hintereinander. Aussaaten alle zwei Wochen versorgen Sie laufend, was mehr bringt als eine große Ernte.

7 Ernte

Pflanzen dürfen auch zu ihrer vollen Größe auswachsen. Mit zunehmendem Wachstum können Sie Sämlinge oder Jungpflanzen auslichten. Einzelne Köpfe schneiden Sie am Grund ab, bei Typen, die wie Brokkoli sprossen, nehmen Sie Triebe öfter ab.

TIPP *Säen Sie an heißen Stellen etwas tiefer und halten Sie die Erde immer feucht.*

Ganze Pflanzen *wie Pak Choi können Sie am Grund kappen, wenn der Kopf reif ist.*

SCHRITT FÜR SCHRITT
Spinat

Jung geerntet, schmeckt Spinat köstlich in Salaten, oder man dünstet reifes Laub. Die unkomplizierte Kultur bringt in kurzer Zeit Arme voller großer, zarter Blätter. Wenn Sie wenig, aber öfter in kurzen Reihen aussäen und gut gießen, können Sie den ganzen Sommer hindurch ernten. Spinat reift schnell, dadurch empfiehlt er sich für kleinere Flächen, wo er Platz macht für andere Kulturen. Spinat nutzt auch Lücken und zeitweise freien Platz.

	FRÜHLING	SOMMER	HERBST	WINTER
AUSSAAT				
ERNTE				

KULTURDAUER: 6–12 WOCHEN

GEEIGNET FÜR: BEETE UND PFLANZGEFÄSSE

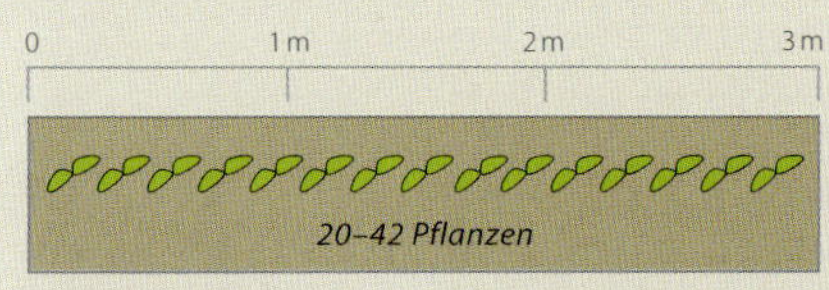

3 M LANGE REIHE
Pflanzabstand 7–15 cm

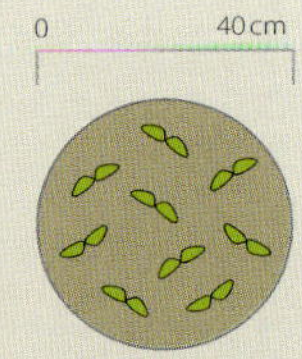

TOPF
je 7–9 Pflanzen

1 Kulturbeginn

Die vielseitige Kultur verträgt kühle Witterung und einen halbschattigen Platz. Sie gedeiht sogar in Töpfen und liefert am kleinsten Platz hohen Ertrag. Spinat braucht sehr nährstoffreichen, gut dränierten Boden. Mischen Sie daher in der vorangehenden Wachstumszeit organische Substanz wie Kompost unter.

'Bordeaux' *mit dunkelgrünem Blatt und rotem Stiel sieht gut aus und schmeckt.*

'Medania' *liefert ansehnliche Mengen großer, fleischiger Blätter und schießt kaum.*

'Toscane' *trägt sehr reich seine dicken, zarten Blätter. Die Sorte ist schossfest.*

'Tetona' *hat glatte, dunkelgrüne, mehltaufeste Blätter. Eine ideale Sorte für frühen Anbau.*

Direkt ins Freie säen Sie *von der Frühjahrsmitte an. Den letzten Satz können Sie Ende September unter Hauben ausbringen.*

Herangewachsene Sämlinge *müssen Sie auslichten. Alle 7–15 cm innerhalb der Reihe verbleibt nur der kräftigste.*

2 Aussaat im Freien

Spinat wird direkt gesät, entweder ins Beet oder in Töpfe bzw. Balkonkästen, dadurch erübrigt sich eine Vorkultur. Direkt gesäte Pflanzen schießen auch nicht so leicht, was ein Problem darstellen kann. Lockern und krümeln Sie den Boden, rechen Sie eben. Ziehen Sie in 20 cm Abstand 2 cm tiefe Saatrillen, die Sie gut wässern. Streuen Sie Samen grob im Abstand von 1 cm die Rille entlang, drücken Sie Erde darüber leicht an und gießen Sie.

TIPP *Säen Sie für eine ständige Versorgung alle paar Wochen einen neuen Satz.*

3 Gießen

Die einjährige Spinatkultur wächst schnell und braucht viel Wasser. Sie sollten großzügig und häufig gießen, bei heißer, trockener Witterung kann das sogar täglich notwendig sein. Regelmäßiges Jäten erweist sich als ebenso wichtig, denn dadurch wird die Konkurrenz um Feuchtigkeit, Licht und Platz zum Wachsen beseitigt.

Gießen Sie immer gut, *denn Spinat neigt zum Schießen und geht rasch zur Samenbildung über, wenn das Wachstum stockt.*

Zupfen Sie Unkraut *nahe bei den Pflanzen von Hand aus, um Verletzungen zu vermeiden. Zwischen den Reihen können Sie hacken.*

Vögel können junge Pflanzen schädigen. *Breiten Sie vorbeugend Netze über die Reihen. Streuen Sie außerdem Schneckenkorn.*

Mit einer Schere *ernten Sie junge, zarte Blätter – zuerst die äußeren, dann die inneren. Die Pflanzen treiben wieder nach.*

4 Pflege

Netze schützen vor Vogelfraß. Falscher Mehltau kann auftreten, doch gibt es widerstandsfähige Sorten. Nach reichlichen Kompostgaben vor der Aussaat erübrigt sich weiteres Düngen. Sonst reagiert die Kultur gut auf zusätzliche ausgewogene Düngung.

5 Blätter für Salat

Junge Spinatblätter können Sie für Salate schneiden. Nehmen Sie sie einzeln von den Pflanzen ab, sobald sie groß genug sind. Gedünstet schmecken die zarteren Blätter auch milder als jene, die man von reifen Pflanzen erntet.

6 Ernte

Wollen Sie, dass die Pflanzen etwas größer werden, schneiden Sie erst zehn bis zwölf Wochen nach der Aussaat alle Blätter 2,5 cm über dem Grund ab und entfernen alles gelbe Laub. Wenn Sie die abgeerntete Reihe gießen und düngen, können Sie in etwa zwei Wochen erneut eine kleinere Ernte entnehmen. Dann sollten Sie die Pflanzen verwerfen. Alternativ dazu streifen Sie herausgezogene Pflanzen einfach ab.

Schneiden Sie Blätter *so bald wie möglich und verarbeiten Sie sie unverzüglich.*

SCHRITT FÜR SCHRITT Mangold

Im Vergleich zu Spinat erweist sich Mangold als winterhärter, er wird ähnlich verzehrt. Auch Mangold kann man die meiste Zeit des Jahres ernten, er liefert noch im Herbst guten Ertrag. Die Kultur gelingt sehr leicht und die farbigen Stiele erweisen sich als wertvoll für kleine Gärten, weil die Pflanze zusätzlich als Zierde in Beeten und Pflanzgefäßen gedeihen kann. Junges Laub passt für Salate, ältere Blätter und die Stiele werden gedünstet.

	FRÜHLING	SOMMER	HERBST	WINTER
AUSSAAT				
ERNTE				

KULTURDAUER: 8–16 WOCHEN

GEEIGNET FÜR: BEETE UND PFLANZGEFÄSSE

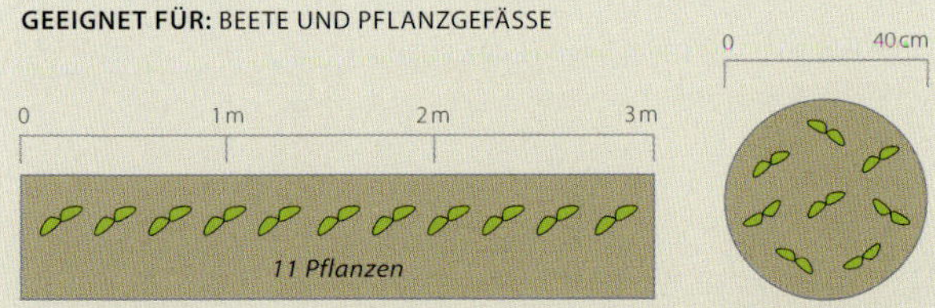

3 M LANGE REIHE
Ausdünnen auf 30 cm Abstand

TOPF
je 8 Pflanzen

'Bright Lights' *heißt eine Mischung rot- und gelbstieliger Sorten. Geeignet für Töpfe.*

'Bright Yellow' *wird als Babyleaf geerntet, oder man lässt die gelben Stiele reifen.*

'Lucullus' *entwickelt dicke weiße Stiele, die leicht gedünstet hevorragend schmecken.*

'Rhubarb Chard' *hat purpurrot überzogene Blätter und dunkelrote Stiele.*

1 Kulturbeginn

Jungpflanzen werden im Frühling angeboten, manchmal auch als überwinternde Beetpflanze. Allerdings kann man Mangold leicht aus Samen ziehen. Die Aussaat empfiehlt sich, wenn Sie mehrere Pflanzen oder Babyleafs ziehen wollen. Es wird zwischen Blatt- und Stielmangold unterschieden.

Die großen Samen *von Mangold sind einfach zu handhaben. Durch die Aussaat in Anzuchtsysteme ersparen Sie sich das spätere Pikieren.*

Setzen Sie Jungpflanzen *in 10 cm Abstand in vorbereitete Erde und gießen Sie gut. Streuen Sie zum Schutz ein wenig Schneckenkorn.*

2 Aussaat im Haus

Obwohl Mangold Frost verträgt, ermöglicht eine geschützte Aussaat eine frühere Ernte. Füllen Sie in Anzuchtsysteme Aussaaterde ein, die Sie leicht festdrücken und gut gießen. Mit einem Pikierstab oder Bleistift bohren Sie 2,5 cm tiefe Löcher in jede Zelle und legen ein oder zwei Samenkörner ein. Darüber kommt Erde, gießen Sie gut. Die Aussaaten brauchen keine Wärme, sie keimen nach ein oder zwei Wochen. Vereinzeln Sie später auf einen Sämling pro Zelle, den Sie im Haus an einem hellen, frostfreien Platz für ein paar Wochen kultivieren. Ins Freie ausgepflanzt wird in 30 cm Abstand.

Legen Sie die Samen *sorgfältig aus, um nicht mehr auszubringen, als Sie brauchen. Bewahren Sie Saatgut an einem kühlen, trockenen Platz auf.*

3 Aussaat im Freien

Eine Aussaat an Ort und Stelle ist möglich, sie erlaubt eine spätere Ernte. Bereiten Sie den Boden vor, indem Sie lockern und gut verrotteten Kompost untermischen. Rechen Sie die Erde krümelig und ziehen Sie 2,5 cm tiefe Saatrillen in 30 cm Abstand. Gießen Sie gut und legen Sie Samen in 5 cm Tiefe ab.

Warten Sie mit dem Ausdünnen *nicht zu lange. Ältere Sämlinge lassen sich weniger leicht herausziehen und das Wurzelwerk wird gestört.*

Mangold sollte es immer feucht haben. *Bei leichten Böden sollten Sie im Sommer verrottete organische Substanz um die Pflanzen aufbringen.*

4 Ausdünnen

Direktaussaaten vereinzeln Sie zunächst auf 10 cm Abstand, die größeren Pflanzen lichten Sie auf 30 cm aus. Die gezogenen Pflänzchen dienen als frühe Salatzutat. Wässern Sie nach dem Auslichten die Reihen, damit sich die Erde wieder setzt.

5 Pflege

Gießen Sie gut. Nach reichlicher Kompostgabe vor der Aussaat braucht die Kultur keine zusätzliche Düngung, bei Bedarf düngen Sie ausgewogen. Jäten Sie sorgfältig. In milden Gebieten ist eine Ernte neuer Blätter im Winter unter einer Abdeckung möglich.

6 Ernte

Sobald die Pflanzen 10 cm groß sind, kann man sie für Salate ernten. Entweder pflücken Sie Blätter einzeln oder Sie schneiden ganze Pflanzen am Grund ab (sie treiben wieder aus). Blätter, die Sie wie Spinat dünsten wollen, lassen Sie auswachsen.

Beim Ernten von Blättern für Salat *lassen Sie die Basis stehen. Es folgt ein Neuaustrieb.*

TIPP *Die Sorten mit weißen Stielen sind die robustesten für die Überwinterung.*

SCHRITT FÜR SCHRITT Chicorée

Das robuste Blattgemüse passt an jeden Platz: Es ist überaus dekorativ und nimmt nur wenig Platz ein. Die Sorten kann man dünsten oder roh essen. Sie schmecken leicht, doch angenehm bitter, was sich durch Blanchieren abmildern lässt. Sorten von Treib-Chicorée bilden im Winter die bekannten Pfeifen mit dicht gepackten fleischigen, mild schmeckenden Blättern. Alle Sorten sind leicht zu ziehen, auch in Töpfen; die meisten vertragen Frost.

	FRÜHLING	SOMMER	HERBST	WINTER
AUSSAAT				
ERNTE				

KULTURDAUER: 14–16 WOCHEN

GEEIGNET FÜR: BEETE UND PFLANZGEFÄSSE

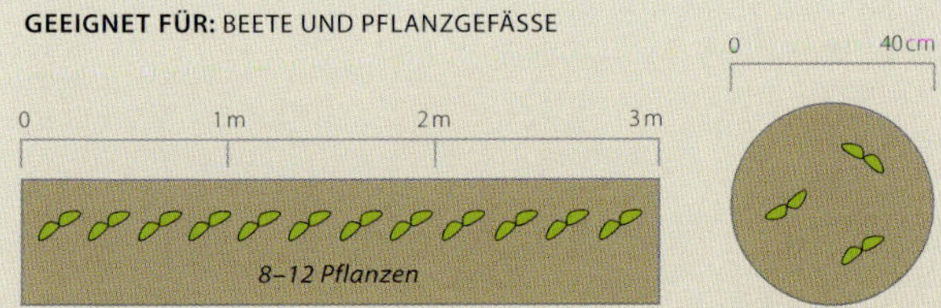

3 M LANGE REIHE
Pflanzen oder Vereinzeln auf 25–40 cm Abstand

TOPF
je 3 Pflanzen

1 Kulturbeginn

Es werden drei Typen unterschieden: zuerst die Sorten von Treib-Chicorée mit langer Pfahlwurzel und langem, hellem Kopf, dann Radicchio, der wie ein Kopfsalat einen festen Kopf entwickelt, schließlich das Fleischkraut ('Zuckerhut'), das einen lockeren Kopf aus grünen Blättern ausbildet.

'Treviso Precoce Mesola' *heißt dieser Radicchio mit weiß geädertem, rotem Blatt.*

'Palla Rossa' *ist ein Radicchio für Salate mit bitter schmeckenden, roten Blättern.*

'Variegata di Castelfranco' *nennt sich der späte Radicchio mit rot gesprenkelten Blättern.*

'Pan di Zucchero' *Die Fleischkraut-Sorte eignet sich als Schnitt- oder Pflücksalat.*

Sie können in Aussaatschalen säen, *doch dann müssen Sie pikieren, sobald sich die Sämlinge gut anfassen lassen.*

Wässern Sie *mit einem feinen Brauseaufsatz, damit die Samenkörner nicht weggeschwemmt werden.*

Pikieren Sie Sämlinge, *sobald sie zwei echte Laubblätter ausgebildet haben. Jeder kommt in eine Zelle oder in einen Topf.*

2 Aussaat

Eine sehr frühe Aussaat kann im Haus erfolgen. Das gilt auch für die Aussaat im Herbst, um Schnittsalat zu ziehen oder um Kulturen zu bekommen, die im Frühjahr reifen. Befüllen Sie Saatschalen oder Anzuchtsysteme mit Aussaaterde, gießen Sie gut. Bohren Sie in jede Zelle 1 cm tiefe Löcher für ein Samenkorn oder legen Sie in 5 cm Abstand jeweils ein Korn ab. Bedecken Sie mit Erde und gießen Sie. Die Keimrate ist in der Regel sehr hoch.

TIPP *Chicorée für die Treiberei ab Herbst säen Sie am besten im Frühling.*

3 Säen und Pflanzen

Für eine Direktsaat lockern Sie den Boden und entfernen alles Unkraut. Ziehen Sie 1 cm tiefe Saatrillen, gießen Sie gut und legen Sie Samenkörner dünn aus. Sie werden mit Erde bedeckt und eingeschlämmt. Jungpflanzen aus dem Haus können Sie auspflanzen, sobald die Wurzeln ihre Zelle ausfüllen. Pflanzabstand 25–40 cm.

Direktsaaten entwickeln sich gut, *sofern sich die Erde genügend erwärmt hat. Zu frühe Aussaaten neigen zum Schießen.*

Dünnen Sie Sämlinge aus. *Nur das kräftigste Pflänzchen im Abstand von 25–40 cm bleibt. Die Blätter gezogener Pflänzchen kommen in Salate.*

Regelmäßige Wassergaben *senken das Risiko des Schießens. Chicorée-Wurzeln reichen tief in den Boden, gießen Sie daher durchdringend.*

Zichorienblätter können Sie nach Bedarf *pflücken oder schneiden, die Pflanze treibt dann wieder nach. Oder Sie ernten sie im Ganzen.*

4 Pflege

Gießen Sie während des Wachstums gut und jäten Sie. Die Pflanzen haben keine hohen Nährstoffansprüche, aber Kulturen auf sandigen Böden oder Pflanzen in Töpfen entwickeln sich besser, wenn sie alle zwei Wochen ausgeglichen gedüngt werden.

5 Ernte

Blätter können Sie entnehmen, sobald die Pflanzen eine ansehnliche Größe erreicht haben. Eine zweite, kleinere Ernte erhalten Sie, wenn Sie den Strunk im Boden lassen, ein Kreuz in die Schnittstelle schneiden und alle verbliebenen Blätter entfernen.

Treiberei

Chicorée können Sie im Winter antreiben. Holen Sie reife Wurzeln im November aus dem Boden, entfernen Sie die Blätter, setzen Sie die Wurzeln in tiefe, mit Substrat gefüllte Töpfe. Gießen Sie gut, stülpen Sie einen Eimer darüber, um Licht fernzuhalten. An einem warmen Platz bilden sich Pfeifen nach etwa drei Wochen.

SCHRITT FÜR SCHRITT Endivie

Endivie erweist sich als robust und kälteverträglich, sie leidet seltener unter Krankheiten und Schädlingen als andere Salatkulturen. Dadurch eignet sie sich gut für Garteneulinge, dazu sieht Endivie in jedem Nutzgarten gut aus. Den leicht bitteren Geschmack empfinden manche als prickelnd, doch lässt er sich durch Bleichen der inneren Blätter abmildern. Als Salat ähnelt Endivie dem Chicorée – in Bezug auf die Kultur und auf den Geschmack.

	FRÜHLING	SOMMER	HERBST	WINTER
AUSSAAT				
ERNTE				

KULTURDAUER: 10–12 WOCHEN

GEEIGNET FÜR: BEETE, PFLANZGEFÄSSE UND ERDSÄCKE

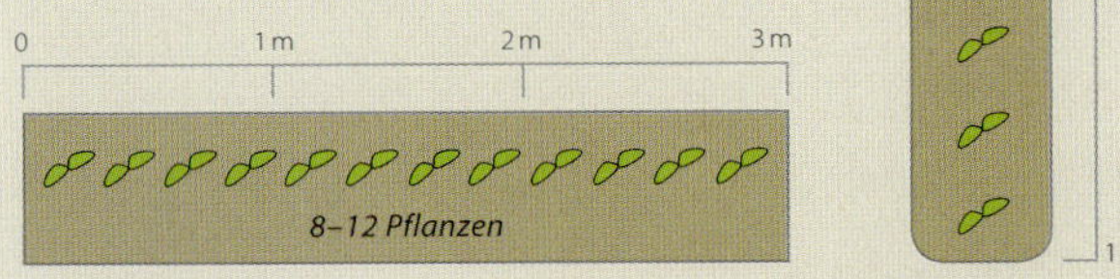

3 M LANGE REIHE
Pflanzabstand 25–40 cm

ERDSACK
je 4–5 Pflanzen

1 Kulturbeginn

Es wird unterschieden zwischen Glatter Endivie und Frisée-Endivie. Die Letztere wächst eher flach und hat schmale, krause Blätter, Glatte Endivie hat breite Blätter, die Pflanzen wachsen eher aufrecht und vertragen Frost oft besser. Alle wollen durchlässigen Boden an einem hellen Platz.

'Frenzy' *bringt dichte Köpfe mit sehr feinen Blättern. Eine selbstbleichende Frisée-Endivie.*

'Glory'. *Der Frisée entwickelt tief eingeschnittene Blätter, die jung sehr zart sind.*

'Kentucky' *hat fein geschlitzte Blätter und lässt sich gut bleichen. Ein zuverlässiger Frisée.*

'Natacha' *ist eine überaus schossfeste Sorte der Glatten Endivie mit breiten, zarten Blättern.*

Um Erntespitzen zu vermeiden, *säen Sie alle paar Wochen eine kleine Menge. Dann werden Sie fortlaufend versorgt.*

Härten Sie die Sämlinge ab, *indem Sie sie zwei Wochen lang tagsüber ins Freie stellen und nachts ins Haus holen.*

Pflanzen Sie *in 25–40 cm Abstand, je nachdem, bis zu welcher Größe die Pflanzen heranwachsen sollen.*

2 Aussaat im Haus

Säen können Sie im Frühling in Saatschalen oder Anzuchtsysteme. Füllen Sie Aussaaterde ein, die Sie behutsam andrücken, gießen Sie. Formen Sie mit dem Pikierstab oder einem Bleistift in jeder Zelle ein Loch und legen Sie jeweils ein Korn 1 cm tief ab. Drücken Sie darüber Erde etwas an und gießen Sie leicht. Sämlinge erscheinen nach etwa einer Woche. Kultivieren Sie so lange unter Glas, bis sich starke Wurzeln entwickelt haben.

TIPP *Sie können Endivie auch als Schnittsalat ziehen: Säen Sie dicht in Rillen.*

3 Aussaat im Freien

Endivie können Sie direkt aufs Beet, in Erdsäcke oder Container mit Universalerde säen. Lockern Sie den Boden, entfernen Sie alles Unkraut und mischen Sie unter leichten Boden ausgeglichenen Dünger. Ziehen Sie 1 cm tiefe Saatrillen, gießen Sie, säen Sie dünn aus. Drücken Sie darüber etwas Erde leicht an und gießen Sie vorsichtig.

Säen Sie erst dann direkt ins Freie, *wenn sich die Erde im Frühsommer erwärmt hat. Kälte kann dazu führen, dass die Pflanzen schießen.*

Haben sich die Sämlinge entwickelt, *lichten Sie vorsichtig von Hand aus. Nur alle 25–40 cm verbleibt eine kräftige Jungpflanze.*

Gießen Sie während der Entwicklung gut. *Das senkt das Risiko, dass die Pflanzen schießen. Benutzen Sie einen Brauseaufsatz.*

Jäten Sie sorgfältig, *besonders in der Entwicklungszeit. Das drängt die Konkurrenz um Licht, Nährstoffe und Wasser zurück.*

4 Gießen

Halten Sie die Fläche in den ersten Wochen nach dem Auspflanzen oder Aussäen feucht, damit sich ein kräftiges Wurzelsystem entwickelt. Einmal eingewachsen, erweist sich Endivie als recht widerstandsfähig gegen Trockenheit. Gießen Sie dennoch bei Dürre.

5 Pflege

Jäten Sie regelmäßig, bis die Pflanzen so groß sind, dass sie unerwünschten Aufwuchs unterdrücken. Zwischen den Reihen verwenden Sie eine Hacke, nahe an den Pflanzen ziehen Sie Sämlinge von Hand heraus. Vlies schützt vor Kälte und Schießen.

6 Ernte

Der bittere Geschmack von Endivie wird durch Bleichen gemildert. Manche Sorten gelten als selbstbleichend, bei anderen müssen Sie aktiv werden. Am einfachsten ist es, eine Platte über das trockene (!) Herz der Pflanze zu legen, um Licht abzuschirmen. Das Bleichen dauert zwei bis drei Wochen. Schneiden Sie die Blätter, doch lassen Sie den Strunk im Boden, damit er erneut austreiben kann.

Sobald die Blätter gebleicht sind, *schneiden Sie alle auf einmal mit einem scharfen Messer ab.*

SCHRITT FÜR SCHRITT Brunnenkresse

Brunnenkresse hat sich zur unverzichtbaren Salatzutat entwickelt, weil sie knackigen Biss und frischen, pfeffrigen Geschmack hinzufügt. Man kann sie auch allein genießen oder in sommerlichen Gerichten verzehren. Obwohl sie im Allgemeinen in Bächen oder in fließendem Wasser wächst, kann man sie in Pflanzgefäßen halten, vorausgesetzt, es wird gut gegossen. Brunnenkresse wächst schnell. Falls Sie oft ernten, genügen Ihnen ein paar Töpfe.

	FRÜHLING	SOMMER	HERBST	WINTER
AUSSAAT				
ERNTE				

KULTURDAUER: 8–18 WOCHEN

GEEIGNET FÜR: ERDSÄCKE UND PFLANZGEFÄSSE

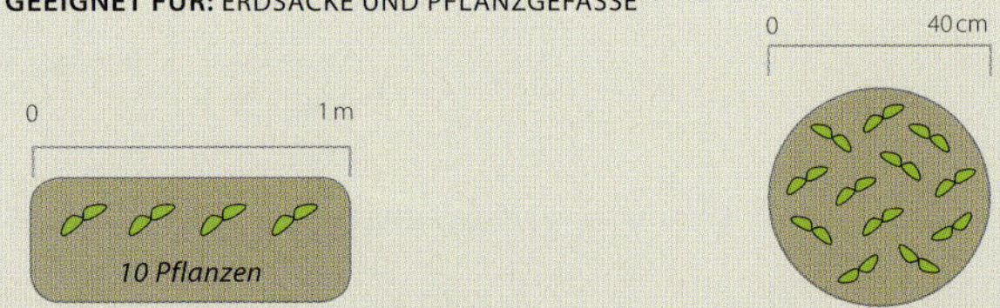

ERDSACK
Pflanzen oder Ausdünnen auf 10 cm Abstand

TOPF
je 16 Pflanzen

1 Aussaat im Haus

Brunnenkresse ist zwar winterhart, doch kann die Kultur unter Glas beginnen. Befüllen Sie Töpfe mit Aussaaterde, die Sie leicht andrücken und gut gießen. Säen Sie dünn auf der Oberfläche, streuen Sie 5 mm hoch Erde darüber, gießen Sie leicht. Stellen Sie die Töpfe an ein helles Fenster oder in einem warmen Gewächshaus in 2–5 cm hohe, mit Wasser gefüllte Schalen. Vereinzeln Sie auf die kräftigsten Sämlinge, topfen Sie in 30 cm große Container um.

Säen Sie *in kleine Töpfe. Danach lichten Sie für eine kleine Ernte aus oder topfen um.*

Halten Sie das Substrat *immer feucht. Für die Keimung müssen Sie nicht heizen.*

Die Sämlinge wachsen *schnell heran. Sie brauchen einen hellen Platz im Haus.*

Ideal ist ein ausgedientes Spülbecken. *Verteilen Sie Samen auf der Oberfläche oder säen Sie in schmale Reihen. Mit Erde abdecken, gießen.*

Lichten Sie die wachsenden Sämlinge aus, *wässern Sie immer gut. Schützen Sie die Pflänzchen mit ein wenig Schneckenkorn.*

2 Aussaat im Freien

Sobald die Gefahr von Spätfrösten vorüber ist, befüllen Sie mindestens 30 cm große Container mit Universalerde. Verteilen Sie Samen 5 mm tief, gießen Sie. Stellen Sie das Gefäß ins Freie an einen sonnigen Platz und in Schalen mit einem konstant 2 cm hohen Wasserstand. Die Samen keimen nach etwa einer Woche. Vereinzeln Sie, belassen Sie alle 10 cm den kräftigsten Sämling.

TIPP *Die ausgedünnten Sämlinge dienen als frühe Ernte im Sinne von Keimpflanzen.*

3 Stecklinge

Sie können Pflanzen auch ganz einfach aus Schnittlingen heranziehen. Kaufen Sie frische Brunnenkresse im Supermarkt, stellen Sie ein paar Stängel in Wasser auf ein Fensterbrett. Nach 10–14 Tagen entwickeln sich Wurzeln, pflanzen Sie in eine flache Schale mit feuchtem Substrat um. Ernten können Sie bald.

Stellen Sie die Stecklinge *an einen hellen Platz, wechseln Sie alle paar Tage das Wasser. Entfernen Sie gelbe Blätter und Stängel.*

Brunnenkresse wächst schnell, *doch nach ein paar Ernten müssen Sie die Pflanzen ersetzen. Säen Sie alle paar Wochen einen neuen Satz.*

Ernten Sie alle paar Tage *junge Triebe. Entnehmen Sie von jeder Pflanze nur wenige Sprosse und gewähren Sie Zeit zum Nachwachsen.*

4 Pflege

Stickstoffbetonte Flüssigdüngung begünstigt einen hohen Ertrag. Jäten Sie sorgfältig, damit Sie nicht aus Versehen Unkraut miternten. Nachdem sie ein paarmal beerntet wurden, altern die Pflanzen und sollten ersetzt werden. Säen Sie dafür einen neuen Satz aus.

5 Ernte

Sobald die Pflanzen 10–15 cm hoch gewachsen sind, kann die Ernte beginnen. Entnehmen Sie zuerst den Haupttrieb, damit sich Seitentriebe bilden. Sorgen Sie dafür, dass die Pflanzen nicht langbeinig werden. Entnehmen Sie von jeder Pflanze nur wenig.

Gartenkresse

Eine Alternative zur Brunnenkresse stellt die Breitblättrige Gartenkresse mit ähnlichem Geschmack dar. Ihr Anbau gelingt einfacher, weil sie keine derart nassen Bedingungen erfordert. Man kann sie direkt auf ein Beet oder in einen großen Topf säen. In milden Gegenden kann man die winterharte Kresse sogar im Winter ernten.

Wurzeln und Knollen

Die köstlichen, nahrhaften Wurzeln von Pastinaken, Steckrüben oder Kartoffeln sind für die Küche wichtig und man kann sie über die Wintermonate hinweg lagern. Im Garten sind diese Gemüse-Arten ebenso wertvoll. Denn zu ihnen gehören schnell reifende Kulturen wie Radieschen und Speiserübchen, die man zweimal säen und ernten kann innerhalb derselben Zeitspanne, die viele andere Kulturen brauchen, um zu reifen. In kleineren Gärten können Sie süß schmeckende Baby-Rote-Bete wenige Wochen nach der Aussaat ernten. Sie lohnen sogar den Anbau im Topf und kämen im Einkauf relativ teuer.

SCHRITT FÜR SCHRITT Radieschen

Radieschen wachsen so schnell, dass man sie im Hochsommer schon nach fünf Wochen erntet. Sie können damit Lücken auf kleinen Flächen ausfüllen. Die Sorten besitzen Knollen in verschiedenen Farben und Formen. Sie bereichern Salat visuell. Blätter und Schoten mancher Sorten sind ebenso essbar. Bei sehr beschränktem Platz ist es möglich, Radieschen direkt in Töpfe oder Balkonkästen zu säen.

	FRÜHLING	SOMMER	HERBST	WINTER
AUSSAAT				
ERNTE				

KULTURDAUER: 5–8 WOCHEN

GEEIGNET FÜR: BEETE UND PFLANZGEFÄSSE

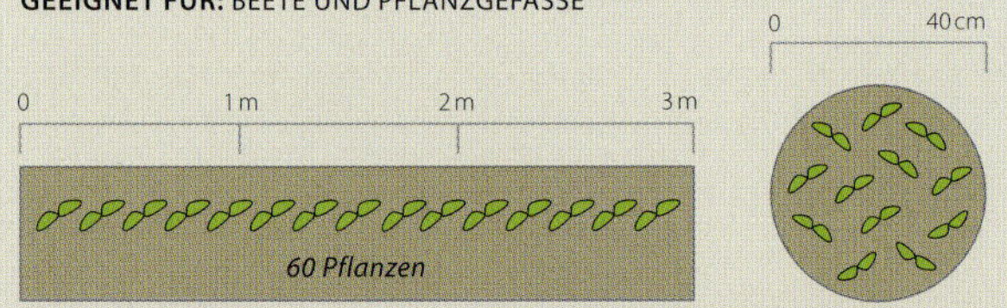

3 M LANGE REIHE
Säen oder Ausdünnen auf 5 cm Abstand

TOPF
je 32 Pflanzen

1 Kulturbeginn

Radieschen gedeihen fast überall, sogar im Halbschatten. Weil sie so schnell reifen, sollte man immer nur wenig und dafür öfter aussäen, wenn Sie eine regelmäßige Versorgung ohne Ernteschwemme anstreben. Säen Sie den nächsten Satz, wenn die vorige Kultur 8 cm Höhe erreicht hat.

'Cherry Belle' *wächst schnell. Die runden, kirschroten Knollen passen ideal in Salate.*

'French Breakfast' *Die verlängerte Knolle mit weißer Spitze schmeckt mild.*

'Scarlet Globe' *entwickelt runde, leuchtend rote Knollen. Der Anbau gelingt leicht.*

'Sora' *gilt als sehr zuverlässig. Die runden, roten Knollen bleiben lange fest und zart..*

Wenn Sie in größere Paletten säen, *können Sie 1 cm tiefe Löcher leicht mit den Fingern in die Erde drücken und die Samen einfallen lassen.*

Sind die Horste zu dicht *oder die Kammern überbesetzt, lichten Sie aus und lassen pro Zelle nur fünf oder sechs Pflanzen stehen.*

2 Aussaat im Haus

Radieschen vertragen zwar etwas Frost, doch man kann sie im zeitigen Frühjahr unter Glas aussäen, damit sie einen schnelleren Start haben. Füllen Sie Aussaaterde in Anzuchtsysteme ein, lassen Sie oben einen Abstand von 1 cm frei, drücken Sie leicht an, gießen Sie. Säen Sie dünn und in kleinen Horsten aus, die Sie mit Erde bedecken. Die Samen keimen ohne Heizung innerhalb weniger Tage. Anfang Mai abhärten und nach den Eisheiligen auspflanzen.

TIPP *Ziehen Sie Radieschen neben langsam reifenden Kulturen wie Pastinaken.*

3 Aussaat im Freien

Direkt ausgesät, wachsen Radieschen schnell. Die Kultur verläuft zügig, zumal die Sämlinge nicht mehr umgesetzt werden. Bereiten Sie die Fläche vor durch Lockern, entfernen Sie Unkraut, rechen Sie krümelig. Säen Sie nach Möglichkeit nicht dort, wo vor Kurzem erst Kreuzblütler standen.

Ziehen Sie Rillen *von etwa 2 cm Tiefe. Weil Radieschen relativ kleine Pflanze sind, genügt ein Reihenabstand von 10 cm.*

Wässern Sie jede Reihe, *danach säen Sie in 1 cm Abstand. Die Erdabdeckung drücken Sie mit umgedrehtem Rechen leicht an. Gießen Sie erneut.*

Die herangewachsenen Sämlinge *müssen Sie auf 5 cm Abstand auslichten. Die entnommenen Pflänzchen liefern würzige Blätter für Salate.*

Kohlerdflöhe *rufen Löcher in den Blättern hervor und können Sämlinge abtöten. Am besten wehrt sie eine Bedeckung mit feinem Netz ab.*

4 Pflege

Lichten Sie wachsende Sämlinge aus und gießen Sie gut. Radieschen wachsen so schnell, dass Unkraut sie kaum beeinträchtigt. Jedoch können Wildkräuter Krankheiten und Schädlinge übertragen. Das regelmäßige Jäten ist daher wichtig.

5 Pflanzenschutz

Radieschen werden leicht von Kohlerdflöhen befallen, besonders bei warmer, trockener Witterung. Auch Schnecken stellen eine Bedrohung dar. Gießen Sie die Pflanzen gut und bedecken Sie die Kultur mit Kulturschutznetz, das auch Kohlfliegen abhält.

6 Ernte

Ziehen Sie Radieschen, sobald sie eine ansehnliche, erntefähige Größe erreicht haben. Wenn sie zu lang im Boden bleiben, können sie gerade im Sommer sehr scharf und pelzig werden, manche neigen zum Schießen. Prüfen Sie die Reihen von Radieschen täglich und ziehen Sie jeweils die größten heraus. Dadurch können Sie Ihre Ernte dann genießen, wenn die Knollen jung und zart sind.

Ziehen Sie Radieschen *nach und nach vorsichtig aus der Erde. Ernten Sie nach Bedarf.*

SCHRITT FÜR SCHRITT Rote Bete

Rote Bete gehören zu den beliebtesten Gemüse-Arten für den Anbau. Sie liefern hohen Ertrag, bereiten keine Probleme und eignen sich für kleine Gärten; sie gedeihen sogar in Töpfen. Die vielseitige Kultur kann man als Babygemüse wenige Wochen nach der Aussaat ernten. Dafür lassen sich zu voller Größe herangewachsene Knollen gut lagern. In der Küche kann man sie gratinieren, für Suppen pürieren oder Kuchen damit backen.

	FRÜHLING	SOMMER	HERBST	WINTER
AUSSAAT				
ERNTE				

KULTURDAUER: 12–16 WOCHEN

GEEIGNET FÜR: BEETE UND PFLANZGEFÄSSE

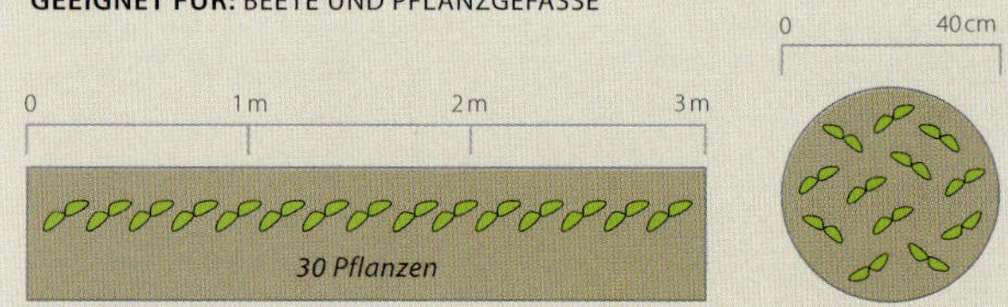

3 M LANGE REIHE
Säen in 4 cm Abstand, vereinzeln auf 10 cm

TOPF
je 12 Pflanzen

1 Kulturbeginn

Jungpflanzen kann man im Frühling für einen schnellen Start kaufen, doch gelingt die Anzucht aus Samen leicht. Die meisten Körner enthalten drei oder vier Samen, die als Horst keimen. Man muss sie vereinzeln. Die Ausnahme stellt »monogermes« Saatgut dar, das jeweils einen Sämling hervorbringt.

'Red Ace' *entwickelt lange, dunkelrote Knollen. Der Anbau ist leicht. Gut zum Lagern.*

'Chioggia Pink' *hat rotschalige Knollen mit pinkfarbenem und weißem, süßem Fleisch.*

'Boltardy' *mit festen, runden Knollen ist sehr verbreitet und erweist sich als schossfest.*

'Forono' *ergibt eine zuverlässige Kultur von Babygemüse. Die Sorte eignet sich für Töpfe.*

Die großen Samen *sind handlich, Sie können einen pro Zelle auslegen. Halten Sie das Substrat danach feucht.*

Dünnen Sie Sämlinge *aus, pro Zelle bleibt nur der kräftigste. Monogermes Saatgut, einzeln gesät, braucht kein Ausdünnen.*

Setzen Sie die Jungpflanzen *so bald wie möglich, sie sollen sich in der Erde voll entwickeln. Vermeiden Sie Wurzelstörungen.*

2 Aussaat im Haus

Für einen guten Start können Sie Rote Bete unter Schutz aussäen. Füllen Sie in Multitöpfe Aussaaterde ein, die Sie andrücken und gut gießen. Bohren Sie mit dem Pikierstab oder einem Bleistift ein 2 cm tiefes Loch, legen Sie in jedes ein Samenkorn ein. Drücken Sie Erde an, gießen Sie leicht und stellen Sie die Platte in einen Vermehrungskasten. Sobald Wurzeln unten aus der Zelle herausspitzen, härten Sie die Sämlinge ab und pflanzen mit 10 cm Abstand.

TIPP *In warmem Wasser für 30 Minuten gequollene Samen keimen besser.*

3 Aussaat im Freien

Rote Bete können Sie an Ort und Stelle säen, sofern es warm genug ist. Lockern Sie den Boden, entfernen Sie alles Unkraut, rechen Sie krümelig. Ziehen Sie mit der Rechenkante 2,5 cm tiefe Rillen entlang einer gespannten Schnur. Wässern Sie und legen Sie mit etwa 4 cm Abstand Samen aus. Mit Erde bedecken, gießen.

Legen Sie die Samen von Hand *in gleichmäßigem Abstand. Die Erde sollte mindestens 8 °C warm sein, sonst erfolgt die Keimung zögerlich.*

Vereinzeln Sie die Sämlinge *auf 10 cm Abstand. Ziehen Sie sie heraus oder zwicken Sie sie ganz ab. Die Pflänzchen kommen in Salate.*

Jäten Sie sorgfältig von Hand *in der Nähe der Pflanzen, denn mit einer Hacke wird die schwellende Knolle leicht verletzt.*

Wässern Sie den Boden, *benässen Sie möglichst nicht die Blätter, auf denen sich sonst Krankheiten entwickeln können.*

4 Jäten

Rote Bete bleiben nahezu völlig unbehelligt von Krankheiten und Schädlingen. Doch sollten Sie rund um die Pflanzen regelmäßig Unkraut entfernen, das sonst eine Konkurrenz um Nährstoffe und Feuchtigkeit darstellt und das Wachstum verlangsamen kann.

5 Pflege

Jungpflanzen sollten Sie öfter gießen. Obwohl ältere Pflanzen Trockenheit vertragen, bleiben die Knollen in feuchter Erde zarter. Doch gießen Sie nicht übermäßig, denn dann entwickelt sich zu viel Laub, was zulasten der Knolle geht.

6 Ernte

Sobald die Knollen eine brauchbare Größe erreicht haben, kann man sie ernten. Nach Wunsch dürfen sie sich auch länger und größer entwickeln. Ziehen Sie Rote Bete vorsichtig aus dem Boden, entfernen Sie Erde, drehen Sie Blätter ab. Unbeschädigte Knollen können Sie in Holzsteigen an einem kühlen Ort lagern: Breiten Sie Zeitungspapier darin aus. Füllen Sie dann lagenweise Sand und Knollen ein.

Junge Knollen schmecken frisch *am besten. Ernten Sie jeweils nur so viel, wie Sie brauchen.*

SCHRITT FÜR SCHRITT Möhren

Das immer aktuelle Wurzelgemüse wächst im gewachsenen Boden wie in Töpfen, dort sogar besser, sofern Ihre Erde ein wenig steinig ist. Möhren kann man nahezu jahrrund genießen – Babygemüse wird im Frühling gezogen, die im Sommer geerntete Kultur lässt sich bis in den Winter hinein lagern. Wegen des hohen Zuckergehalts und weil sie so knackig sind, lieben Kinder Möhren. Sie sind außerdem reich an Provitamin A, was die Sehfähigkeit fördert.

	FRÜHLING	SOMMER	HERBST	WINTER
AUSSAAT				
ERNTE				

KULTURDAUER: 12–20 WOCHEN

GEEIGNET FÜR: BEETE UND PFLANZGEFÄSSE

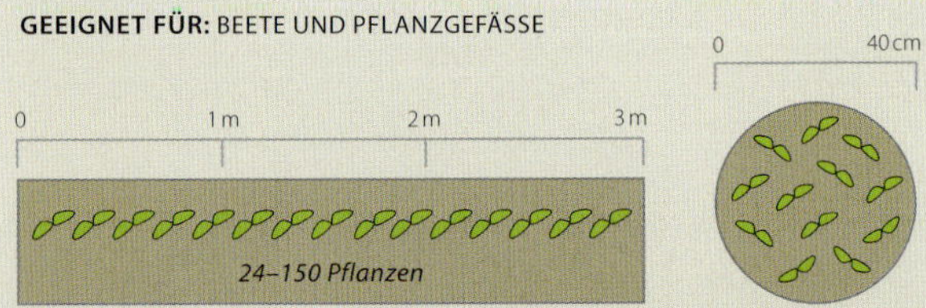

3 M LANGE REIHE
je nach Sorte 2–12 cm Abstand

TOPF
je 50 Pflanzen

1 Kulturbeginn

Möhrensorten entwickeln eine Bandbreite von Formen und Größen, es gibt sogar verschiedene Farben. Möhren werden aus Samen gezogen. Innerhalb weniger Wochen sind sie jung erntefähig. Runde Sorten eignen sich am besten für die Kultur im Topf oder in flachgründigem, steinigem Boden.

'Carson' *bringt im Sommer große, aromatische Wurzeln und lässt sich gut einlagern.*

'Parmex' *liefert kleine runde, süß schmeckende Möhren. Ideal für die Topfkultur.*

'Purple Haze' *Früh schon sind die Wurzeln mit kontrastierender violetter Schale erntereif.*

'Bangor' *entwickelt große, schmackhafte, gedrungene Möhren. Sehr gut zum Lagern.*

2 Aussaat

Vor einer Direktsaat lockern Sie den Boden, entfernen Sie Unkraut und rechen das Beet eben. Ziehen Sie mit der Hacke Rillen, die Sie wässern. Bedecken Sie die eingelegten Samen mit Erde, gießen Sie danach an.

Ziehen Sie *2 cm tiefe Saatrillen in 10–20 cm Abstand (je nach Sorte und Angabe auf dem Päckchen).*

Säen Sie dünn, *etwa in 5 mm Abstand. Tippen Sie das Tütchen an oder streuen Sie aus der Hand.*

3 Weiterkultur

Haben Sie Geduld, denn Möhren sind berüchtigt für ihre lange Keimzeit. Halten Sie die Erde gut feucht, sobald sich die Keimlinge zeigen. Zeitige Aussaaten im Frühling können Sie mit Vlies vor Kälte schützen. Wenn dafür Platz vorhanden ist, können Sie Aussaaten in Töpfen bis zur Keimung im Haus aufstellen, für die Weiterkultur kommen sie ins Freie. Bei fehlendem Platz breiten Sie zum Schutz Vlies über dem Topf aus.

Entfernen Sie das Vlies *an warmen Tagen, damit Sonnenlicht einfällt.*

4 Ausdünnen

Dünnen Sie die Sämlinge auf den für die Sorte empfohlenen Abstand aus. In der Regel brauchen Sommerkulturen mehr Platz als frühe Sätze. Sehr junge Pflänzchen können Sie herausziehen. Jene, die schon eine Pfahlwurzel entwickeln, zwicken Sie ab, um Löcher in der Erde zu vermeiden, an denen die Möhrenfliege ansetzen kann.

Prüfen Sie die Angaben *auf der Samentüte, bevor Sie ausdünnen. Der Platzbedarf unterscheidet sich von Sorte zu Sorte.*

Jäten Sie regelmäßig, *denn beim Entfernen ausgewachsener Pflanzen stören Sie die Kultur. Später unterdrückt das Möhrenlaub Wildwuchs.*

Breiten Sie ein Kulturschutznetz *über Bambusstäben aus, graben Sie die Ränder 5 cm tief ein, damit die Möhrenfliege nicht durchschlüpft.*

5 Pflege

Wässern Sie in Trockenperioden, doch übertreiben Sie damit nicht. Denn sonst entwickelt sich ein üppiges Blattwerk zulasten der Wurzeln. Jäten Sie von Hand, am besten in der Dämmerung, sonst locken Geruchsstoffe aus den Blättern die Möhrenfliege an.

6 Pflanzenschutz

Die Larven der Möhrenfliege (siehe S. 238) können besonders bei Aussaaten im Spätfrühling Probleme bereiten. Um die niedrig fliegenden Weibchen von der Eiablage abzuhalten, errichten Sie eine mindestens 60 cm hohe Barriere aus Kulturschutznetz.

7 Ernte

Sobald sie die gewünschte Größe erreicht haben, können Sie Möhren ernten. Frühe Aussaaten zieht man heraus, wenn sie in etwa fingerdick sind. Sommersätze ernten Sie bei einem Durchmesser von etwa 4 cm. Heben Sie die Wurzeln mit der Grabegabel hoch.

TIPP *Verzehren Sie frühe Sätze frisch, Sommerkulturen können Sie einlagern.*

Heben Sie Möhren mit der Grabegabel, *stören Sie benachbarte Pflanzen möglichst nicht.*

SCHRITT FÜR SCHRITT Speiserübchen

Küchenchefs wie Gärtner haben die Qualitäten dieser milden, zarten Knollen wiederentdeckt. Babygemüse ist nachgerade einmal sechs Wochen erntereif, andererseits können Pflanzen im Boden bleiben, damit sie ganz ausreifen. Bei Stielmus oder Rübstiel schneidet man die stark gefiederten Blätter. Mehrere Schnitte sind möglich, sodass man öfter das grüne, schmackhafte Kraut abnehmen kann, und das während der ansonsten kargen Monate.

	FRÜHLING	SOMMER	HERBST	WINTER
AUSSAAT				
ERNTE				

KULTURDAUER: 6–10 WOCHEN

GEEIGNET FÜR: BEETE UND PFLANZGEFÄSSE

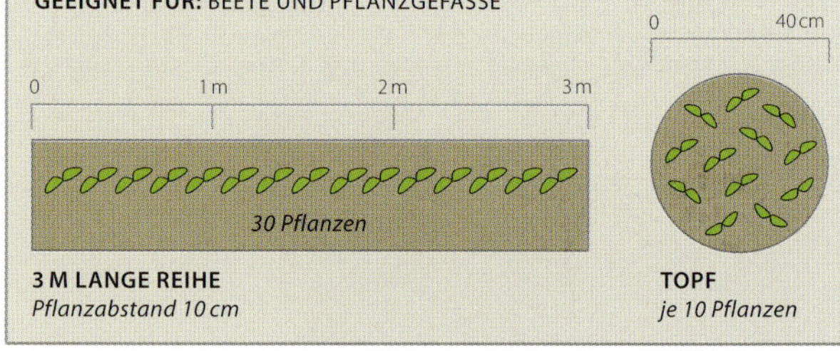

1 Kulturbeginn

Die Rübchen wollen feuchten, nährstoffreichen, durchlässigen Boden, der reichlich Stickstoff bereitstellt. Mischen Sie daher in der vorigen Wachstumsperiode viel organische Substanz, etwa Kompost, unter. Babygemüse können Sie neben langsam wachsenden Kulturen wie Pastinaken oder Zuckermais ziehen.

'Purple Top Milan' *sollten Sie bald, bei einer Größe von 5 cm, ziehen. Schmeckt süßlich.*

'Snowball' *hat reinweiße, süße und zarte Knollen. Ernten Sie nach sechs Wochen.*

'Primera' *bringt süßliche, zarte Knollen mit violettroten Schultern. Am besten jung ernten.*

'Atlantic' *entwickelt violette und weiße Knollen, die man jung oder ausgewachsen erntet.*

Frostverträgliche Sorten *können Sie vom Spätwinter an im Haus aussäen. Ertrag haben Sie dadurch fast jeden Monat im Jahr.*

Härten Sie Jungpflanzen ab *und pflanzen Sie sie, sobald die Wurzeln die Zellen ausfüllen. Der Abstand in der Reihe beträgt 10 cm, dazwischen 30 cm.*

2 Aussaat im Haus

Füllen Sie Aussaaterde in Anzuchtsysteme, die Sie leicht andrücken und wässern. Formen Sie ein 2 cm tiefes Loch in jede Zelle. Darin legen Sie vier Samenkörner ein, die Sie mit Erde bedecken und angießen. Sie können Erde auch in Container einfüllen und 2 cm tiefe Rillen ziehen. Säen Sie dünn aus oder legen Sie alle 10 cm ein Häuflein Samen ab. Vereinzeln Sie die Sämlinge auf einen pro Zelle oder einen alle 10 cm. Härten Sie Jungpflanzen ab.

TIPP *Für eine gleichmäßige Versorgung säen Sie wenig, dafür öfter aus.*

3 Aussaat im Freien

Zwischen Frühjahrsmitte und Spätsommer können Sie direkt aufs Beet säen. Lockern Sie die Fläche für das Saatbett, entfernen Sie alles Unkraut und mischen Sie stickstoffbetonten Dünger in fester Form unter. Rechen Sie die Oberfläche krümelig, dann ziehen Sie 2 cm tiefe Saatrillen in 25–30 cm Abstand.

Wässern Sie die Saatrillen sorgfältig, *legen Sie die Samen dünn entlang der Reihe aus. Bedecken Sie sie mit Erde und gießen Sie leicht an.*

Dünnen Sie die Sämlinge aus, *nur alle 10 cm bleibt ein kräftiges Exemplar stehen. Die gezogenen Pflänzchen werden verspeist, etwa in Salat.*

Ein feinmaschiges Kulturschutznetz *schützt die Pflanzen vor fliegenden Schädlingen wie Kohlerdflöhen während der ganzen Kulturdauer.*

Ziehen Sie Unkräuter *von Hand, damit die Wurzeln keinen Schaden erleiden. Jäten Sie öfter, denn junge Pflanzen lassen sich leicht ausreißen.*

4 Pflege

Kohlerdflöhe können Probleme bereiten, besonders bei heißer, trockener Witterung. Bedecken Sie die Reihen daher mit Kulturschutznetz. Gießen und düngen Sie. Pflanzen in Töpfen oder auf leichten Böden erhalten mehrmals stickstoffreichen Flüssigdünger.

5 Jäten

Halten Sie junge Kulturen unkrautfrei, denn die Wildkräuter bedeuten eine Konkurrenz um Licht und Nährstoffe. Zudem können sie Krankheiten bergen. Jäten Sie um die Pflanzen herum behutsam von Hand, zwischen den Reihen verwenden Sie ein Hacke.

6 Ernte

Bei den schnell wachsenden Kulturen im Sommer ziehen Sie Rübchen, sobald sie die Größe eines Golfballs haben. Bleiben sie länger im Boden, werden sie holzig. Frostfeste Typen für den Winter können größer werden. Ernten Sie nach Bedarf im Herbst. Herbstrübchen können Sie in mit Sand gefüllten Kisten aufbewahren, doch wegen ihrer dünnen Schale halten sie sich darin nur für ein paar Wochen.

Frühe Kulturen sind erntereif, *sobald die Knollen 4–5 cm Durchmesser erreichen.*

SCHRITT FÜR SCHRITT Pastinaken

Als köstliches Gemüse für winterliche Gerichte lohnt sich der Anbau von Pastinaken auf jeder Fläche. Eine nennenswerte Zahl gedeiht schon auf einem kleinen Fleckchen Erde. Die Kultur gestaltet sich einfach, sofern Pastinaken genug Wasser und Platz haben. Sie brauchen zwar lange, um heranzuwachsen, doch sie vertragen Frost und können im Winter im Boden bleiben. Der Einfluss von Frost bewirkt anscheinend, dass die Wurzeln süßer schmecken.

	FRÜHLING	SOMMER	HERBST	WINTER
AUSSAAT				
ERNTE				

KULTURDAUER: 23–36 WOCHEN

GEEIGNET FÜR: BEETE

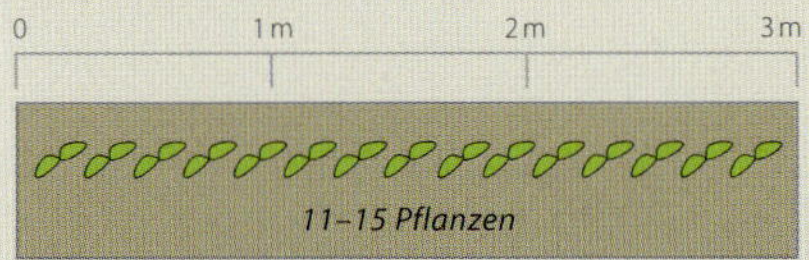

3 M LANGE REIHE
Pflanzabstand 20–30 cm

1 Kulturbeginn

Pastinaken gedeihen am besten in leichten Böden, die frei von Steinen und nicht verdichtet sind. Dies verhindert, dass Wurzeln verkrüppeln oder beinig werden. Die Fläche sollte im Herbst zuvor Stallmist erhalten haben. Mistgaben direkt vor der Aussaat verbrennen Wurzelspitzen, die sich dann gabeln.

'White Gem' *hat relativ kurze Wurzeln mit weißer Schale und hervorragendem Geschmack.*

'Gladiator' *mit glatten, süßen Wurzeln wird gern für Ausstellungen gezogen.*

'Avon Resistor' *liefert kurze Wurzeln in einheitlicher Größe und mit gutem Geschmack.*

'Tender and True' *mit langen, glattschaligen Wurzeln widersteht dem Pastinakenkrebs.*

Säen Sie ab Ende April, *wenn Sie Pastinaken für den Frischverzehr ab September wollen. Die Keimung kann gut zwei Wochen dauern.*

Sämlinge werden ausgedünnt, *indem man die schwächeren entfernt. Nur der jeweils kräftigste soll sich weiterentwickeln.*

2 Aussaat

Am besten werden Pastinaken direkt ausgesät, weil sie eine lange Pfahlwurzel entwickeln. Bereiten Sie den Boden vor, dann säen Sie in 20–30 cm Abstand Horste mit vier oder fünf Samen in 2 cm Tiefe. Der Reihenabstand beträgt 30 cm. Die Keimung dauert bis zu 10–14 Tagen. Sparen Sie Platz und markieren Sie die Reihen, indem Sie schnell keimenden Schnittsalat oder Radieschen dazwischen säen, die Sie lange vor den Pastinaken ernten.

TIPP *Die Keimfähigkeit hält nicht lange an. Kaufen Sie jedes Jahr frische Samen.*

3 Pflanzenschutz

Als Verwandte der Möhren sind Pastinaken bedroht durch die Möhrenfliege. Vermeiden Sie Angriffe, indem Sie Sämlinge abzwicken und nicht aus der Erde ziehen. Denn dadurch entstehen Löcher für die Fliegenweibchen für die Eiablage. Errichten Sie außerdem eine mindestens 60 cm hohe Barriere (siehe S. 238).

Graben Sie das Kulturschutznetz *5 cm tief rund um die Pflanzen ein, damit die Möhrenfliege nicht hindurchschlüpfen kann.*

Häufiges Gießen *sorgt dafür, dass sich die Wurzeln gleichmäßig entwickeln. Trocknen sie aus, verzweigen sie sich leicht.*

Holen Sie Pastinaken vorsichtig *aus der Erde, damit keine Verletzungen entstehen. Trockenen Boden sollten Sie zuvor gießen.*

4 Pflege

Gießen Sie während der Entwicklungszeit gut, damit sich große, ebenmäßige Wurzeln entwickeln. Jäten Sie um die Pflanzen herum von Hand, später unterdrückt das Laub das Aufkommen von Wildkräutern. Eine zusätzliche Düngung erübrigt sich.

5 Ernte

Frühe Sorten sind erntereif ab Mitte September, spätere Sorten kann man unter Frostschutz während der Wintermonate entnehmen. Die Wurzeln können mitunter sehr tief reichen, besonders auf leichten Böden. Verwenden Sie daher zum Lockern eine Grabegabel.

Wurzeln lagern

Späte Pastinaken können im Boden bis zum Verbrauch bleiben. Doch sollte man die Pflanzen mit einem Strohmulch abdecken, damit der Grund nicht festfriert. Markieren Sie die Pflanzen mit einem Stab, um sie leicht zu finden. Entnommene Wurzeln können Sie in Sand wie Rote Bete einlagern (siehe S. 137).

SCHRITT FÜR SCHRITT Steckrüben

Die derben, runden Wurzeln schmecken überbacken oder püriert köstlich. Im Herbst und Winter liefern sie ein willkommenes frisches Gemüse, wenn es an anderem Erntegut mangelt. Die langsam heranwachsenden Pflanzen eignen sich üblicherweise eher für große Gärten, wo sie stehen bleiben können. Man kann Steckrüben aber auch als Babygemüse nach wenigen Wochen mitsamt dem Blatt verzehren oder die Wurzeln 5 cm groß werden lassen.

	FRÜHLING	SOMMER	HERBST	WINTER
AUSSAAT				
ERNTE				

KULTURDAUER: 20–24 WOCHEN

GEEIGNET FÜR: BEETE

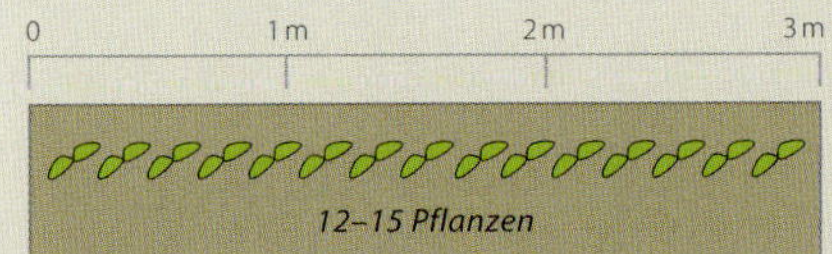

3 M LANGE REIHE
Pflanzabstand 20–25 cm

1 Kulturbeginn

Steckrüben brauchen fünf oder sechs Monate zum völligen Ausreifen. Mischen Sie in der vorigen Wachstumszeit unter die Erde viel organische Substanz wie Kompost oder kompostierten Stallmist. Achten Sie auf einen Fruchtwechsel, der alle anderen Kohlgewächse bzw. Kreuzblütler mit einbezieht.

'Brora' *wächst schnell, das gelbe Fleisch schmeckt gut. Eine krankheitsfeste Sorte.*

'Best of All' *liefert zuverlässig violette Wurzeln mittlerer Größe mit gelbem Fleisch.*

'Virtue' *zeichnet sich durch rötliche Wurzeln mit gelbem, schmackhaftem Fleisch aus.*

'Marian' *entwickelt sattviolette, aromatische Wurzeln. Eine krankheitsfeste Sorte.*

Säen Sie dünn entlang der Reihe, *dann bedecken Sie die Samen mit Erde und gießen an. Der Reihenabstand beträgt 30–40 cm.*

Sobald Sämlinge erscheinen, *dünnen Sie allmählich aus. Nur die kräftigsten Jungpflanzen bleiben im Abstand von 20–25 cm stehen.*

2 Aussaat

Weil sie eine lange Pfahlwurzel entwickeln, sät man Steckrüben ab Mitte Mai bis Mitte Juni am besten direkt in den Boden und nicht in Aussaatschalen oder Anzuchtsysteme. Bereiten Sie den Boden vor, indem Sie lockern, alles Unkraut und Steine entfernen sowie glatt rechen. Ziehen Sie eine 2 cm tiefe Saatrille, die Sie gut wässern. Säen Sie in diese Reihe, bedecken Sie die Samen mit Erde für eine gleichmäßige Oberfläche und drücken Sie leicht an.

TIPP *Wollen Sie Babygemüse, säen Sie dicht und lichten auf 8–10 cm Abstand aus.*

Obwohl Steckrüben frostfest sind, *bedecken Sie frühe Aussaaten vorsichtshalber mit schützendem Vlies, besonders in kühleren Regionen.*

3 Weiterkultur

Steckrüben vertragen Frost außergewöhnlich gut, doch frühe Aussaaten brauchen vielleicht Schutz vor Spätfrost. Breiten Sie über die Kultur eine einfache oder doppelte Lage Vlies aus oder stülpen Sie eine Haube bzw. einen Kalten Kasten darüber. Das isoliert und hält das Wachstum in Gang. Gießen Sie ausreichend unter den Abdeckungen.

Ein grobmaschiges Netz *aus Draht oder Kunststoff hält größere Schadtiere wie Tauben ab. Ein feineres Kulturschutznetz wehrt Insekten ab.*

Jäten Sie von Hand oder mit der Hacke, *um konkurrierende Unkräuter auszuschalten. Achten Sie darauf, die Rübenknollen nicht zu verletzen.*

4 Pflanzenschutz

Steckrüben sind anfällig für die typischen Krankheiten und Schädlinge an Kohlgewächsen. Kohlerdflöhe können bei warmer Witterung ziemlichen Schaden anrichten. Bei Gefahr breiten Sie Kulturschutznetz über die Reihen aus.

5 Pflege

Wichtig ist, dass keine Wachstumsstockungen wegen Wassermangel eintreten. Gießen Sie immer gut, besonders während Trockenperioden. Breiten Sie eine 6–7 cm dicke organische Mulchschicht aus, um die Feuchtigkeit im Boden länger zu bewahren.

6 Ernte

In der ersten Herbsthälfte können Sie ernten. Mit einer Grabegabel stechen Sie seitlich ein, um die Wurzeln anzuheben. Falls Sie keinen Lagerraum haben, können Steckrüben unter einer Strohdeckung den Winter über im Boden bleiben. In gefrorenem Boden kann man kaum ernten. Sie können Wurzeln aber im Herbst entnehmen, in mit Sand gefüllte Kisten einlegen und bis zum Verbrauch in der Garage lagern.

Geerntete Steckrüben *sollten Sie vor dem Einlagern säubern und das Laub wegschneiden.*

SCHRITT FÜR SCHRITT Kartoffeln

Ob Sie die Knollen nun gebraten, gebacken, püriert, geraspelt, als Salzkartoffeln oder als Königinkartoffel bevorzugt verzehren – die schmackhafte Kultur gehört in jeden Garten. Das überaus beliebte Gemüse ist einfach im Anbau und gedeiht sogar in Containern, falls die Beetfläche begrenzt ist. Die große Bandbreite an Formen wird nach der Reifezeit eingeteilt in sehr frühe, frühe, mittelfrühe und mittelspäte bis späte Sorten.

	FRÜHLING	SOMMER	HERBST	WINTER
AUSSAAT				
ERNTE				

KULTURDAUER: 12–22 WOCHEN

GEEIGNET FÜR: BEETE UND PFLANZGEFÄSSE

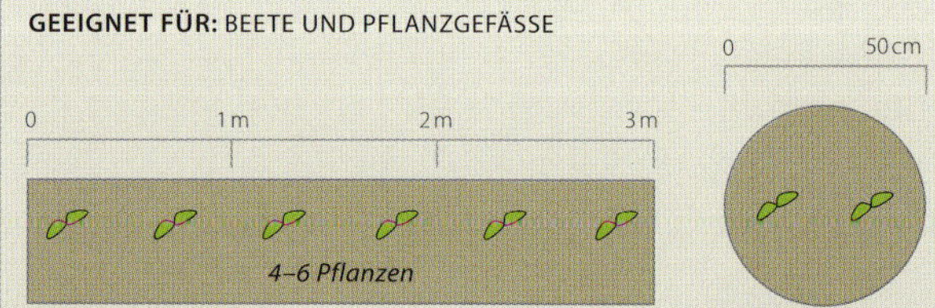

3 M LANGE REIHE
Pflanzabstand 45–70 cm

TOPF
je 2 Pflanzen

1 Beginn im Haus

Kartoffeln, die man in die Erde setzt, werden Saatkartoffeln genannt. Man kann sie im ausgehenden Winter kaufen. Vor allem frühe Sorten erhalten durch Vorkeimen einen besseren Start. Dabei werden vor dem Auspflanzen die »Augen« zum Austreiben angeregt. Legen Sie Saatkartoffeln in eine Eierschachtel oder auf ein Tablett so, dass die Seite mit den meisten Augen nach oben schaut. Sie treiben an einem kühlen, hellen Platz aus.

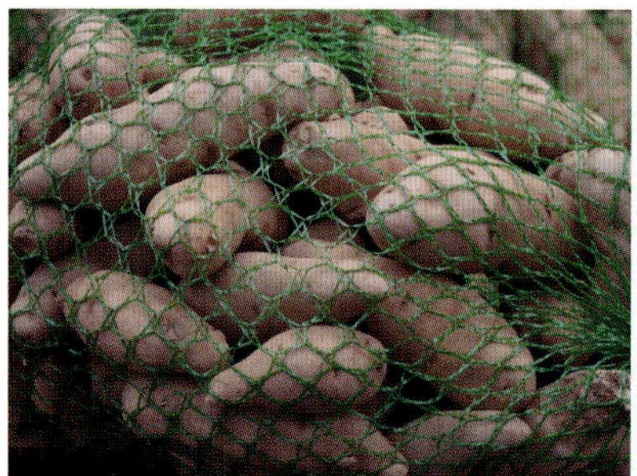

Achten Sie auf Sorten, *die widerstandsfähig gegen Krankheiten sind und eine gute Qualität versprechen. Sie können hohen Ertrag erwarten.*

An einem kühlen, trockenen, frostfreien Platz *treiben die Knollen innerhalb weniger Wochen aus. Sie sind dann bereit zum Auspflanzen.*

Legen Sie die Knollen *so in den Boden, dass die Keime nach oben schauen.*

Wässern Sie *vorgekeimte Kartoffeln gut, bevor Sie Erde darüberfüllen.*

Bedecken Sie *die Knollen mit Erde, doch formen Sie dabei bereits eine leichte Erhebung.*

2 Auspflanzen

Saatkartoffeln können Sie entweder in den Boden oder in Töpfe setzen. Sorten von Frühkartoffeln werden im April gepflanzt, Sommerkulturen im Mai. Lockern und jäten Sie den Boden, arbeiten Sie etwas ausgeglichenen Dünger ein. Ziehen Sie eine 15 cm tiefe Rille und legen Sie die Kartoffeln im Abstand von 45–70 cm ein. Bedecken Sie sie 20 cm hoch, sodass eine leichte Erhebung entsteht.

TIPP *Je enger Sie Kartoffeln pflanzen, desto kleinere Knollen erhalten Sie.*

3 Kultur im Topf

Auch in Containern können Sie Kartoffeln ziehen, in Tonnen, sogar in Säcken oder Tüten. Verwenden Sie eine Mischung aus gleichen Teilen Universalerde und gutem Gartenboden. Bringen Sie zunächst eine 15 cm starke Schicht auf. Legen Sie darauf Saatkartoffeln, die Sie wieder 10 cm hoch mit Erde bedecken. Gießen Sie gut an.

Wasserabzugslöcher am Boden *sind wichtig, wenn Sie ein Kunststofffass bepflanzen wollen. Es wird dann zum idealen, platzsparenden Pflanzgefäß.*

Säcke aus Kunststoff *eignen sich gut als Behälter. Obendrein kann man sie nach der Kartoffelernte entleeren, zusammenlegen und wegpacken.*

Kartoffeln vertragen kaum Minustemperaturen *und Frost kann junge Triebe schädigen. Bedecken Sie die Pflanzen notfalls mit Vlies.*

Häufeln Sie Kartoffeln *drei- oder viermal (bei Frostgefahr und) im Laufe des Sommers an. Container füllen Sie bis zur Oberkante mit Erde auf.*

4 Pflege

Gießen Sie gut und geben Sie ausgeglichenen Dünger. Zwischen jungen Pflanzen müssen Sie jäten, doch bald schirmt das Laubdach ab. Nach der Blüte können grüne, tomatenähnliche Früchte entstehen – sie sind giftig. Prüfen Sie öfter, ob sich Krautfäule entwickelt (siehe S. 246).

5 Anhäufeln

Im Zuge des Wachstums müssen Sie die Pflanzen anhäufeln: Ziehen Sie Erde rund um die Stängel hoch, rund 10 cm der Pflanze sollen noch herausschauen Daraufhin bilden sich mehr Knollen und die Kartoffeln werden nicht dem Sonnenlicht ausgesetzt. Dadurch würden sie grün und ungenießbar.

6 Ernte

Ab Frühsommer können Sie ernten. Im Allgemeinen sind Kartoffeln fertig, wenn sich Blüten entwickeln. Knollen zum Einlagern lassen Sie bis Spätsommer oder Frühherbst im Boden. Heben Sie die Pflanzen im Boden vorsichtig mit einer Grabegabel an, achten Sie darauf, keine Knollen zu verletzen. Töpfe können Sie auf einmal leeren oder einzelne Knollen ausgraben. Drücken Sie danach die Erde wieder an.

Ernten Sie Kartoffeln *bei trockener Witterung. Sie sollten ein paar Stunden in der Sonne trocknen.*

Kartoffeln

1 'Accent' Die gelbschalige, sehr frühe Kartoffel liefert zuverlässig hohe Erträge. Die Krankheitsresistenz ist durchschnittlich, Schnecken schädigen die Knollen relativ wenig.

2 'Charlotte' Die gelbschalige, frühe, festkochende Kartoffel mit gutem Geschmack trägt zuverlässig. Der Ertrag fällt höher aus als bei vergleichbaren Sorten, auch die Knollen werden groß.

3 'Red Duke of York' Die vielseitige sehr frühe Sorte mit roter Schale und weißem Fleisch kann man jung genießen, oder man lässt sie auswachsen und gart sie als Ofenkartoffel.

4 'Belle de Fontenay' Die frühe Kultur ist bekannt für ihre Eignung als Salatkartoffel. Der Ertrag an knubbeligen Knollen fällt hoch aus, das Fleisch ist gelb und wachsartig.

5 'Pink Fir Apple' Die verbreitete traditionelle Sorte für den Sommeranbau entwickelt knubbelige, rotschalige festkochende Knollen mit wachsartigem Gewebe und gutem Geschmack.

6 'Concorde' Die sehr frühe Sorte ist bekannt für ihren hohen Ertrag. Sie entwickelt schnell ihre wachsartigen Knollen mit gelbem Fleisch. Die Knollen widerstehen Kartoffelschorf recht gut.

7 'Foremost' Die frühe Sorte bringt viele schmackhafte, feste, weißfleischige Knollen, die gegen Schorf recht widerstandsfähig sind. Trocken und gut belüftet, lassen sie sich gut lagern.

8 'Yukon Gold' Die mittelspäte Sorte mit gutem Geschmack eignet sich für verschiedenste Zubereitungen: gekocht, gebraten, frittiert, als neue oder als Ofenkartoffel.

9 'Ratte' Die schmackhafte, festkochende Kartoffel stellt eine gute Alternative zu 'Pink Fir Apple' dar und reift früher. Die Schale ist glatter, sodass man sie leichter zubereiten kann.

Weitere Sorten

'Augusta'
'Bamberger Hörnchen'
'Edzell Blue'
'Lady Christl'
'Maris Bard'
'Sieglinde'

1

2

3

6

4

5

7

8

9

Zwiebelgewächse

Kein anderes Gemüse hat so ein charakteristisches Aroma, das jeder Teil der Pflanze freisetzt. Die vielseitigen Zwiebelgewächse sind auch für die Küche überaus wertvoll. Wenn Sie genug davon anbauen, können Sie sich leicht das ganze Jahr über selbst mit Zwiebeln versorgen – schließlich besitzen sie hervorragende Lagereigenschaften. Gleiches gilt für Schalotten, sofern Sie den etwas würzigeren und doch milderen Geschmack bevorzugen. Lauch kann im Winter auf dem Beet bleiben, damit man im Frühling ernten kann, doch es gibt auch Sorten, die im Herbst reifen. Knoblauch vervollständigt die Gruppe: Ernten Sie im Sommer, um frische Zehen zu haben, oder binden Sie Zöpfe, die Sie für den Winter aufheben.

SCHRITT FÜR SCHRITT Zwiebeln

Ohne Zwiebeln ist kein Gemüsegarten komplett. Es stehen viele Sorten zur Auswahl, solche mit brauner, roter oder weißer Schale. Zwiebeln brauchen eine lange Kulturzeit. Eine ansehnliche Größe erreichen sie bei einer frühzeitigen Aussaat im Haus. Eine einfachere Möglichkeit bieten Steckzwiebeln, die man im Frühling oder Herbst setzt. Überwinterte, frostfeste Kulturen, etwa von japanischen Auslesen, bringen eine willkommene frühe Ernte.

	FRÜHLING	SOMMER	HERBST	WINTER
AUSS./PFL.				
ERNTE				

KULTURDAUER: 20–24 WOCHEN

GEEIGNET FÜR: BEETE

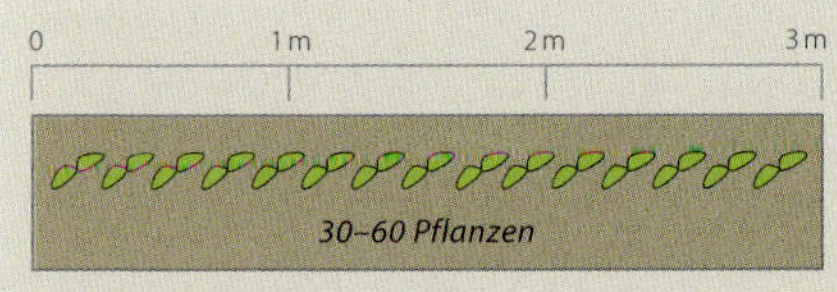

3 M LANGE REIHE
Säen, Pflanzen, Ausdünnen auf 5–10 cm Abstand

1 Aussaat im Haus

Wenn Sie große Zwiebeln anstreben, säen Sie ab Ende Februar. Füllen Sie Aussaatsubstrat in Anzuchtsysteme ein, das Sie leicht andrücken und gut gießen. In jede Zelle kommt ein 1 cm tiefes Loch, in das Sie jeweils zwei Samenkörner einlegen. Die Keimung dauert ein oder zwei Wochen. Zusätzliche Wärme ist nicht nötig, halten Sie die Erde aber feucht. Vereinzeln Sie.

TIPP *Bei drei oder vier Samen pro Zelle erhalten Sie früher kleine Zwiebeln.*

Bei der Aussaat in *Anzuchtsystemen erübrigt sich das Pikieren im Verlauf der Entwicklung.*

Vereinzeln Sie. *Das geschieht durch Herausziehen der schwächeren Sämlinge aus der Erde.*

Pflanzen Sie *nach dem Abhärten zur selben Zeit, zu der Sie Steckzwiebeln setzen würden.*

Säen Sie ab Mitte April direkt. *Wählen Sie eine schossfeste Sorte, denn nach Kälteeinbrüchen neigen die Aussaaten zum Schießen.*

Dünnen Sie die Pflänzchen *nach und nach aus. Nur das kräftigste bleibt stehen, die gezogenen Pflänzchen können Sie als Salatzutat verwenden.*

2 Aussaat im Freien

Seit es Steckzwiebeln gibt, die der Kultur einen Vorsprung ermöglichen, werden Zwiebeln überwiegend so angezogen. Mehr Auswahl ermöglicht Aussaat. Säen Sie im Frühling für eine Ernte im Sommer oder im Spätsommer für die Überwinterung japanischer Sorten. Lockern Sie den Boden, entfernen Sie Unkraut, rechen Sie die Oberfläche eben. Ziehen Sie eine 2 cm tiefe Rille, legen Sie dünn Samen aus, die Sie mit Erde bedecken und gießen. Nach dem Keimen lichten Sie auf 5–10 cm Abstand aus.

3 Steckzwiebeln

Die sehr kleinen Zwiebeln werden im Herbst oder im Frühling gesteckt. Jede wächst zu einer größeren Zwiebel heran. Im Herbst gesetzte Steckzwiebeln winterharter Sorten bringen größere Zwiebeln als im Frühjahr gepflanzte. Legen Sie Steckzwiebeln in vorbereiteten Boden in 5–10 cm Abstand. Die Spitze schaut nach oben.

Der Abstand zwischen den Steckzwiebeln *entscheidet über die spätere Größe der Zwiebeln. Pflanzen Sie weiter für eine umfangreichere Ernte.*

Drücken Sie die Erde fest *rund um die Steckzwiebeln an. Die Spitzen schauen gerade aus der Erde heraus. Wässern fördert das Anwachsen.*

Jäten Sie regelmäßig, *besonders die noch jungen Kulturen. Durch Arbeiten von Hand vermeiden Sie Verletzungen der Zwiebel.*

Erntereif sind Zwiebeln, *wenn die Blätter von selbst eingetrocknet sind. Ziehen Sie Zwiebeln zum Schutz vor Fäulnis an einem trockenen Tag.*

4 Pflege

Zwiebeln leiden schnell unter Konkurrenz durch andere Pflanzen, jäten Sie daher regelmäßig. Halten Sie den Boden gleichmäßig feucht. Haben Sie im Herbst gesät oder gepflanzt, sollten Sie im ausgehenden Winter ausgewogen düngen.

5 Ernte

Entnehmen Sie Zwiebeln, sobald sie ihre volle Größe erreicht haben und die welken Blätter sich zur Seite neigen. Ziehen Sie Zwiebeln an einem trockenen Tag mit der Grabegabel teilweise aus dem Boden. Eine Woche lang sollten sie dort trocknen.

Zwiebeln trocknen

Legen Sie Zwiebeln auf einem Drahtnetz aus. Es braucht Abstand zum Boden, damit Luft zirkulieren kann, und sollte an einem hellen, trockenen Platz – an einem Fensterbrett oder im Gewächshaus – stehen. Wenn sich die äußeren Schalen ablösen, verflechten Sie die Blätter zum Aufhängen oder geben die Zwiebeln in Netze.

Zwiebeln

1 'Sturon' Die beliebte braunschalige Sorte entwickelt Zwiebeln mittlerer Größe mit aromatischem, saftigem Gewebe. Die schossfesten Zwiebeln halten sich gut nach der Ernte.

2 'Ailsa Craig' Die zuverlässige Sorte liefert große, runde Zwiebeln, die mild schmecken. Man sollte sie frisch verbrauchen, weil sich die Zwiebeln schlecht lagern lassen.

3 'Senshyu' Die winterharte Sorte aus Japan kann im Herbst für eine Ernte im Frühsommer gepflanzt werden. Sie bringt verlässlich viele schmackhafte, oben abgeflachte Zwiebeln.

4 'Centurion' Im Frühling gepflanzt, ist im Sommer eine frühe Ernte runder, braunschaliger, knackiger Zwiebeln mit gutem Geschmack zu erwarten. Sie haben sich im Lager bewährt.

5 'Hi Keeper' Die japanische Sorte wird im Herbst gepflanzt, um im Freien zu überwintern. Geerntet wird dann im Frühsommer. Frühjahrsaussaaten reifen im Sommer.

6 'Red Baron' Zahlreiche kleine bis mittelgroße, rotschalige, gut lagerfähige Zwiebeln sind im Sommer zu erwarten. Der Geschmack ist intensiver als bei anderen roten Zwiebeln.

7 'Setton' Die großen, braunschaligen Zwiebeln reifen in Fülle im Spätsommer. Geschmack und Lagereignung sind gut. Von der neuen Sorte werden Steckzwiebeln angeboten.

8 'Shakespeare' Im Herbst gepflanzt, werden die schmackhaften, braunschaligen Zwiebeln mittlerer Größe im folgenden Sommer geerntet. Sie halten sich im Lager ausgezeichnet.

9 'Golden Bear' Die großen, braunschaligen Zwiebeln reifen im Hochsommer. Die reiche Ernte lässt sich gut lagern. Die Sorte ist widerstandsfähig gegen Weißfäule (siehe S. 242).

Weitere Sorten

'Bedfordshire Champion'
'Hercules'
'Hytech'
'Stuttgarter Riesen'
'Zittauer Gelbe'

1

2

3

6

4

5

7

8

9

SCHRITT FÜR SCHRITT Schalotten

Die Kultur der kleinen Zwiebeln gestaltet sich denkbar einfach: Legen Sie im Herbst oder Frühling Steckzwiebeln – jede teilt sich und bildet mehrere neue Zwiebeln. Falls die Schalen gut abtrocknen, halten sie sich überaus lange, und Sie erhalten Zwiebeln mit intensivem Geschmack für viele Monate. Schalotten schmecken vorzüglich als Ganzes in Aufläufen oder wenn man sie mit Fleisch oder Gemüse überbäckt oder karamellisieren lässt.

	FRÜHLING	SOMMER	HERBST	WINTER
AUSS./PFL.				
ERNTE				

KULTURDAUER: 20–36 WOCHEN

GEEIGNET FÜR: BEETE

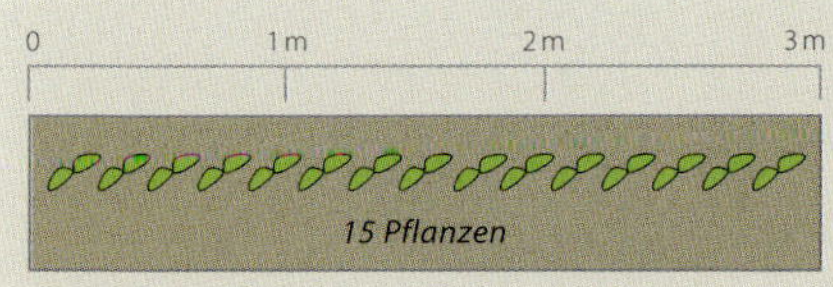

3 M LANGE REIHE
Ausdünnen oder Auspflanzen in 20 cm Abstand

1 Kulturbeginn

Schalotten zieht man in aller Regel aus Steckzwiebeln, da sie im Zuge des Wachstums in zahlreiche kleine Zwiebeln aufspalten. Man kann Schalotten auch säen, entweder im Winter im Haus oder ab April als Direktsaat ins Freie. Geben Sie ihnen nährstoffreiche, gut wasserdurchlässige Erde.

'Longor' *entwickelt einheitliche Zwiebeln mit rosa Fleisch und gutem Aroma.*

'Red Sun' *bringt hohe Erträge. Die Schale ist rot, das Fleisch rötlich überlaufen und würzig.*

'Golden Gourmet' *schmeckt mild; man kann die große, gelbe Zwiebeln roh essen.*

'Mikor' *mit braunen, großen Zwiebeln und rosa Fleisch eignet sich ideal zum Kochen.*

2 Aussaat im Haus

Füllen Sie Aussaaterde in Multitöpfe ein, gießen Sie. Legen Sie Samen in Horsten ab, die Sie 1 cm hoch mit Erde bedecken. Gießen Sie und stellen Sie die Saat in einen Vermehrungskasten. Sie keimt nach ein bis zwei Wochen.

Winteraussaaten aus dem Haus *sind gewöhnlich im April fertig zum Auspflanzen.*

Sobald Sämlinge erscheinen, *müssen Sie auf das kräftigste Pflänzchen pro Zelle ausdünnen.*

3 Steckzwiebeln

Stecken Sie sie im zeitigen Frühjahr oder in der ersten Herbsthälfte direkt an Ort und Stelle. Wählen Sie einen offenen, sonnigen Platz, dessen Boden gelockert und von Unkraut befreit wurde. Drücken Sie Steckzwiebeln so in die Erde, dass die Spitze gerade eben herausschaut. Stecken Sie im Endabstand von 20 cm nach allen Seiten.

TIPP *Ein Kulturschutznetz hält Vögel fern.*

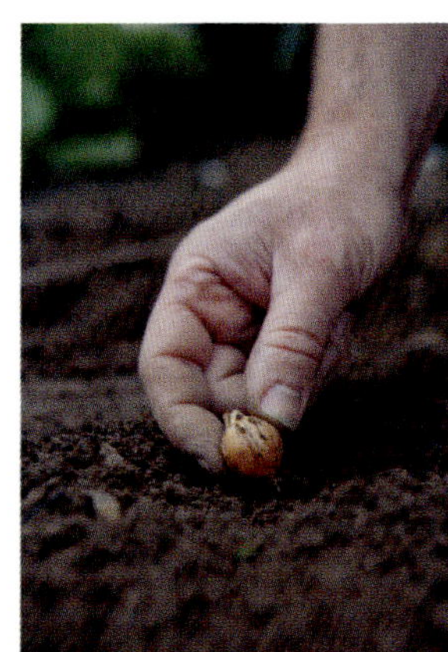

Kaufen Sie Qualitätssaatgut, *das frei von Viren ist, damit Sie die Gewähr für eine gute Ernte haben.*

4 Säen und Pflanzen

Im zeitigen Frühjahr können Sie auch direkt aufs Beet säen, das in der vorausgegangenen Wachstumssaison mit gut verrottetem Kompost versorgt wurde. Ziehen Sie eine 2,5 cm tiefe Rille und säen Sie dünn. Bedecken Sie die Saat mit Erde und gießen Sie. Jungpflanzen aus dem Haus setzen Sie im Abstand von 20 × 20 cm.

Streuen Sie Samen *dünn entlang jeder Rille. Säen Sie genug, denn die Sämlinge werden nach dem Auflaufen ausgedünnt.*

Beim Ausdünnen *ziehen Sie die schwächeren Sämlinge vorsichtig heraus, es soll ein Abstand von etwa 20 cm bleiben.*

Falls Sie umpflanzen müssen, *graben Sie die Jungpflanzen vorsichtig aus und setzen Sie sie im Abstand von 20 cm ein.*

Jäten Sie von Hand *oder mit einer Schuffel. Eine gute Durchlüftung beugt Krankheiten wie Falschem Mehltau vor (siehe S. 242).*

Die Zwiebeln *sollen nach der Ernte an der Erdoberfläche für ein paar Tage trocknen. Danach werden sie vor dem Einlagern vorsichtig geteilt.*

5 Pflege

Jäten Sie gut. Die Pflanzen vertragen Konkurrenz schlecht. Gießen ist nur in Trockenperioden nötig. Überwinterte Schalotten sollten im Frühjahr eine leichte Düngung in fester Form erhalten. Im Frühling gepflanzte Schalotten müssen nicht gedüngt werden.

6 Ernte

Die Blätter vergilben und welken zwischen Hoch- und Spätsommer – als Zeichen dafür, dass die Zwiebeln nahezu reif sind. Hören Sie auf zu gießen, damit die Zwiebeln trocknen und eine feste Schale ausbilden. Ernten Sie umsichtig mit einer Grabegabel.

Zwiebeln trocknen

Für eine Lagerung müssen Schalotten mindestens zwei Wochen auf einem Gestell im Gewächshaus oder unter einem Dach abtrocknen. Danach wird das Laub bis auf 1 cm Länge abgeschnitten. Lösen Sie die lockeren äußeren Häute ab. Lagern Sie Schalotten offen an einem kühlen, trockenen, frostfreien Ort.

SCHRITT FÜR SCHRITT Lauchzwiebeln

Lauchzwiebeln bereichern Salate um ihren einzigartigen Geschmack. Reservieren Sie ihnen Platz für ein oder zwei Reihen. Die kleinen Pflanzen bringen erstaunlich viel Ertrag, die Anbauzeit lässt sich durch frühe oder späte Aussaaten verlängern. Lauchzwiebeln bilden entweder eine kleine Zwiebel aus, oder sie wachsen wie ein Lauch und entwickeln einen zylindrischen, nicht verdickten Schaft. Zur Auswahl stehen auch rote Sorten.

	FRÜHLING	SOMMER	HERBST	WINTER
AUSSAAT				
ERNTE				

KULTURDAUER: 10 WOCHEN

GEEIGNET FÜR: BEETE UND PFLANZGEFÄSSE

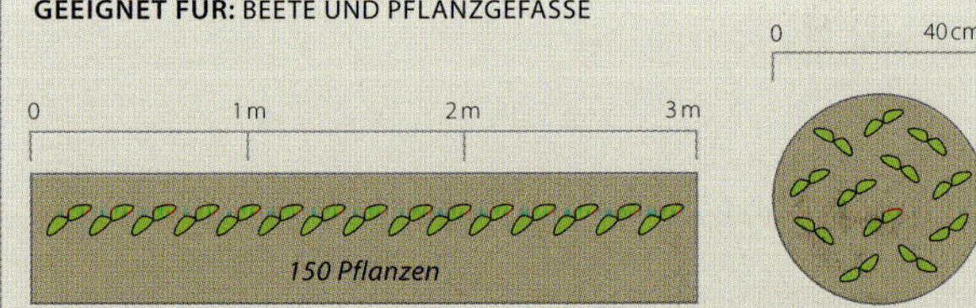

3 M LANGE REIHE
Pflanzabstand 2 cm

TOPF
je 40 Pflanzen

1 Kulturbeginn

Lauchzwiebeln werden im Frühling und Sommer entweder direkt auf das Beet oder in Container gesät. Frühe und späte Sätze kann man im Haus heranziehen, die Aussaat erfolgt an Rändern im Gewächshaus oder in Erdsäcke. Im Winter gedeihen kleine Mengen sogar auf dem Fensterbrett.

'Guardsman' *erweist sich als wüchsig. Lange, weiße Schäfte und dunkelgrüne Blätter.*

'North Holland Blood Red' *liefert auffällige rote Schäfte, die mit der Zeit dunkler werden.*

'White Lisbon' *ist die häufigste Sorte. Sie eignet sich gut für die Aussaat in Töpfen.*

'Summer Isle' *reift relativ spät. Durch den milden Geschmack kann man sie roh genießen.*

Säen im Haus *können Sie zwischen zeitigem Frühling und Spätsommer. Ziehen Sie in Sätzen für eine ständige Versorgung.*

Ein Vermehrungskasten *fördert bei Bedarf die Keimung und schützt die Saat. Achten Sie auf eine gute Belüftung.*

Sämlinge in Töpfen *werden bei einer Länge von etwa 8 cm ausgedünnt. Pro kleinem Topf bleiben vier bis fünf Pflänzchen.*

2 Aussaat im Haus

Weil manche Sorten Frost so gut vertragen, kommen frühe oder späte Aussaaten im Haus infrage, um die Erntezeit auszudehnen. Füllen Sie in 30 cm große Töpfe Aussaaterde ein, die Sie leicht andrücken und angießen. Markieren Sie mit einem Bambusstab oder einer Pflanzschaufel 1 cm tiefe Rillen in 10 cm Abstand. Legen Sie Samen in 1 cm Abstand aus, die Sie mit Erde bedecken und leicht wässern. Sobald Sämlinge erscheinen, dünnen Sie aus, sodass alle 2 cm nur das kräftigste Pflänzchen verbleibt. Schützen Sie die junge Kultur, indem Sie ein wenig Schneckenkorn streuen.

3 Aussaat im Freien

Für die Aussaat von Lauchzwiebeln an Ort und Stelle lockern Sie den Boden und entfernen alles Unkraut sowie alle Ernterückstände. Rechen Sie eben, dann markieren Sie 1 cm tiefe Rillen in 10 cm Abstand. Wässern Sie die Saatrille gründlich, säen Sie darin im Abstand von etwa 1 cm aus. Bedecken Sie die Samen mit Erde und gießen Sie leicht.

Aussaaten winterharter Sorten *im Spätsommer oder Frühherbst liefern eine Ernte im Frühling. Decken Sie die Kultur zum Schutz mit Vlies ab.*

Lichten Sie die Sämlinge aus, *sobald sie 8 cm hoch sind, lassen Sie 2 cm Abstand. Die gezogenen Pflänzchen verwenden Sie wie Schnittlauch.*

Gießen ist wichtig *für junge Lauchzwiebeln, im Haus wie im Freien. Durch Trockenheit kann das Wachstum ernsthaft ins Stocken geraten.*

Jäten Sie sorgfältig. *Unkraut konkurriert mit den jungen Pflanzen um Wasser und Nährstoffe. Es kann außerdem Krankheiten befördern.*

4 Kultur im Haus

Die Kultur in Töpfen ermöglicht eine frühe oder eine späte Ernte. Gießen Sie gut und geben Sie im Verlauf der Reifezeit ausgeglichenen Dünger in Lösung. Achten Sie auf eine gute Belüftung, um Pilzkrankheiten wie Grauschimmel zu vermeiden (siehe S. 244).

5 Pflege

Wässern Sie ausreichend, denn bei Trockenheit werden die Pflanzen knollig. Lauchzwiebeln reagieren empfindlich auf Konkurrenz durch Unkräuter, jäten Sie daher regelmäßig. Schützen Sie die Kulturen in kühleren Regionen mit Vlies oder mit Hauben.

6 Ernte

Einzelne Pflanzen können Sie ernten, sobald sie bleistiftdick sind. Heben Sie sie vorsichtig mit einer Handgabel und drücken Sie die Erde für die benachbarten Pflanzen wieder an. Lauchzwiebeln lassen sich nicht gut aufbewahren. Ernten Sie nach Bedarf.

TIPP *Lauchzwiebeln wollen einen offenen, sonnigen Platz, keinen Schatten.*

Reif für die Ernte sind Lauchzwiebeln *nach rund acht Wochen. Säen Sie immer wieder neu.*

SCHRITT FÜR SCHRITT Lauch

Die Zwiebelgewächse mit mildem Geschmack stellen im Winter eine unentbehrliche Alternative für Kohl dar. Lauch bildet keine Zwiebeln aus, dafür lange weiße Schäfte, die durch Anhäufeln mit Erde gebleicht werden. Die Züchtung ist bestrebt, seine Widerstandsfähigkeit gegenüber Krankheiten zu erhöhen und die Erntedauer zu verlängern, wählen Sie nach diesen Kriterien. Manche Sorten kann man eng pflanzen, um zarten Babylauch zu ziehen.

	FRÜHLING	SOMMER	HERBST	WINTER
AUSSAAT				
ERNTE				

KULTURDAUER: 30–32 WOCHEN

GEEIGNET FÜR: BEETE UND PFLANZGEFÄSSE

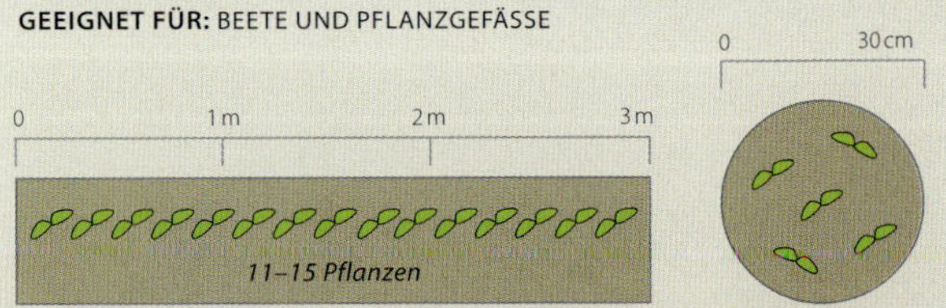

3 M LANGE REIHE
Pflanzabstand 20–30 cm

TOPF
je 5 Pflanzen

1 Kulturbeginn

Lauch scheint Störungen des Wurzelwerks nicht so sehr übel zu nehmen. Sie können daher in Horsten säen und später die Pflanzen mit »nackten« Wurzeln entnehmen, um sie an die endgültige Stelle zu setzen. Damit lässt sich der Platz zunächst noch von einer anderen Kultur nutzen.

'Musselburgh' *ist eine bekannte Sorte, die kurze, geschmackvolle Schäfte hervorbringt.*

'King Richard' *eignet sich gut für Babylauch. Es entstehen früh lange, milde Schäfte.*

'Toledo' *reift spät. Die Sorte liefert einheitlich geformte Schäfte mit gutem Geschmack.*

'Swiss Giant Zermatt' *schmeckt mild. Man kann Babylauch ziehen oder ihn reifen lassen.*

Im Spätwinter können Sie säen, *sofern die Aussaaten warm genug stehen. Sie brauchen mindestens 10 °C.*

Kompostierbare Töpfe aus Modulen *ermöglichen das direkte Einsetzen in die Pflanzlöcher, ohne dass Wurzeln Schaden nehmen.*

2 Aussaat

Für die Aussaat im Haus befüllen Sie einen hohen 15-cm-Topf mit Aussaaterde, die Sie leicht andrücken und wässern. Säen Sie dünn darauf aus. Bedecken Sie die Samen 1 cm hoch mit Erde, gießen Sie an und stellen Sie den Topf in einen Vermehrungskasten. Alternativ dazu können Sie in Anzuchtsysteme aus kompostierbarem Material aussäen. Sie können auch direkt aufs Beet säen, wenn der Boden sich erwärmt hat. Ziehen Sie im vorbereiteten Saatbett eine 2 cm tiefe Rille. Gießen Sie gut und säen Sie dünn aus. Decken Sie die Saat mit Erde ab, gießen Sie die eingeebnete Fläche leicht.

3 Umpflanzen

Sobald die Jungpflanzen 20–30 cm hoch und bleistiftdick sind, können Sie um- oder auspflanzen. Bohren Sie im vorbereiteten Beet mit einem Pflanzstab 2–3 cm breite und 15 cm tiefe Löcher im Abstand von 20–30 cm. Schneiden Sie die Wurzeln der Pflänzchen vor dem Einsetzen auf 2,5 cm Länge zurück.

Nach etwa acht Wochen *heben Sie die Jungpflanzen vorsichtig aus dem Saatbett, ohne die Blätter zu beschädigen*

Mit einer sauberen Schere *schneiden Sie die Wurzeln auf 2,5 cm Länge zurück. Sie werden sich weiterentwickeln.*

Setzen Sie die Jungpflanzen *in tiefe Pflanzlöcher zum Einschlämmen ein. Für Babylauch genügt ein Abstand von 10 cm.*

Schlämmen Sie gepflanzten Lauch *gründlich ein, doch füllen Sie die Löcher nicht mit Erde auf. Die Pflanzen bilden dadurch lange, weiße Schäfte.*

Häufeln Sie *rund um die wachsenden Pflanzen Erde an, um Licht abzuschirmen, damit die Schäfte bleichen und um die Pflanzen zu stabilisieren.*

4 Gießen

Wässern Sie um die eingesetzten Pflanzen herum. Dabei soll das Wasser ruhig etwas umgebende Erde ins Loch schwemmen. Dies bewirkt, dass der Schaftgrund gebleicht wird. Gießen Sie die Pflanzen während der Sommermonate gut.

5 Pflege

Öfter einmal treten Lauchmotte oder Zwiebelfliege (siehe S. 238) auf. Bedecken Sie die Pflanze daher vorbeugend mit Kulturschutznetz. Der Ertrag leidet, wenn Unkraut aufkommen kann. Häufeln Sie um die Schäfte herum an, um sie zu bleichen.

6 Ernte

Heben Sie Lauch mit einer Grabegabel. Er könnte noch ein Weilchen länger im Boden bleiben, doch Sie brauchen den Platz für andere Kulturen. Sie können Lauch einschlagen: Stellen Sie ihn dicht in gelockerten Boden oder in eine Kiste im Schuppen.

Geernteter Lauch hält sich nicht gut. *Verbrauchen Sie ihn schnell nach der Entnahme.*

TIPP *Wählen Sie Sorten, die widerstandsfähig gegen Porreerost sind.*

SCHRITT FÜR SCHRITT Knoblauch

Das überaus vielseitige Gemüse ist unglaublich leicht zu kultivieren, sogar in Töpfen. Stecken Sie Zehen im frühen Herbst oder zeitigen Frühjahr an einen sonnigen Platz. Zu dieser Zeit sind die Beete oft frei. Sie können eine Ernte reifer Knollen zwischen Früh- und Hochsommer erwarten. Der Erde entnommen, können Sie Knoblauch frisch mit köstlich mildem Aroma genießen oder Sie trocknen ihn für eine spätere Verwendung.

	FRÜHLING	SOMMER	HERBST	WINTER
AUSSAAT				
ERNTE				

KULTURDAUER: 20–36 WOCHEN

GEEIGNET FÜR: BEETE UND PFLANZGEFÄSSE

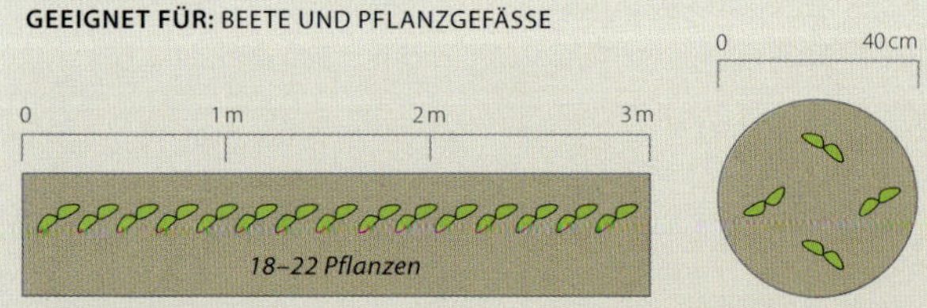

3 M LANGE REIHE
Pflanzabstand 15–18 cm

TOPF
je 4 Pflanzen

1 Kulturbeginn

Beim Knoblauch gibt es unterschiedliche Typen. Die Rocambole entwickelt einen doldigen Blütenstand, der vorwiegend Brutzwiebeln enthält. Die anderen Formen bilden keine Blüten, ihre Knollen lassen sich länger lagern. Legen Sie die Zehen in leichten, gut wasserführenden Boden.

'Solent Wight' *entwickelt große, weiße, sehr aromatische Knollen. Nicht blühende Sorte.*

'Early Wight' *ist eine Rocambole mit früh reifenden Knollen und gedrungenen Zehen.*

'Elephant' *ist eine Auslese des Acker-Knoblauchs. Die großen Zehen sind ideal fürs Grillen.*

'Mediterranean' *liefert sehr großen Knollen, die frisch verzehrt besonders gut schmecken.*

Die Größe der späteren Knolle *hängt von der Größe der Zehen ab. Stecken Sie die größten, verwerfen Sie die kleinsten.*

Stecken Sie die Zehen *so in die Erde, dass oben noch die Spitze herausschaut. Drücken Sie Erde rundum an, gießen Sie.*

Ein Austrieb zeigt sich *nach sieben bis zehn Tagen. Sobald die Wurzeln den Topf füllen, pflanzen Sie in 15–18 cm Abstand.*

2 Im Haus pflanzen

Unter Schutz können Sie im zeitigen Frühjahr pflanzen. Zerteilen Sie die Knoblauchknolle in Zehen, füllen Sie Substrat in Töpfe ein und stecken Sie pro Gefäß eine Zehe. Gießen Sie gut an. Die Töpfe sollen an einem hellen Platz bei 10°C stehen. Ist es zu warm, kommt es zu starkem, krautigem und krankheitsanfälligem Wuchs. In einen Kalten Kasten oder an einen geschützten Platz im Freien können Sie pflanzen, sobald der Austrieb 10 cm hoch ist.

TIPP *Stecken Sie Zehen im Herbst, die dann im Freien überwintern.*

3 Ins Freie pflanzen

Knoblauchzehen können Sie im Frühherbst oder zeitigen Frühling stecken. Wählen Sie einen geschützten, sonnigen Platz, an dem Sie die Erde lockern und alles Unkraut entfernen. Arbeiten Sie stickstoffbetonten Dünger ein, rechen Sie eben. Stecken Sie die Zehen mit der Spitze nach oben und tiefer als in Töpfe.

Stecken Sie Zehen *im Abstand von 15–18 cm nach allen Seiten. Die Spitzen sollen 2 cm hoch mit Erde bedeckt sein. Gießen Sie gut an.*

Konkurrenz durch Unkraut *senkt den Ertrag. Hacken Sie regelmäßig zwischen den Reihen und jäten Sie von Hand zwischen den Pflanzen.*

Knoblauchknollen *werden im Sommer geerntet. Im Herbst gesteckte Sätze sind früher bereit zur Entnahme als Frühjahrssätze.*

4 Pflege

Gießen Sie junge Pflanzen gut, während sich ein kräftiges Wurzelsystem entwickelt. Einmal eingewachsen, erweist sich Knoblauch als trockenheitsverträglich, zu viel Nässe beeinträchtigt die Lagerfähigkeit. Wässern Sie nur bei anhaltender Dürre.

5 Ernte

Entnehmen Sie die Knollen, sobald das obere Drittel des Laubs vergilbt ist und abstirbt. Bleiben die Pflanzen zu lange im Boden, treiben sie vielleicht wieder aus, was ihre Haltbarkeit vermindert. Heben Sie die Knollen vorsichtig mit der Grabegabel.

Zwiebeln trocknen

Damit er sich lange lagern lässt, muss Knoblauch gründlich trocknen. Legen Sie die Knollen auf Gittern an einer sonnigen, trockenen Stelle für etwa eine Woche aus, bis die Häute dürr werden. Hängen Sie Knoblauch dann einzeln oder zu Zöpfen verflochten an einen kühlen, trockenen, gut belüfteten Platz.

Weitere Kulturen

Manche einjährige Kulturen lassen sich nicht eindeutig einer Gruppe zuordnen. Und doch besitzen sie bestimmte Qualitäten und charakteristische Eigenschaften. Einige der eigenwilligsten Aromen sind hier zu finden: der anisartige Anflug von Fenchel, die frische Süße von Zuckermais sowie der unverkennbare Geschmack und Geruch von Sellerie. Kohlrabi gibt immer wieder Gesprächsstoff im Gemüsegarten: Er sieht aus und schmeckt wie eine Speiserübe, wächst aber ein Stückchen über dem Boden. Falls Sie diesen Gemüse-Arten Platz auf Ihrer Fläche einräumen, können Sie sich auf außergewöhnliche Genüsse in der Küche freuen.

SCHRITT FÜR SCHRITT Zuckermais

Im Spätsommer liefert Zuckermais eine köstliche Speise – ob gekocht und in geklärter Butter geschwenkt oder auf dem Rost gegrillt. Pflücken und verzehren Sie die zarten Körner so bald wie möglich, gleich nach der Ernte schmecken sie am süßesten. Die Blüten werden vom Wind, nicht von Insekten bestäubt. Ziehen Sie die Pflanzen daher nahe beieinander in Gruppen. Die ertragreiche Kultur bringt auf einem Quadratmeter bis zu 32 Kolben.

	FRÜHLING	SOMMER	HERBST	WINTER
AUSSAAT	■			
ERNTE		■	■	

KULTURDAUER: 16–24 WOCHEN

GEEIGNET FÜR: BEETE UND PFLANZGEFÄSSE

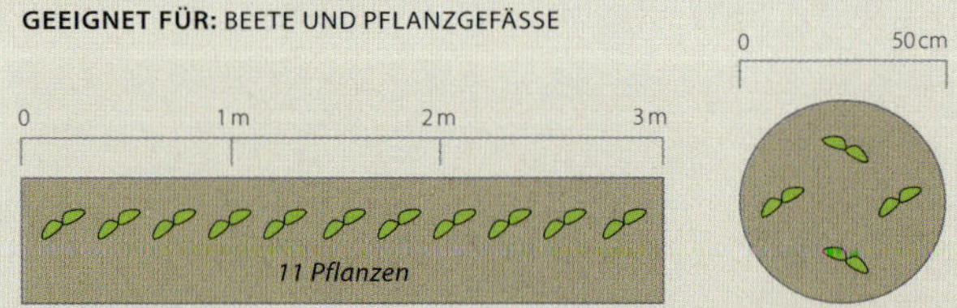

3 M LANGE REIHE
Pflanzabstand 30 cm

TOPF
je 4 Pflanzen

Röhren aus Pappkarton *sind ideal für die Aussaat von Zuckermais. Sie sind lang genug für die Wurzeln und werden mit eingepflanzt.*

Sämlinge erscheinen *innerhalb weniger Wochen. Zuckermais will nährstoffreichen, durchlässigen Boden, arbeiten Sie viel organische Substanz ein.*

1 Aussaat im Haus

Füllen Sie in Anzuchtsysteme oder Töpfe Aussaaterde ein, gießen Sie gut. Legen Sie ein Samenkorn pro Zelle in 2 cm Tiefe ab, wässern Sie leicht. Die Keimung erfolgt im beheizten Vermehrungskasten. Sobald die Pflanzen 10 cm hoch sind, beginnt das Abhärten. Parallel dazu erwärmen Sie den Boden mithilfe einer Haube oder eines Kalten Kastens. Setzen Sie die Pflanzen im Abstand von 30 × 30 cm.

TIPP *Halten Sie für unverfälschten Geschmack einzelne Sorten getrennt.*

2 Aussaat im Freien

Wenn der Platz im Haus knapp ist, können Sie ebenso direkt an Ort und Stelle aussäen. Der Boden muss dafür mindestens 10 °C warm sein. Das können Sie durch eine Abdeckung mit Hauben oder einem Kalten Kasten beschleunigen. Gießen Sie gut und säen Sie in 2 cm tiefe Löcher in einem Gittermuster mit einem Abstand von 30 cm jeweils zwei Samen. Lassen Sie die Hauben aufliegen, bis die Samen nach etwa zwei Wochen keimen.

Unter Abdeckungen *erwärmt sich der Boden in den zwei Wochen vor der Aussaat.*

Legen Sie zwei Samen *je Loch ein. Später vereinzeln Sie auf den kräftigsten Sämling.*

Pflanzen Sie Zuckermais *in Gruppen, damit der Wind den Pollen auf die Blüten überträgt.*

3 Pflege

Zuckermais müssen Sie den Sommer über gut gießen, besonders zur Blütezeit und wenn sich die Kolben entwickeln. Als Unterpflanzung eignet sich langsam wachsender Speisekürbis, doch dann müssen Sie noch mehr gießen. Schützen Sie Sämlinge vor Schnecken und jäten Sie regelmäßig, bis die Pflanzen gut eingewachsen sind.

Jäten ist in der Anfangszeit *besonders wichtig. Größere Pflanzen sind eher in der Lage, Unkrautaufkommen zu unterdrücken.*

Gießen Sie am Grund der Pflanzen, *damit Wasser zu den Wurzeln sickert. Das Wässern ist im Hochsommer wichtig, wenn die Kolben schwellen.*

Häufeln Sie die Pflanzen *am Grund mit Erde an. Das stützt die Halme und schützt davor, dass Wind daran rüttelt und die Wurzeln lockert.*

Mit dem Fingernagel *drücken Sie in ein Korn, um die Farbe des austretenden Saftes zu prüfen. Sobald er milchig erscheint, sind die Kolben reif.*

4 Stützen

Die großen Pflanzen können bis zu 2 m hoch werden. Vor allem in windexponierten Lagen brauchen sie eine Stütze. Häufeln Sie rund um den Halmgrund an und stellen Sie Stützstäbe an den Ecken der Blöcke auf, die Sie mit einer Schnur flexibel verbinden.

5 Reifetest

Damit Sie die Kolben zur Zeit ihrer größten Süße genießen können, sollten Sie vor der Ernte den Reifegrad prüfen. Ein Zeichen stellt das Verbräunen der Fäden dar. Ziehen Sie vorsichtig die Umblätter zur Seite, um zu prüfen, wann die Körner milchreif sind.

6 Ernte

Die Kolben sollten Sie ernten, sobald sie reif sind. Der Zucker wird in Stärke umgewandelt, wenn sie zu lange an der Pflanze bleiben. Drehen Sie die reifen Kolben für einen raschen Verzehr ab, der Zuckergehalt sinkt praktisch sofort. Geerntete Kolben halten sich besser, wenn die Umblätter belassen werden. Sie halten sich dann im Kühlschrank für ein paar Tage. Überschüssige Kolben können Sie einfrieren.

Drehen Sie die Kolben *entschlossen ab. Von jeder Pflanze können Sie zwei Kolben erwarten.*

Zuckermais

1 'Indian Summer' Die altüberlieferte Sorte entwickelt bunte Kolben aus gelben, weißen oder braunen Körnern. Der Zuckermais gedeiht besser in wärmeren Regionen.

2 'Minipop' Die Sorte wird wegen der kleinen Maiskölbchen gezogen, die man erntet, wenn sie Fingergröße erreichen. Gepflanzt wird enger, es entwickeln sich oft mehrere Halme.

3 'Lark' Ab Spätsommer trägt diese Sorte zarte, dickhäutige Körner, die man gekocht oder roh verzehrt. Sie trägt zuverlässig und empfiehlt sich für kühlere Regionen.

4 'Sundance' Diese Sorte bringt große Kolben von 20cm Länge mit süß schmeckenden Körnern. Die zuverlässige Sorte hat kürzere Halme und eignet sich für kühlere Regionen.

5 'Butterscotch' Mit den 1,5m hohen Halmen bleibt die Sorte niedriger und eignet sich daher für windexponierte Lagen. Die süßen Kolben reifen früh, sie lassen sich gut einfrieren.

6 'Lapwing' Eine reiche Ernte gut gefüllter Kolben ist im Spätsommer oder Frühherbst zu erwarten. Die leuchtend gelben Körner an den großen Kolben schmecken süß und zart.

7 'Mirai 003' Die kleinen Kolben werden nur 15cm lang. Sie enthalten ausgesprochen süße, zarte Körner, die man gekocht oder roh verzehrt. Trägt sogar auf mageren Böden gut.

8 'Swift' Früh reifen die großen Kolben mit süß schmeckenden, dünnhäutigen Körnern. Die zuverlässige Sorte hat kräftige Halme. Sie bringt auch in kühleren Regionen guten Ertrag.

9 'Northern Extra Sweet' Die extrem früh reifende Sorte eignet sich bestens für Regionen mit kürzerem Sommer. Die Körner in gedrungenen, 20cm langen Kolben sind süß und zart.

Weitere Sorten

'Challenger'
'Early Xtra Sweet'
'Starlite'
'Tasty Sweet'
'True Gold Sweet Corn'

4

5

7

8

9

SCHRITT FÜR SCHRITT Kohlrabi

Kohlrabi gehört zu den Kreuzblütlern und ist damit eng mit anderen Kohlarten wie Kopfkohl und Rosenkohl verwandt. Anstelle der Blätter wird jedoch die mild schmeckende Knolle verzehrt. Sie ist eine Verdickung des Verbindungsstücks zwischen Wurzelhals und Keimblättern. Der Anbau des beliebten Gemüses gelingt leicht. Es reift schnell und kann daher langsam wachsende Kulturen begleiten, um begrenzten Platz besser zu nutzen.

	FRÜHLING	SOMMER	HERBST	WINTER
AUSSAAT				
ERNTE				

KULTURDAUER: 8–20 WOCHEN

GEEIGNET FÜR: BEETE UND PFLANZGEFÄSSE

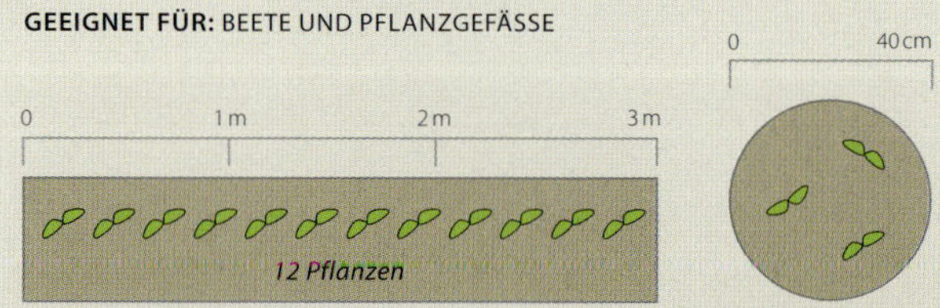

3 M LANGE REIHE
Pflanzabstand 25 cm

TOPF
je 3 Pflanzen

1 Kulturbeginn

Kohlrabi wird aus Samen angezogen, die man im Frühling im Haus für einen zügigen Start aussäen kann. Spätere Sätze werden direkt an Ort und Stelle gesät, sie reifen innerhalb weniger Wochen heran. Die Krankheit Kohlhernie kann an dem Kohlgewächs auftreten und führt zu Ernteeinbußen (siehe S. 242).

'Purple Danube' *hat runde, leuchtend violette Knollen mit weißem, knackigem, zartem Fleisch.*

'Quick Star' *entwickelt blassgrüne, eher kleine Knollen, die nur zögerlich schießen.*

'Superschmelz' *liefert sehr große Knollen, die bis zu 20 cm im Durchmesser erreichen.*

'Kolibri' *bringt violette Knollen mit süßlichem, saftigem Fleisch. Gut für eine späte Ernte.*

Im Haus säen können Sie *bis etwa Frühjahrsanfang, ab April säen Sie direkt ins Freie. Nehmen Sie die Aussaat in Modulen oder Töpfen vor.*

Kohlrabi neigt leicht zum Schießen, *wenn er plötzlichen Temperaturstürzen ausgesetzt ist. Härten Sie die Pflanzen vor dem Umsetzen ins Freie ab.*

2 Aussaat im Haus

Frühe Aussaaten können Sie im Haus vornehmen. Füllen Sie Aussaaterde in Aussaatsysteme ein, drücken Sie sie an und gießen Sie. Bohren Sie mit einem Pikierstab oder Bleistift 1 cm tiefe Löcher in jede Zelle, legen Sie in jedes zwei Samenkörner ein. Die Saat sollte an einem hellen Platz stehen. Nach der Keimung vereinzeln Sie auf den kräftigsten Sämling. Während des Abhärtens sollte sich bereits der Boden im Beet unter einer Abdeckung erwärmen.

TIPP *Säen Sie immer wieder Sätze aus, damit Sie ständig ernten können.*

3 Aussaat im Freien

Während Frühjahr und Frühsommer ziehen Sie 2 cm tiefe Rillen mit der Rechenkante oder einer Hacke, gießen Sie gut. Legen Sie alle 25 cm ein paar Samenkörner ab, die Sie mit Erde bedecken und leicht wässern. Die Keimung dauert ein oder zwei Wochen. Die Sämlinge sollten Sie mit etwas Schneckenkorn schützen.

Die einigermaßen robuste Kultur *kann man ab zeitigem Frühjahr direkt aufs Beet säen. »Blaue« Sorten sollen kälteverträglicher sein als »weiße«.*

Vereinzeln Sie die keimenden Sämlinge *auf den kräftigsten pro Horst und halten Sie einen Endabstand von 25 cm zwischen den Pflanzen ein.*

Kohlrabi *wird von typischen Schädlingen an Kohlgewächsen befallen, etwa dem Kohlweißling (siehe S. 238). Breiten Sie Kulturschutznetz aus.*

Jäten Sie nahe der Pflanzen von Hand, *um Schäden an den Knollen zu vermeiden. An warmen Tagen welkt das Unkraut schnell.*

4 Pflege

Obwohl sich Kohlrabi als trockenheitsverträglich erweist, sollten Sie den Boden ständig feucht halten, damit sich Feinwurzeln entwickeln. Wachstumsstockungen führen zu holzigen Knollen. Ein Kulturschutznetz hält Tauben und Kohlweißlinge fern.

5 Jäten

Das Entfernen von Unkraut bringt mehrere Vorteile: Es senkt die Konkurrenz um Wasser, es hält das Beet sauber und verringert die Ausbreitung von Krankheiten. Ziehen Sie unerwünschte Kräuter nahe den Pflanzen von Hand, hacken Sie in der Reihe.

6 Ernte

Kohlrabi braucht bis zu zwanzig Wochen, damit sich die Knollen völlig entwickeln, manche Kulturen reifen schon nach acht Wochen. Ernten Sie die Knollen, wenn ihre Größe zwischen der eines Golf- und eines Tennisballs liegt, dann schmecken sie am zartesten. Schneiden Sie die Knolle knapp über der Wurzel ab. Kohlrabi können Sie wie Pastinaken in Sand einschlagen (siehe S. 143). Streifen Sie die Blätter vorher ab.

Schneiden Sie Knollen ab, *die groß genug sind. Die Qualität leidet, wenn sie lange stehen.*

SCHRITT FÜR SCHRITT Fenchel

Die verdickten Blattbasen von Fenchel bilden eine »Knolle«, die mit ihrem anisartigen, milden Geschmack eine Besonderheit im Gemüsebeet darstellt. Fenchel bereichert in der Küche eine Vielzahl von Speisen, er passt vorzüglich in Eintöpfe, Wokgerichte und Suppen. Eine erfolgreiche Kultur beruht auf einem schnellen Wachstum. Säen Sie im Sommer, gießen und düngen Sie gut. Das überaus dekorative Gemüse kommt mit wenig Platz aus.

	FRÜHLING	SOMMER	HERBST	WINTER
AUSSAAT				
ERNTE				

KULTURDAUER: 12–22 WOCHEN

GEEIGNET FÜR: BEETE UND PFLANZGEFÄSSE

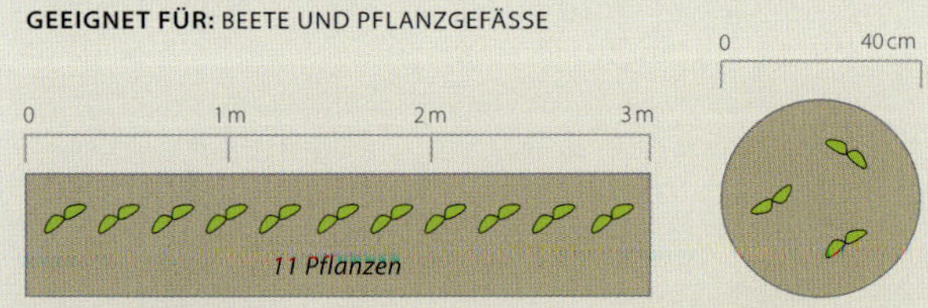

3 M LANGE REIHE
Pflanzabstand 30 cm

TOPF
je 3 Pflanzen

1 Kulturbeginn

Für Aussaat im Frühjahr eignen sich nur schossfeste Sorten. Ansonsten ist der späte Frühling der früheste Termin. Stimmen Sie Ihre Sortenwahl auf den gewünschten Anbautermin ab. Sowohl Gewürz- als auch Gemüsefenchel können in der Küche verwendet werden.

'Zefa Fino' *entwickelt große, rundliche, leicht abgeflachte Knollen mit gutem Geschmack.*

'Perfection' *bringt große Knollen mit ausgezeichnetem Geschmack. Schossfest.*

'Finale' *hat große, flache Knollen mit ausgezeichnetem Geschmack. Eine schossfeste Sorte.*

'Sirio' *liefert runde, leicht abgeflachte, weißliche Knollen mit aromatischem Duft.*

Ab März können Sie im Haus schossfeste Sorten säen. *Sorgen Sie dafür, das die Erde für Fenchelaussaaten beständig feucht bleibt.*

Um Ernteschwemmen zu vermeiden, *säen Sie öfter: Eine kleine Aussaat alle zwei Wochen ermöglicht eine kontinuierliche Versorgung.*

2 Aussaat im Haus

Für eine frühe Ernte säen Sie im Haus in Anzuchtsysteme oder Töpfe, gefüllt mit feuchter Aussaaterde, aus. Die Keimquote kann niedrig sein, legen Sie daher drei Samen pro Zelle oder Topf in 1 cm Tiefe ab und vereinzeln Sie später auf den kräftigsten Sämling. Sobald der Ballen nahezu durchwurzelt ist, beginnen Sie mit dem Abhärten. Stellen Sie die Pflanzen für sieben bis zehn Tage tagsüber ins Freie, nachts stehen sie im Haus.

TIPP *Fenchel neigt zur vorzeitigen Blütenbildung. Wählen Sie schossfeste Sorten.*

3 Aussaat im Freien

Von Mitte Juni bis Mitte Juli können Sie alle Sorten direkt aufs Beet säen. Lockern Sie den Boden, entfernen Sie alles Unkraut, rechen Sie eben. Ziehen Sie 2,5 cm tiefe Rillen in 30 cm Abstand, gießen Sie. Legen Sie Samen zu dritt oder zu viert in Horsten ab. Wässern Sie nach dem Abdecken. Vereinzeln Sie nach der Keimung.

Legen Sie die Samen *alle 30 cm in Horsten ab. Bedecken Sie die Erde bis zur Keimung mit Zeitungspapier, damit sie nicht austrocknet.*

Setzen Sie Jungpflanzen aus dem Haus *im Hochsommer in 30 × 30 cm Abstand. Reichern Sie den Boden zuvor an und gießen Sie gut an.*

Eine gleichmäßige Feuchtigkeit *ist wichtig für die Entwicklung ansehnlicher Knollen. Bei feucht-warmer Witterung wachsen sie schnell.*

Häufeln Sie Erde *rund um die anschwellenden Knollen an, um Sonnenlicht abzuschirmen. Dadurch entsteht ein gebleichtes, zartes Gemüse.*

4 Pflege

Gießen Sie in allen Entwicklungsstadien gut. Mit ausgeglichener Düngerlösung versorgen Sie die Pflanzen, wenn Sie in leichtem Boden kultivieren. Jäten Sie sorgfältig, weil die aufrechten Pflanzen das Aufkommen von Unkraut nicht so leicht unterdrücken.

5 Bleichen

Sollen sich die Pflanzen voll entwickeln, gießen Sie regelmäßig. Sobald die Knolle etwa 8 cm dick ist, häufeln Sie an, indem Sie Erde rund um den Grund hochschieben. Dies führt zum leichten Bleichen der Blattbasen und bewirkt ein milderes Aroma.

6 Ernte

Fenchel können Sie in allen Entwicklungsstadien ernten. Babyknollen haben einen Durchmesser von etwa 5 cm. Sie sind in nur etwa acht Wochen erntereif, während eine ausgewachsene Knolle von rund 15 cm Durchmesser drei oder vier Monate lang braucht. Blätter können Sie in bescheidener Menge jederzeit abschneiden oder Sie ziehen die komplette Pflanze ganz nach Bedarf heraus.

Ziehen Sie die ganze Pflanze *oder schneiden Sie sie ab, damit der Strunk erneut austreibt.*

SCHRITT FÜR SCHRITT Stangensellerie

Der traditionelle Anbau von Bleichsellerie bedeutet eine Herausforderung, doch durch die Einführung selbst bleichender Sorten hat sich die Kultur des Stangenselleries deutlich vereinfacht. Die zarten Stängel bereichern Sommersalate. Dabei vertragen die Pflanzen Kälte gut und harren bis in den Herbst hinein auf dem Beet aus. Stangensellerie wird eng pflanzt, damit die Stängel bleichen. Damit eignet sich die ertragreiche Kultur für kleine Flächen.

	FRÜHLING	SOMMER	HERBST	WINTER
AUSSAAT	■			
ERNTE		■	■	

KULTURDAUER: 18 WOCHEN

GEEIGNET FÜR: BEETE

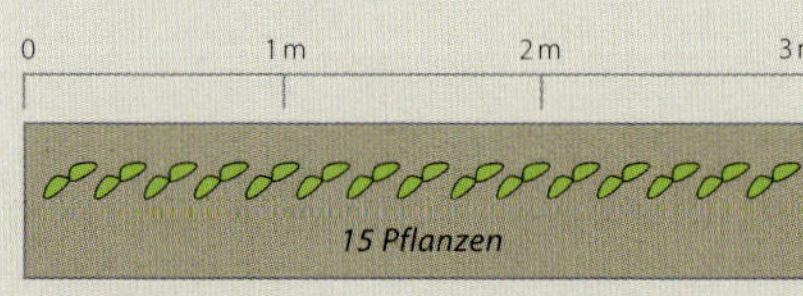

3 M LANGE REIHE
Pflanzen in Horsten mit 20 cm Abstand

1 Kulturbeginn

Stangensellerie benötigt eine lange Wachstumszeit, daher sollte die Kultur im zeitigen oder mittleren Frühjahr im Haus beginnen. Falls Sie dafür Platz haben, können Sie Jungpflanzen kaufen. Stangensellerie braucht nährstoffreichen, durchlässigen Boden, eignet sich jedoch nicht für Töpfe.

'Tango' *ist eine vorzügliche selbst bleichende, schossfeste Sorte mit langen, weißen Stielen.*

'Celebrity' *hat fleischige selbst bleichende Stängel mit gutem Geschmack.*

'Green Utah', *eine selbst bleichende Sorte, treibt lange, grüne, etwas unterschiedliche Stängel.*

'Victoria' *entwickelt fleischige, mittelgrüne, kräftige, hohe Stängel, die selbst bleichen.*

Um die Keimung zu fördern, *wird die Saat feucht gehalten und für einige Wochen in einem beheizten Vermehrungskasten aufgestellt.*

Frühe Aussaaten *aus dem zeitigen bis mittleren Frühling sind zwischen Juni und Juli, nach etwa acht Wochen, kräftig genug zum Auspflanzen.*

2 Aussaat im Haus

Füllen Sie Aussaaterde in Aussaatschalen ein, gießen Sie gut. Verteilen Sie Samen dünn auf der Oberfläche, doch decken Sie sie nicht mit Erde ab, denn Sellerie ist ein Lichtkeimer. Die Keimung kann zögerlich verlaufen. Stellen Sie die Saatschale in einen beheizten Vermehrungskasten bei 18°C. Sobald man die Sämlinge gut fassen kann, werden sie in Multitöpfe pikiert. Wenn sie zu groß werden, neigen sie eher zum Schießen. Gießen Sie gut an und kultivieren Sie an einem warmen Platz im Haus weiter. Wachstumsstockungen durch kalte Witterung können zum Schießen führen.

3 Auspflanzen

Pflanzen, die 15 cm hoch sind, werden für das Auspflanzen ins Freie abgehärtet. Stangensellerie braucht feuchten Boden, arbeiten Sie daher reichlich organische Substanz in Form von verrottetem Stallmist oder Kompost ein, um die Wasserhaltefähigkeit zu erhöhen. Mischen Sie vor dem Pflanzen körnigen Universaldünger ein.

Stellen Sie die Pflanzen *zwei Wochen lang tagsüber ins Freie und holen Sie sie für die Nacht ins Haus. In derselben Zeit richten Sie das Beet her.*

Pflanzen Sie im Verband, *mit 20 cm Abstand in jede Richtung. Der dichte Stand führt zum Bleichen des Stangenselleries. Gießen Sie gut an.*

Jäten Sie sorgfältig. *Entfernen Sie alle aufkeimenden Wildkräuter im Pflanzverband von Hand, um Verletzungen der Stängel auszuschließen.*

Bringen Sie organischen Mulch *in 5–6 cm Dicke auf, um die Feuchtigkeit im Boden zu bewahren und Unkraut zurückzudrängen.*

4 Pflege

Gießen Sie gut während der Wachstumszeit. Die Pflanzen legen während der wärmsten und trockensten Monate ordentlich zu, bei Wassermangel kann es zu faserigen, durchdringend schmeckenden Stängeln kommen. Streuen Sie Schneckenkorn.

5 Bleichen

Dicht gepflanzt, beschatten sich die Pflanzen gegenseitig und bewirken eine Bleiche. Pflanzen am Beetrand erhalten weniger Schatten und können grüne Stängel entwickeln. Bei diesen können Sie durch Einwickeln in Pappkarton einen Bleicheffekt erzielen.

6 Ernte

Stangensellerie können Sie ab Juli ernten, sobald er groß genug ist. Wässern Sie die Pflanzen gründlich, die Sie im Ganzen ausgraben. Die Stängel brechen Sie nach Bedarf ab. Decken Sie die Kultur im Herbst mit Vlies ab, ernten Sie, bevor Frost kommt.

Ernten Sie die ganze Pflanze *mit den Wurzeln. Abgeschnittene Stängel verbräunen rasch.*

TIPP *Waschen Sie Stangensellerie gründlich, zwischen den Stängeln haftet Erde.*

SCHRITT FÜR SCHRITT Sellerie

Die etwas ungewöhnliche Wurzelknolle hat in den vergangenen Jahren so etwas wie eine Renaissance erlebt und wurde nahezu in den Rang eines Gourmetgemüses erhoben. Was ihm an Aussehen fehlt, macht Sellerie durch sein Aroma wett – ein nussiger, typischer, angenehmer Geschmack. Sellerie können Sie roh raspeln, kochen und pürieren, in Scheiben geschnitten dünsten, Suppen oder Aufläufen beifügen. Die Knollen lassen sich lange lagern.

	FRÜHLING	SOMMER	HERBST	WINTER
AUSSAAT				
ERNTE				

KULTURDAUER: 30 WOCHEN

GEEIGNET FÜR: BEETE UND PFLANZGEFÄSSE

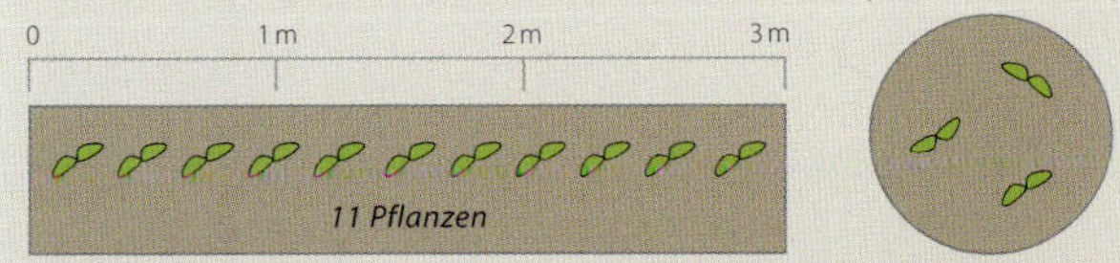

3 M LANGE REIHE
Pflanzabstand 30 cm

TOPF
je 3 Pflanzen

1 Kulturbeginn

Sellerie will einen offenen Platz und nährstoffreichen, gut dränierten Boden. Bringen Sie daher gut verrottete organische Substanz in der vorigen Vegetationsperiode ein. Sellerie neigt zum Schießen. Wählen Sie daher schossfeste Sorten, pflanzen Sie kräftige Jungpflanzen, sobald es im Frühling spürbar wärmer wird.

'Monarch' *bringt hohe Erträge hochwertiger weißer, lagerfähiger Knollen, die gut schmecken.*

'Diamant' *ist schossfest. Die Knollen mittlerer Größe schmecken ausgezeichnet.*

'Prinz' *zeichnet sich aus durch guten Geschmack, Schossfestigkeit und Lagerfähigkeit.*

'Mars' *bringt lange Knollen mit dichtem, geschmackvollem Fleisch, die lange halten.*

Die Pflanzen brauchen lange *zum Reifen. Säen Sie daher ab Frühjahrsanfang im Haus für eine Ernte im Herbst.*

Stellen Sie die Aussaatschalen *in einen Vermehrungskasten mit einer Temperatur von mindestens 18 °C .*

Sellerie *kann zögerlich keimen. Doch sobald sich die Sämlinge gut anfassen lassen, vereinzeln Sie auf ein Pflänzchen pro Zelle.*

2 Aussaat

Am besten säen Sie Sellerie schon im Haus aus, um die Wachstumszeit zu verlängern. Befüllen Sie Anzuchtsysteme mit Aussaaterde, die Sie leicht andrücken und angießen. Verteilen Sie Samen dünn auf der Oberfläche, drücken Sie sie an, doch decken Sie sie nicht mit Erde zu, da Sellerie Lichtkeimer ist. Die Aussaat kommt in einen Vermehrungskasten bei 18°C. Wenn die Wurzeln die Zelle ausfüllen, beginnen Sie mit dem Abhärten.

TIPP *Pflanzen Sie ab Mitte Mai aus, damit Sellerie vor der Sommerhitze anwächst.*

3 Auspflanzen

Die abgehärteten Pflanzen können Sie nach den Spätfrösten auspflanzen. Bereiten Sie den Boden vor, indem Sie ihn lockern und alles Unkraut entfernen. Mischen Sie gut verrottete organische Substanz wie Kompost unter. Pflanzen Sie die Jungpflanzen im Abstand von 30×30 cm. Gießen Sie gut an.

Härten Sie Jungpflanzen ab, *indem sie für sieben bis zehn Tage tagsüber ins Freie kommen und nachts im Haus stehen.*

Die Wurzelknollen *brauchen viel Raum, um sich zu entwickeln. Pflanzen Sie mindestens in 30 cm Abstand.*

Gießen Sie gut. *Sellerie stammt aus feuchten Regionen. Diese Bedingungen müssen Sie im Garten herstellen.*

Sie können mulchen *mit einer 6–7 cm starken Kompostauflage, doch darf der Mulch den herausschauenden Wurzelhals nicht berühren.*

Kleine Schösslinge *stehen in Konkurrenz zum Haupttrieb und beeinträchtigen dessen Wachstum. Entfernen Sie sie vorsichtig und frühzeitig.*

4 Düngung

Damit sich große Knollen entwickeln, müssen Sie Sellerie in allen Wachstumsstadien gleichmäßig gießen. Der Nährstoffbedarf liegt im mittleren Bereich. Geben Sie alle zwei Wochen eine ausgeglichene Düngerlösung.

5 Pflege

Entfernen Sie im Verlauf der Entwicklung die äußeren Blätter, sodass der Knollenansatz freiliegt. Sellerie wird wenig von Krankheiten und Schädlingen heimgesucht, doch können Minierfliegen Ärger bereiten. Sie verursachen eingetrocknete Blattflecken.

6 Ernte

Die Knollen ernten Sie im Herbst, am besten dann, wenn Sie Bedarf haben. Sie halten sich im Boden besser als im Lager. Stechen Sie mit einer Grabegabel vorsichtig unter jeder Pflanze ein und heben Sie die Wurzel vorsichtig aus der Erde. Ernten Sie Sellerie kurz vor dem ersten Frost. Schneiden Sie die Blätter einige Zentimeter über dem Austrieb ab und waschen Sie die Knolle nicht.

Verletzen Sie die Knolle nicht. *Stechen Sie die Grabegabel in 10–15 cm Abstand ein.*

Mehrjährige Kulturen

Mehrjährige Gemüse-Arten bedeuten eine langfristige Investition. Diese Kulturen treiben zuverlässig jedes Frühjahr aus, liefern ihren Ertrag, sterben im Herbst oberirdisch ab, Jahr für Jahr. An einem offenen, gut vorbereiteten Platz sprießt Spargel über zwei Jahrzehnte hinweg. Die Stangen bedeuten den Gipfel allen Gemüse-Genusses. Ebenso kommt Artischockenherzen der Rang einer Delikatesse zu, ihr aufrechtes Laub hat enormen Zierwert. Fügen Sie köstlichen, sämigen Topinambur sowie leckeren Rhabarber hinzu und Sie haben eine luxuriöse Gruppe von Nutzpflanzen beieinander.

SCHRITT FÜR SCHRITT Spargel

Spargel stellt ein Luxus-Gemüse dar, das nur knapp drei Monate im Jahr eine kurze, doch einmalig köstliche Ernte im Frühling liefert. In den meisten Gärten ist der Anbau leicht, doch braucht Spargel zum Einwachsen Zeit. Ihre Geduld wird die folgenden 20 Jahre belohnt mit einem jährlichen Ertrag von Stangen, die frischer sind als alles, was Sie kaufen können. Spargel bedeutet eine Langzeit-Investition. Für kleine Flächen eignet er sich nicht besonders.

	FRÜHLING	SOMMER	HERBST	WINTER
AUSS./PFL.				
ERNTE				

VOM PFLANZEN BIS ZUR ERNTE: 2–3 JAHRE

GEEIGNET FÜR: BEETE

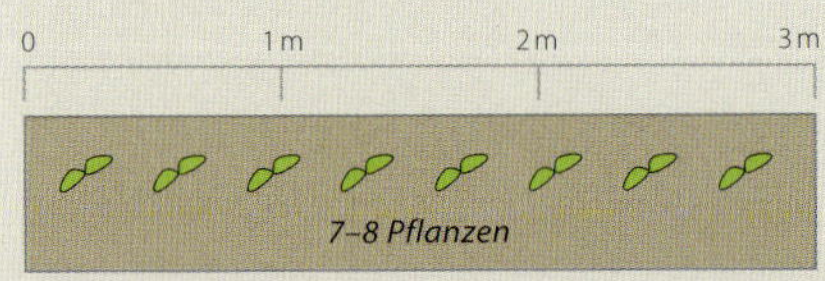

3 M LANGE REIHE
Pflanzabstand 40 cm

1 Kulturbeginn

Spargel können Sie im Frühling aus Samen heranziehen, wenn Sie viele Pflanzen wollen und gern das Heranwachsen erleben wollen. Schneller geht es, wenn Sie Jungpflanzen kaufen, entweder wurzelnackt zum Setzen ab Spätwinter oder im Topf gezogene, die Sie gut gegossen jederzeit pflanzen können.

'Gijnlim' *bringt schon früh und zuverlässig Erträge dicker, grüner Stangen.*

'Connover's Colossal' *mit hohem Ertrag und gutem Geschmack ist eine traditionelle Sorte.*

'Jersey Knight' *liefert einen ansehnlichen Ertrag dicker, aromatischer Stangen.*

'Purple Pacific' *treibt dekorative violette Stangen, die ungewöhnlich mild schmecken.*

Spargel steht 20 Jahre *am selben Platz. Bereiten Sie daher den Boden gut vor und entfernen Sie alle mehrjährigen Unkräuter.*

Eine Erdwölbung *am Grund des Pflanzgrabens fördert den Wasserabzug. Das ist auf leichten, sandigen Böden weniger entscheidend.*

2 Auspflanzen

Wurzelnackte Pflanzen werden im Frühjahr möglichst bald gesetzt. Legen Sie einen 30 cm breiten und für Grünspargel einen 10 cm tiefen Graben an, in dessen Mitte Sie eine kleine Wölbung formen. Dadurch können Sie die »Kronen« etwas oberhalb auflegen, während die Speicherwurzeln wie eine gespreizte Hand abwärts zeigen. Füllen Sie Erde in den Pflanzgraben ein, die Sie behutsam andrücken. Gießen Sie die gesetzten Pflanzen gut an.

TIPP *Vermeiden Sie beerentragende weibliche Pflanzen; ihr Ertrag ist geringer.*

3 Weiterkultur

Mulchen Sie frisch gesetzte Pflanzen mit gut verrotteter organischer Substanz wie Kompost und geben Sie ausgeglichenen Dünger. Gießen und jäten Sie im ersten Jahr gut. Die Pflanzen brauchen Zeit zum Einwachsen. Man sollte im ersten Jahr noch nicht ernten und im zweiten Jahr nur ganz sparsam.

Das fiedrige Laub *bildet im Garten einen hübschen Hintergrund. Ist der Platz begrenzt, kann Spargel im hinteren Teil einer Rabatte stehen.*

Eine Mulchauflage *aus organischer Substanz bewahrt Feuchtigkeit und Nährstoffe im Boden, zudem wird Unkraut unterdrückt.*

Schneiden Sie alle paar Tage, *um die Stangen im Idealzustand zu ernten. Sie wachsen schnell und werden rasch zäh und ungenießbar.*

4 Pflege

Eingewachsene Pflanzen brauchen eine regelmäßige Wasserversorgung, auch im Sommer nach der Erntezeit. Mulchen Sie im Herbst mit organischer Substanz, düngen Sie ausgeglichen im Frühling und nach der Ernte. Sorgen Sie bei Bedarf für Windschutz.

5 Ernte

Sind die Pflanzen nach drei Jahren eingewachsen, können Sie in jedem Frühjahr knapp drei Monate lang ernten. Schneiden Sie alle Triebe, dicke wie dünne, weil dann mehr nachwächst. Kappen Sie die Stangen knapp unter der Erde, sobald sie etwa 20 cm lang sind.

Pflanzen überwintern

Im Anschluss an die Ernte dürfen die Pflanzen ihre hohen Triebe mit dem fein zerteilten Laub austreiben. Sie sollen sich den ganzen Sommer über entwickeln, damit sie heranwachsen und sich erholen. Das Laub wird im Herbst gelb und stirbt ab. Zu diesem Zeitpunkt sollten die Triebe bodeneben abgeschnitten werden.

SCHRITT FÜR SCHRITT Artischocken

Die ebenso dekorativen wie geschmackvollen Stauden entwickeln ein ganzes Büschel von ornamentalen Blättern, bevor sie das distelähnliche Blütenköpfchen schieben. Dadurch fügen sich Artischocken in den Zier- wie in den Nutzgarten ein. Hier rangiert Qualität vor Quantität, da jede Pflanze nur wenige Blütenstände trägt. Allerdings schmeckt der Blütenboden köstlich, ebenso die verdickten Hüllblätter, wenn man sie gekocht mit Dips verzehrt.

	FRÜHLING	SOMMER	HERBST	WINTER
AUSSAAT				
ERNTE				

VOM PFLANZEN BIS ZUR ERNTE: 64–68 WOCHEN

GEEIGNET FÜR: BEETE

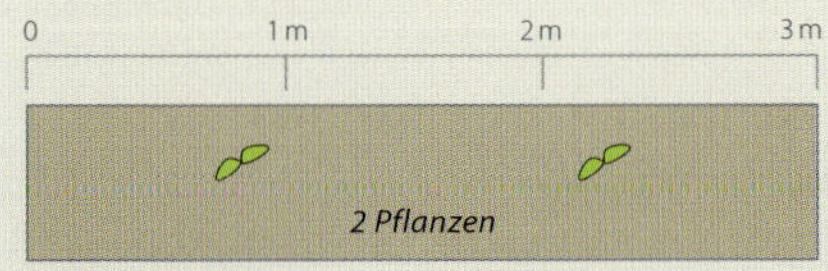

3 M LANGE REIHE
Pflanzabstand 1,5 m

1 Kulturbeginn

Artischocken kann man aus Samen ziehen oder man nimmt Ableger von vorhandenen Pflanzen ab (siehe Schritt 3). Am einfachsten kauft man Pflanzen im Topf. Doch dann steht nur eine begrenzte Auswahl an Sorten zur Verfügung. Das bedeutet: Verwerfen Sie die beiden anderen Möglichkeiten nicht.

'Gros Vert de Laon' *bringt aromatische, runde Knospen. Über Schösslinge vermehren.*

'Green Globe Improved' *trägt feste Knospen. Wüchsig und zuverlässig.*

'Purple Globe' *liefert kleine, dunkle Knospen, die sehr gut schmecken, aber auch stark variieren.*

'Concerto' *entwickelt vorzüglich schmeckende violette Köpfe und hat dornenloses Laub.*

Wollen Sie eine größere Pflanzenzahl, *säen Sie in eine Aussaatschale aus. Legen Sie die Samen im Abstand von 2 cm in 2 cm Tiefe ab.*

Sobald die Sämlinge *ihre ersten echten Blätter entwickeln, pikieren Sie und topfen nach Bedarf um. Jede Pflanze erhält ihren eigenen Topf.*

2 Aussaat

Durch die Aussaat im zeitigen bis mittleren Frühjahr erhalten Sie Pflanzen, die im zweiten Jahr tragen. Entfernen Sie im ersten Jahr alle Blütenköpfe, die sich entwickeln. Befüllen Sie einen 9-cm-Topf mit Anzuchterde, gießen Sie gut. Bohren Sie mit einem Bleistift oder Pikierstab 2 cm tiefe Löcher, legen Sie jeweils ein Samenkorn ein. Nach dem Bedecken mit Erde und dem Angießen kommt die Saat in den beheizten Vermehrungskasten.

TIPP *Mischen Sie vor dem Pflanzen gut verrotteten Mist und Dünger ein.*

3 Auspflanzen

Härten Sie aus Samen gezogene Pflanzen im Spätfrühling ab. Zu dieser Zeit können Sie auch Ableger von einer vorhandenen Pflanze abnehmen: Schneiden Sie mit einem scharfen Messer ein Stück mit Blättern und Wurzeln ab und setzen Sie es gleich an seinen Platz. Ausgepflanzt werden alle Jungpflanzen im Abstand von etwa 1,5 m.

Härten Sie Jungpflanzen ab, *indem sie für sieben bis zehn Tage tagsüber ins Freie gestellt werden, nachts kommen sie wieder ins Haus.*

Schwarze Bohnenläuse *sitzen oft in Massen an Knospen und Stängeln. Waschen Sie die Insekten von Hand ab oder stäuben Sie.*

Ernten Sie Artischocken, *solange sie noch jung und fest sind. Nach dem Schnitt der Hauptknospe treiben oft weitere Blütenköpfchen nach.*

4 Pflege

Gießen Sie in den ersten beiden Monaten gut, bis die Pflanzen eingewachsen sind, damit sie ein kräftiges Wurzelsystem entwickeln. Später vertragen Artischocken Trockenheit, gleichmäßige Wassergaben fördern die Knospenbildung. Entfernen Sie alles Unkraut.

5 Ernte

Die größte Knospe entwickelt sich an der Spitze des Stängels, kleinere erscheinen oft später an Seitentrieben. Schneiden Sie Artischocken, wenn sie groß genug sind, bevor sich die Hüllblätter öffnen und die lila Blüten erscheinen.

Pflanzen überwintern

Schneiden Sie die Stängel nach der Ernte bodeneben zurück. Die Pflanzen sind mäßig winterhart und können in strengen Wintern erfrieren, besonders wenn der Boden nass ist. Breiten Sie zum Schutz über den abgeschnittenen Stängeln eine dicke Mulchschicht aus Farnblättern, Rinde oder Stroh aus.

SCHRITT FÜR SCHRITT Topinambur

Die Verwandte der Sonnenblume mit ihren leuchtend gelben Blütenköpfchen baut sich hoch über dem anderen Gemüse auf. Die köstlichen knorrigen Knollen erntet man im Herbst, im Geschäft zahlt man gewöhnlich dafür hohe Preise. Der Anbau von Topinambur ist sehr einfach, in einer Vegetationsperiode entwickelt sich ein ansehnlicher Horst. Legen Sie eine Barriere an, denn die Kultur kann wuchern. Topinambur eignet sich für größere Gärten.

	FRÜHLING	SOMMER	HERBST	WINTER
PFLANZEN				
ERNTE				

VOM PFLANZEN BIS ZUR ERNTE: 30–36 WOCHEN

GEEIGNET FÜR: BEETE

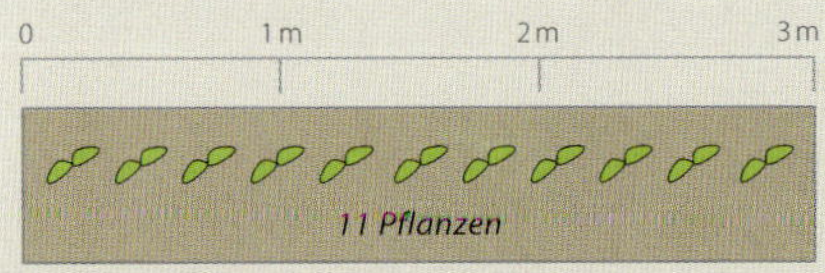

3 M LANGE REIHE
Pflanzen in 30 cm Abstand im Verband

1 Knollen setzen

Gesetzt werden die blanken Knollen, die man entweder im Samenhandel erwirbt oder im Supermarkt kauft, falls Sie nicht auf eine benamte Sorte Wert legen. Richten Sie das Beet vor der Pflanzung im zeitigen Frühling her, indem Sie lockern und Unkraut entfernen. Legen Sie die Knollen 10 cm tief in 30 cm Abstand. Große Knollen können Sie in zwei oder drei Stücke zerteilen, doch jedes muss ein Auge aufweisen. Gießen Sie gut an.

Setzen Sie die Knollen einzeln in ein Loch. *Der angeschwollene und ein wenig zugespitzte Wachstumspunkt muss nach oben schauen.*

Die Knollen können Sie im Topf antreiben, *falls Sie nassen Boden haben, der sich im Frühling schlecht bearbeiten lässt. Die Töpfe stehen im Freien.*

Der Neuaustrieb wächst schnell, *doch sollten Sie zum Schutz Schneckenkorn streuen. Ältere Triebe sind weniger gefährdet.*

Mit der Zeit bilden die Pflanze dichte Horste. *Sie stehen mit anderen Kulturen in Konkurrenz um Wasser. Gießen Sie, bis die Höhe von 3 m erreicht ist.*

2 Pflege

Der Neuaustrieb erscheint nach ein paar Wochen. Sobald die Triebe 20–30 cm hoch sind, häufeln Sie rund um die Pflanzen zum Stützen der wachsenden Stängel an. Gießen Sie gut, besonders in trockenen Perioden, sonst werden die Knollen extrem knorrig und klein. Bedecken Sie leichten Boden mit einer dicken Mulchschicht. Jäten Sie junge Pflanzen, später unterdrückt der starke Wuchs die meisten Nachbarn.

TIPP *In windexponierten Lagen kann Topinambur als Windschutz dienen.*

3 Stützen

Die Stängel sind kräftig, doch wenn sie ihre volle Höhe erreichen, kann eine Stütze notwendig werden. Stecken Sie etwa 1,8 m lange Stangen an die Ränder des Horstes oder des Beetes und binden Sie eine Schnur rundherum, sodass sich ein elastischer Rahmen ergibt. Schneiden Sie alle vom Wind geknickten Triebe zurück.

Größere Horste halten Stand bei Wind, *doch empfiehlt sich eine vorbeugende Stütze. Beschädigte Pflanzen bringen Knollen, allerdings weniger.*

Die Blütenköpfchen sehen hübsch aus. *An einem einsehbaren Platz sollten Sie auf Kosten der Erntemenge einigen das Aufblühen erlauben.*

Nach dem Rückschnitt *dienen die Stängel als Markierung dafür, wo Sie während der Wintermonate nach Knollen graben können.*

4 Blumen entfernen

Schneiden Sie im Spätsommer die Stängel auf 1,5 m Höhe zurück, damit sie nicht im Wind schwanken und die Knollen lockern. Zur gleichen Zeit steigern Sie den Ertrag, indem Sie die Blütenköpfchen entfernen, die sonst Energie abziehen.

5 Rückschnitt

Wenn im Herbst die Blätter langsam gelb werden, lagern die Pflanzen Nährstoffe zurück in die Knollen. Dies zeigt an, dass die Erntereife fast erreicht ist. Mit Beginn der Herbstverfärbung oder des Laubfalls schneiden Sie die Stängel auf 30 cm Länge zurück.

6 Ernte

Die Knollen ernten Sie je nach Bedarf. Durch die relativ dünne Schale sind sie nicht so gut lagerfähig. Am besten bleiben sie im Boden, man holt sie, wenn man sie braucht. Jede Knolle, die in der Erde bleibt, treibt im folgenden Jahr wieder aus. Wenn Sie daher eine andere Kultur auf der Fläche anbauen wollen, müssen Sie gründlich umgraben, um wirklich alle Knollen bis zum Winterende zu entfernen.

Holen Sie die Knollen im Winter frisch. *Sie schmecken nach Frosteinwirkung besser.*

SCHRITT FÜR SCHRITT Rhabarber

Weil Rhabarber in Süßspeisen Verwendung findet, halten ihn viele für ein Obst, doch tatsächlich handelt es sich um ein überaus einfach zu kultivierendes Gemüse. Die riesigen Blätter übernehmen eine ornamentale Rolle im Ziergarten, doch die rosa Stängel bilden das Wesentliche. Jung und zart geerntet, lassen sie sich verwenden in Marmeladen, Kuchen, Kompott und Chutneys. Mit Zucker und ein wenig Ingwer entsteht ein himmlischer Geschmack.

	FRÜHLING	SOMMER	HERBST	WINTER
PFLANZEN				
ERNTE				

VOM PFLANZEN BIS ZUR ERNTE: 16–25 MONATE

GEEIGNET FÜR: BEETE

3 M LANGE REIHE
Pflanzabstand mindestens 1 m

1 Kulturbeginn

Am besten kauft man junge Pflanzen, die man weiterkultiviert. Eine Anzucht aus Samen ist möglich, doch die Pflanzen werden sehr groß, und wenige Leute wollen mehr als eine. Wurzelnackte Pflanzen erhält man zur Pflanzzeit. Jungpflanzen aus Töpfen kann man ganzjährig setzen, vorausgesetzt, man gießt gut.

'Champagne' *hat lange, rot überzogene Stängel, mit süßlichem, beißendem Geschmack.*

'Timperley Early' *entwickelt früh dicke, rote, saftige Stängel. Gut für die Treiberei.*

'Victoria' *liefert eine spätere, süßere Ernte. Empfehlenswert für kühlere Regionen.*

'Cawood Delight' *lässt einen niedrigeren Ertrag farbiger, aromatischer Stängel erwarten.*

Im Topf angezogene Pflanzen *setzen Sie so tief, wie sie im Topf standen, bei wurzelnackten liegt der Wachstumspunkt auf Bodenniveau.*

Wurzelnackte Pflanze *reagieren besonders empfindlich auf Trockenheit, sogar im Herbst und Frühling. Gießen Sie und mulchen Sie vorbeugend.*

2 Pflanzen

Bereiten Sie den Boden vor, indem Sie reichlich gut verrottete organische Substanz wie Kompost oder Stallmist einbringen. Besonders wichtig ist das auf leichten Böden. Entfernen Sie alle ausdauernden Unkräuter (siehe S. 236). Graben Sie ein Pflanzloch, das groß genug ist, setzen Sie die Pflanze ein, die Sie leicht andrücken und angießen. Im ersten Jahr, bis sie eingewachsen sind, sollten Sie die Pflanzen gut wässern und regelmäßig jäten.

TIPP *Rhabarber kommt mit leichtem Schatten zurecht. Nutzen Sie solche Plätze.*

3 Pflege

Mulchen Sie die Pflanzen im Frühling mit gut verrotteter organischer Substanz, doch halten Sie die Pflanzenmitte frei, sonst kann es zu Fäulnis kommen. Ältere, sich erschöpfende Pflanzen können Sie im Herbst teilen, um gesunden Neuaustrieb anzuregen. Pflanzen Sie nur ein oder zwei kräftige äußere Sprosse wieder ein.

Ein Mulch aus Stroh *hält die Feuchtigkeit im Boden. Zudem bleiben die Stängel sauber, weil keine Erde mehr hochspritzt.*

Angetriebene Stängel *sind unter dem übergestülpten Topf gebleicht. Treiben Sie nur die ersten Stängel an, die späteren wachsen normal.*

Ernten Sie die Stängel jung und zart, *tragen Sie dabei Handschuhe, denn die Blätter sind giftig. Verarbeiten Sie ausschließlich die Stängel.*

4 Treiberei

Für eine frühere Ernte können Sie Rhabarber antreiben, indem Sie einen Bleichtopf oder einen Eimer vor dem Austrieb über die Pflanze stülpen. Die Stängel entwickeln sich im Dunkeln süß und zart. Nach zweiwöchiger Ernte entfernen Sie den Bleichtopf.

5 Ernte

Frisch gesetzte Pflanzen können Sie nach einem Jahr beernten. Gleiten Sie mit Finger oder Daumen bis zur Basis und drehen Sie die Stängel vorsichtig ab. Ernten Sie bis Ende Juni, denn später steigt der Oxalsäuregehalt an, die Stängel werden zäh und faserig.

Weiterkultur

Nach der Ernte müssen sich die Pflanzen erholen, sie sollen im Sommer wachsen. Schneiden Sie sich entwickelnde Blütenstände und vergilbende Blätter aus. Im Herbst schneiden Sie die Pflanzen bis zum Grund zurück, mulchen Sie mit organischer Substanz. Das giftige Kraut lässt sich dennoch kompostieren.

Küchenkräuter

Der Anbau von frischen Kräutern kann hohen Ertrag abwerfen, sogar auf kleiner Fläche ist eine fortlaufende Versorgung mit Blättern oder Stängeln möglich, die das eigene Obst und Gemüse mit ihrem Aroma bereichern. Wählen Sie eine große Bandbreite, egal, ob Sie in Beeten, Hängekörben oder Töpfen kultivieren, und experimentieren Sie mit Geschmackskombinationen. Pfefferminze ist ein klassischer Begleiter von neuen Kartoffeln und Erbsen, sie schmeckt fantastisch auch zu Dicken Bohnen und Erdbeeren. Einjährige und ausdauernde Kräuter liefern im Sommer wertvolle Blätter, doch berücksichtigen Sie auch immergrüne Arten wie Lorbeer und Rosmarin, die Sie im Winter beernten können.

SCHRITT FÜR SCHRITT Einjährige Kräuter

Die Anzucht von Kräutern aus Samen lohnt sich. Sie gelingt leicht und Sie erhalten frische, aufregende Aromen für die Küche. Weil man sie neben und zwischen anderen Kulturen oder in Töpfen ziehen kann und sie kein eigenes Beet brauchen, werfen Kräuter einen hohen Ertrag ab. Kulturen wie Basilikum, Dill, Koriander und Petersilie (die man einjährig zieht) sind ideal für die Haltung in Töpfen. Der gute Wasserabzug kommt ihren Bedürfnissen entgegen.

	FRÜHLING	SOMMER	HERBST	WINTER
AUSSAAT				
ERNTE				

VON DER AUSSAAT BIS ZUR ERNTE: 6–10 WOCHEN

GEEIGNET FÜR: BEETE, PFLANZGEFÄSSE UND ERDSÄCKE – IM HAUS WIE IM FREIEN

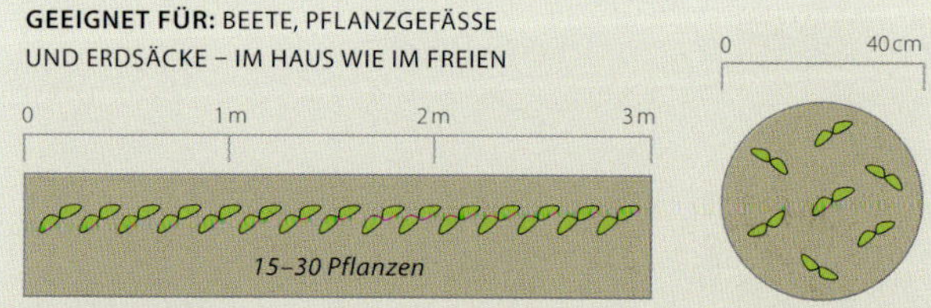

3 M LANGE REIHE
Pflanzabstand 10–20 cm

TOPF
je 5–7 Pflanzen

1 Kulturbeginn

Einjährige Kräuter wollen im Allgemeinen nährstoffreichen, gut dränierten Boden. Arbeiten Sie daher vor der Pflanzung in gewachsenen Boden etwas organische Substanz und Grobsand ein. Stellen Sie Töpfe und Balkonkästen an einen warmen, sonnigen Platz nahe der Küche für einen schnellen Zugriff.

Basilikum *schmeckt perfekt zu Tomaten oder in Pesto. Es gibt auch rötliche Auslesen.*

Petersilie *hat glatte oder krause Blätter. Das Würzkraut dient oft auch zum Garnieren.*

Dill *trägt gefiederte Blätter mit herrlich mildem, anisartigem Aroma. Gut zum Garnieren.*

Koriander *bringt Blätter und Samen mit charakteristischem Geschmack.*

Säen Sie im Haus *ab dem zeitigen Frühjahr, doch vergewissern Sie sich auf den Päckchen über die richtige Saatzeit.*

Die Sämlinge pikieren Sie *auf 5 cm Abstand, damit ihnen mehr Platz für die Entwicklung zur Verfügung steht.*

Sobald die Jungpflanzen *15 cm hoch sind, beginnt das Abhärten. Pflanzen Sie in Beete, Töpfe, Kästen oder Hängekörbe.*

2 Aussaat im Haus

Befüllen Sie Töpfe oder Saatschalen mit Aussaaterde, gießen Sie gut. Säen Sie dünn aus und bedecken Sie die Saat 5 mm hoch mit Substrat, gießen Sie leicht an und platzieren Sie das Gefäß im Vermehrungskasten. Die Sämlinge werden vereinzelt oder pikiert. Größere Pflänzchen lösen Sie aus und bilden Gruppen aus drei oder vier Sämlingen, die Sie in größere Töpfe setzen. Gießen Sie gut und setzen Sie die Kultur im Haus fort.

TIPP *Pinzieren Sie die Triebspitzen regelmäßig, damit die Kräuter später blühen.*

3 Aussaat im Freien

Sie können auch direkt an Ort und Stelle säen. Wählen Sie einen wasserdurchlässigen, sonnigen Platz, lockern Sie den Boden und entfernen Sie alles Unkraut. Rechen Sie eben und ziehen Sie 1 cm tiefe Rillen, die Sie gießen. Säen Sie dünn aus. Bedecken Sie die Saat mit Erde, die Sie leicht andrücken, gießen Sie an.

Ab Frühling können Sie direkt *aufs Beet säen, doch beachten Sie die auf dem Päckchen angegebene Aussaatzeit, die je nach Kraut variieren kann.*

Sobald die Sämlinge erscheinen, *dünnen Sie, abhängig von der ausgesäten Art, vorsichtig auf 10–20 cm Abstand aus.*

Eine gute Versorgung mit Wasser *sorgt für eine schnelle Entwicklung von zartem Kraut für die Küche. Sie verzögert auch die Blüte.*

Jäten Sie sorgfältig, *um die Konkurrenz um Nährstoffe, Licht und Wasser zu senken. Ziehen Sie die noch jungen Unkräuter von Hand heraus.*

4 Gießen

Gießen Sie Kräuter gut, besonders jene in Töpfen, die schneller als Pflanzen im Grundbeet austrocknen. Einjährige Kräuter kommen in der Regel ohne zusätzliche Düngung aus. Fangen allerdings die Blätter an, etwas gelblich zu wirken, verabreichen Sie eine Dosis Düngerlösung.

5 Pflege

Jäten Sie regelmäßig. Basilikum bildet einen einzelnen Stängel, der sich später verzweigt. Unterstützen Sie diese Entwicklung, indem Sie die Triebspitzen auszwicken (pinzieren). Petersilie, Koriander und Dill bilden von Natur aus eine Blattrosette. Streuen Sie zum Schutz etwas Schneckenkorn.

6 Ernte

Sobald sie groß genug sind, können Sie Blätter ernten. Doch sollten Sie nicht zu viel entnehmen, immer nur wenige Blätter von einer Pflanze, sonst wird das Wachstum beeinträchtigt. Kräuter wie Basilikum und Koriander wachsen besonders schnell. Dadurch ermöglichen Ihnen zwei oder drei Aussaaten zwischen Frühling und Sommer eine fortlaufende Versorgung mit frischen, zarten Blättern.

Schneiden Sie Kräuter nach Bedarf ab. *Die Pflanzen treiben danach wieder aus.*

SCHRITT FÜR SCHRITT Mehrjährige Kräuter

Die ausdauernden Kräuter variieren von der kriechenden Pflanze bis zum großen Strauch. Man kann sie im Garten verteilt pflanzen oder ihnen ein eigenes Beet widmen. Die meisten gedeihen auch in Töpfen, dadurch kann man sie in guter Erreichbarkeit zur Küche halten. Immergrüne wie Rosmarin, Salbei und Thymian sind wertvolle Küchenkräuter, die das ganze Jahr über zur Verfügung stehen. Wenn Sie genug ziehen, werden Sie ständig versorgt.

	FRÜHLING	SOMMER	HERBST	WINTER
AUSS./PFL.				
ERNTE				

VOM PFLANZEN BIS ZUR ERNTE: 4–16 WOCHEN

GEEIGNET FÜR: BEETE UND PFLANZGEFÄSSE

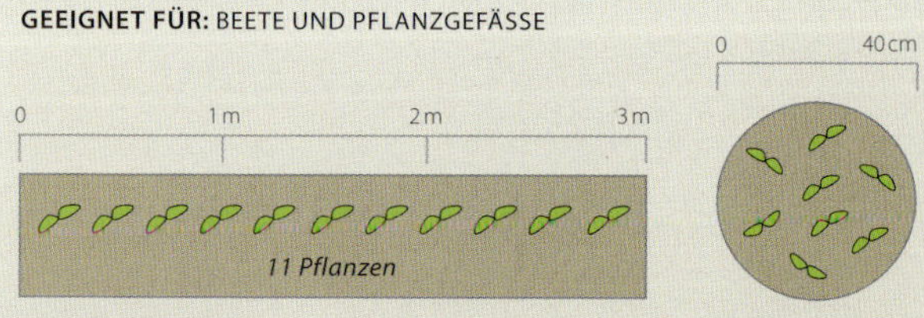

3 M LANGE REIHE
Pflanzabstand 30 cm

TOPF
je 3–8 Pflanzen

1 Anzucht

Mehrjährige Kräuter werden überall zum Kauf angeboten, doch wenn Sie mehrere Pflanzen wollen, können Sie leicht selbst vermehren. Für viele Pflanzen säen Sie in Töpfe oder Saatschalen gemäß den Vorgaben auf der Packung aus. (Einmal angesiedelt, säen sich Gewürzfenchel und Schnittlauch selbst aus.) Kräuter mit kriechendem Wuchs lassen sich in der Regel leicht aus Risslingen vermehren, die oft schon Wurzeln entwickelt haben. Horste von Pfefferminze können Sie teilen.

Die Aussaat *bietet sich an, wenn Sie vom selben Kraut viele Pflanzen wünschen.*

Bewurzelte Triebe *stellen eine einfache und schnelle Möglichkeit zur Vermehrung dar.*

Neu gekaufte Pflanzen *sind oft groß genug, dass man sie noch einmal teilen kann.*

Kräutertöpfe *nehmen eine Mischung von Pflanzen auf. Bestücken Sie zuerst die Seiten.*

Kombinieren Sie Pflanzen *mit aufrechtem und kriechendem Wuchs, um den Platz zu nutzen.*

Füllen Sie Erde *bis 5 cm unterhalb des Topfrandes ein, um leichter gießen zu können.*

2 Topf mit Kräutern

Die meisten mehrjährigen Kräuter gedeihen gut in Töpfen, mehrere kleine Pflanzen können Sie in einem Gefäß kultivieren. Viele Kräuter stammen aus dem Mittelmeerraum, sie brauchen einen guten Wasserabzug. Mischen Sie daher zur Hälfte Grobsand unter ein erdiges Substrat. Stellen Sie den Topf an einen sonnigen Platz, gießen Sie gut, düngen Sie sparsam.

TIPP *Ausdauernde Kräuter sind in kühlen, feuchten Regionen oft kurzlebig.*

3 Beet mit Kräutern

Die meisten Kräuter wollen einen guten Wasserabzug, mischen Sie daher unter schweren Boden Grobsand, wählen Sie einen sonnigen Platz. Düngung ist kaum erforderlich, Zugaben von Kompost oder Dünger würden nur zu schwachem Wuchs führen. Pfefferminze kann wuchern, daher senkt man sie besser in großen Töpfen in die Erde ein.

Pflanzlöcher *müssen tief genug sein, damit die Kräuter in derselben Höhe wie im Topf stehen.*

Ziehen Sie die Wurzeln *nach außen, weg von Ballen, damit sie in die Erde einwachsen.*

Gießen Sie gut *bis zum völligen Einwachsen. Pinzieren fördert einen buschigen Wuchs.*

Gießen Sie junge Pflanzen gut. *Eingewachsen zeigen sich Kräuter wie Salbei, Rosmarin und Majoran relativ trockenheitsverträglich.*

Schneiden Sie Blätter und Triebe *mit einer Schere oder einem scharfen Messer. Regelmäßige Ernte regt frischen Neuaustrieb an.*

4 Pflege

Einmal eingewachsen, brauchen die meisten Kräuter kaum Pflege. Höhere Pflanzen sollten Sie stäben, um niedrige Kräuter jäten, damit sie nicht ersticken. Schneiden Sie Pfefferminze und Majoran im Sommer zurück, um den Neuaustrieb zu fördern. Entfernen Sie die Blüten, sonst wird das Kraut hart.

5 Ernte

Von eingewachsenen mehrjährigen Kräutern ernten Sie nach Bedarf. Zwicken Sie bei Pfefferminze, Thymian, Salbei, Rosmarin und Majoran die Triebspitzen aus. Dadurch erhalten Sie zarteste Blätter und die Pflanzen wachsen buschiger. Schnittlauch schneiden Sie, wenn Sie ihn brauchen.

Kräuter trocknen

Für eine Verwendung im Winter können Sie mehrjährige Kräuter trocknen. Schneiden und bündeln Sie im Sommer Stängel, die Sie an einem warmen, trockenen, luftigen Ort aufhängen. Kürzere Triebe von Thymian oder Majoran können Sie auf Rosten für 24–48 Stunden trocknen und danach verschlossen aufbewahren.

Mehrjährige Kräuter

1 Petersilie Die Blätter des beliebten und wertvollen Krautes passen hervorragend in eine ganze Bandbreite von Gerichten. Krause Petersilie (im Bild) schmeckt milder als Glatte Petersilie. Die zweijährige Pflanze blüht im zweiten Jahr. Säen Sie jedes Jahr im Frühling, damit Sie immer Nachschub haben.

2 Gewürzfenchel Lassen Sie sich von Gemüsefenchel (siehe S. 172–173) nicht verwirren, fast jedes Teil der Pflanze lässt sich in der Küche verwenden. Fenchel wirkt ungemein dekorativ und fügt sich auch in eine Zierrabatte ein.

3 Schnittlauch Wenn es Ihnen an Platz fehlt, können Sie das attraktive Kraut auch in Töpfen ziehen. Schnittlauch hat einen milden, zwiebelähnlichen Geschmack. Blätter und Blüten bereichern eine große Palette an Gerichten.

4 Rosmarin Der überaus dekorative und vielseitige Strauch gehört in jeden Garten. Die aromatischen Blätter passen hervorragend in Schmortöpfe, besonders mit Lammfleisch. Rosmarin braucht einen sonnigen Platz und gut dränierten Boden, um zu gedeihen. Es kann sich als kurzlebig erweisen.

5 Thymian Von diesem wichtigen Küchenkraut gibt es aufrechte und kriechende Formen, die aufrechten lassen sich leichter beernten. Die geschmacksintensiven Blätter passen zu den verschiedensten Gerichten, etwa in Eintöpfe.

6 Salbei Von diesem Halbstrauch kennt man verschiedene Sorten, auch solche mit violetten oder panaschierten Blättern. Salbei lässt sich in der Küche vielseitig einsetzen. Die Kultur ist an einem sonnigen Platz und in durchlässigem Boden einfach.

7 Majoran Die kriechende Verwandte des Oregano erweist sich als vielseitiges Küchenkraut. Die würzigen Blätter werden in der Mittelmeerküche häufig verwendet. Der Geschmack entwickelt sich an sonnigen Plätzen am intensivsten.

8 Pfefferminze Das wüchsige, aufrechte Kraut neigt zum Wuchern, wenn es im Beet wächst. Am besten senkt man es daher in großen Töpfen in die Erde ein. Es gibt zahlreiche Formen, die alle in feuchtem Boden gut gedeihen.

9 Lorbeer Verbreitet sind die Hochstämmchen oder Formschnittgehölze, die einen Garten merklich bereichern. Die Blätter des immergrünen Gehölzes würzen viele Gerichte. Lorbeer kann groß werden, schneiden Sie ihn daher öfter.

1

2

3

6

4
5
7
8
9

Anbauplanung Gemüse

Mithilfe dieser Tabelle können Sie die Aussaat und die Ernte Ihrer Gemüsekulturen planen. Die Termine variieren ein bisschen je nach Region, Abweichungen können für Ihren Standort zutreffen. Säen Sie bevorzugt im Haus aus, um Spätfröste zu umgehen.

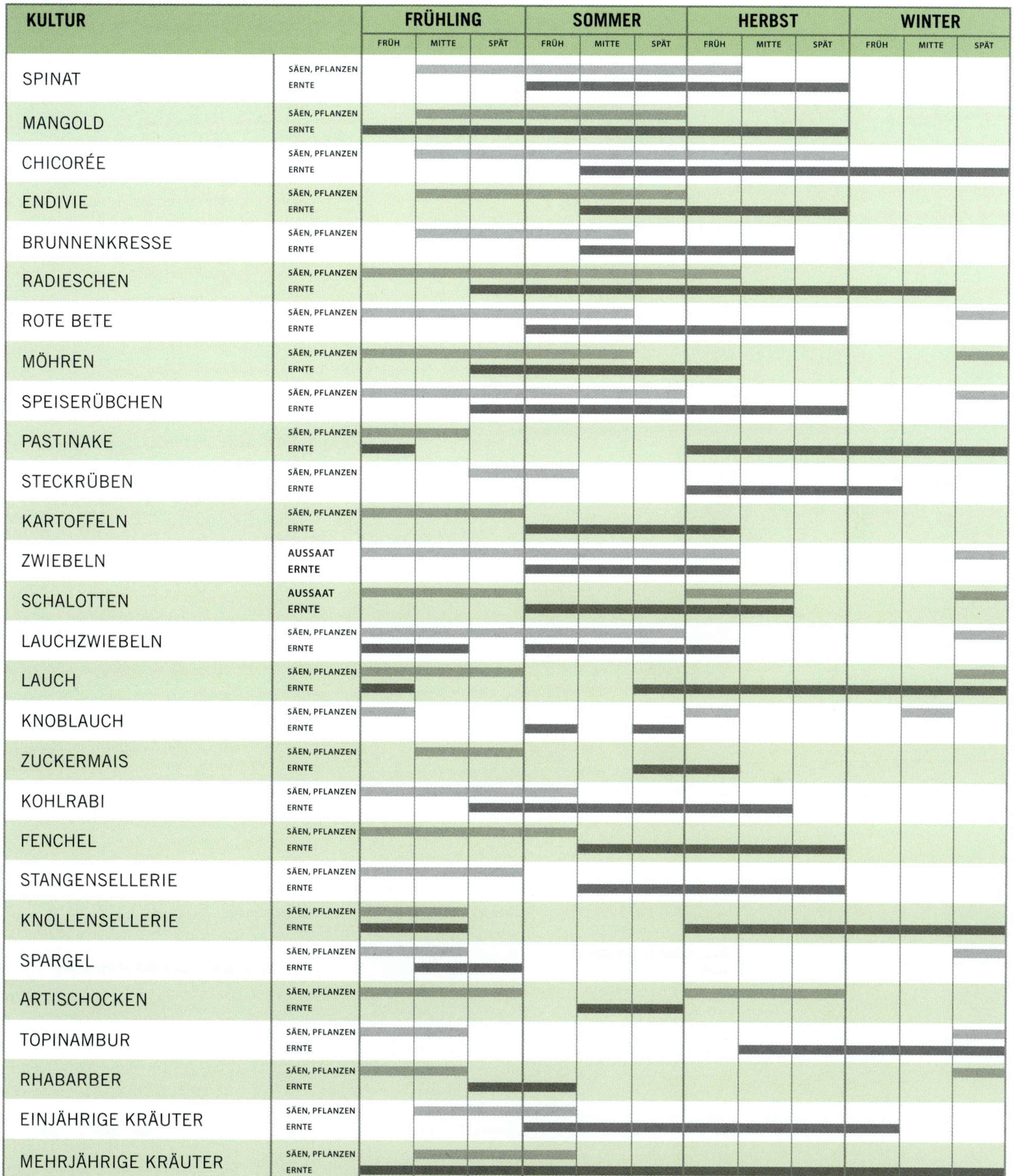
KULTUR
FRÜHLING
SOMMER
HERBST
WINTER
FRÜH
MITTE
SPÄT
SPINAT
MANGOLD
CHICORÉE
ENDIVIE
BRUNNENKRESSE
RADIESCHEN
ROTE BETE
MÖHREN
SPEISERÜBCHEN
PASTINAKE
STECKRÜBEN
KARTOFFELN
ZWIEBELN
SCHALOTTEN
LAUCHZWIEBELN
LAUCH
KNOBLAUCH
ZUCKERMAIS
KOHLRABI
FENCHEL
STANGENSELLERIE
KNOLLENSELLERIE
SPARGEL
ARTISCHOCKEN
TOPINAMBUR
RHABARBER
EINJÄHRIGE KRÄUTER
MEHRJÄHRIGE KRÄUTER
SÄEN, PFLANZEN
AUSSAAT
ERNTE

EIGENER ANBAU VON Obst

SCHRITT FÜR SCHRITT Erdbeeren

Zu Recht ist die fruchttragende Staude so beliebt, denn sie liefert vom Spätfrühling bis in den Herbst hinein süße Beeren. Erdbeeren gedeihen gut in Töpfen und Erdsäcken, dadurch eignen sie sich hervorragend für kleine Flächen. Außerdem gelingt ihre Vermehrung über Ausläufer bzw. Tochterpflanzen leicht. Man kann Erdbeeren auch im Haus ziehen und außerhalb der Saison ernten. Die Früchte schmecken auf alle Fälle köstlich.

	FRÜHLING	SOMMER	HERBST	WINTER
PFLANZEN				
ERNTE				

VON DER BLÜTE BIS ZUR ERNTE: 2–4 WOCHEN

GEEIGNET FÜR: BEETE, PFLANZGEFÄSSE UND ERDSÄCKE

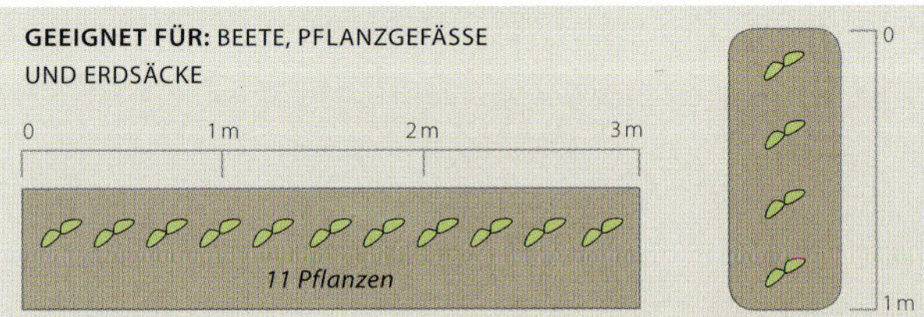

3 M LANGE REIHE
Pflanzabstand 30 cm, Reihenabstand 45 cm

ERDSACK
je 5 Pflanzen

1 Kulturbeginn

Zwei verschiedene Typen sind zu unterscheiden: Einmaltragende Erdbeersorten, die zwischen Früh- und Hochsommer fruchten, schmecken am besten. »Monatserdbeeren« bringen eine Haupternte im Sommer, gefolgt von kleineren Ernteschüben, bis die ersten Fröste auftreten.

'Pegasus', *eine einmaltragende Sorte, entwickelt viele große, süße, glänzende Beeren.*

'Symphony' *trägt einmal und relativ spät. Die Sorte bringt hohe Erträge.*

'Korona' *Die einmaltragende Sorte ist leicht in der Kultur. Sie bringt riesige, fleischige Beeren.*

'Flamenco' *Die Monatserdbeere trägt reich vom Hochsommer bis zum Herbst.*

Bei wurzelnackten Pflanzen *breiten Sie die Wurzeln aus und arbeiten dazwischen Erde ein. Der Wachstumspunkt sitzt an der Oberfläche.*

Das Pflanzen durch eine Folie hindurch *unterdrückt das Aufkommen von Unkraut und hält Feuchtigkeit im Boden. Die Früchte bleiben sauber.*

2 Auspflanzen

Erdbeerpflanzen sind wurzelnackt oder in Töpfen erhältlich. Man kann im Frühling pflanzen, doch bei einer Pflanzung im Sommer haben sie mehr Zeit zum Anwachsen, tragen im folgenden Jahr gut. Wählen Sie einen sonnigen, geschützten Platz. Wenn Sie direkt in die Erde pflanzen, rechen Sie alles Unkraut weg. Pflanzen Sie im Abstand von 30 cm, mit einem Reihenabstand von 45 cm. In Erdsäcken setzen Sie die Pflanzen 20 cm weit auseinander, in Töpfen 10 cm weit.

TIPP *Verwenden Sie für Pflanzgefäße und Hängekörbe ein Substrat mit Tonanteil.*

3 Mulchen

Wenn die Pflanzen auf dem Beet zu blühen beginnen, breiten Sie Streu oder Heu rundherum aus, damit die sich entwickelnden Früchte keinen Kontakt zum Boden haben. Dadurch bleiben sie sauber, die gute Luftzufuhr schützt vor Schimmel. Als Alternative können Sie einen Kragen aus Kunststofffolie oder Kunststoffgewebe anbringen.

Mit Stroh hat man traditionell *Erdbeeren vom Boden weggehalten. Man erhält es leicht und günstig. Nach der Ernte kann man es kompostieren.*

Vorgefertigte, wiederverwendbare Krägen *sind ideal, wenn Sie nur ein paar Pflanzen haben. Man kann sie auch leicht selbst herstellen.*

Halten Sie Vogelschutznetze *mit Stäben auf Abstand, sonst wachsen die Pflanzen hindurch, und die Früchte werden leicht angeknabbert.*

Pflücken Sie, *wenn die Frucht voll ausgefärbt ist, sich aber noch fest anfühlt. Lassen Sie den Kelch noch dran, um Fäulnis zu vermeiden.*

4 Früchte schützen

Sobald die Früchte rot werden, machen sich Vögel darüber her. Breiten Sie Vogelschutznetz über den Reihen aus oder bauen Sie kleine Käfige über einzelnen Pflanzen. Prüfen Sie das Netz regelmäßig und halten Sie es gespannt, damit sich keine Vögel darin verfangen. Streuen Sie Schneckenkorn.

5 Ernte

Pflücken Sie einzelne Beeren, wenn sie komplett rot gefärbt sind. Zwicken Sie die Beere am Stiel ab. Ziehen Sie lieber nicht die Frucht ab, die Bruchstelle fault sonst leicht. Erdbeeren bleiben an einem kühlen Platz für einige Tage frisch. Gekocht oder roh kann man die Früchte gut einfrieren.

6 Ableger gewinnen

Nachdem sie getragen haben, entwickeln einmaltragende Sorten Ausläufer, an deren Ende sich Ableger entwickeln, aus denen man Pflanzen nachziehen kann. Senken Sie kleine, mit Substrat gefüllte Töpfe ein, um die Ableger hineinzusetzen. Gießen Sie reichlich bis zum Herbst, damit sie gut einwurzeln. Kappen Sie dann den Ausläufer.

Verankern Sie den Ableger *mit einem gebogenen Stück dicken Drahts.*

SCHRITT FÜR SCHRITT Himbeeren

Es kann gut sein, dass Sie glauben, Himbeeren bräuchten viel Platz. In den Gärten sehen Sie in aller Regel ausgedehnte Reihen von Ruten. Gewöhnlich liefern diese dann viel mehr Früchte, als man verbrauchen kann. Eine kleinere Anbaufläche entspricht eher dem persönlichen Bedarf. Unterschieden werden sommer- oder herbsttragende Sorten. Damit können Sie vom Frühsommer bis zur Herbstmitte süße, aromatische Beeren genießen.

	FRÜHLING	SOMMER	HERBST	WINTER
PFLANZEN				
ERNTE				

VON DER BLÜTE BIS ZUR ERNTE: 6–8 WOCHEN

GEEIGNET FÜR: BEETE UND PFLANZGEFÄSSE

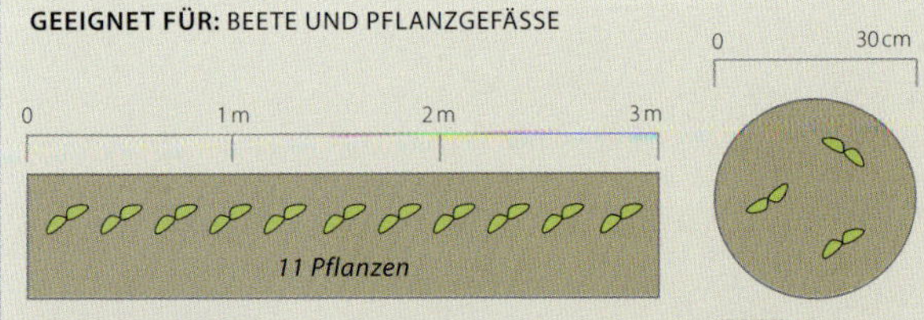

3 M LANGE REIHE
Pflanzabstand 30 cm, Reihenabstand 1 m

TOPF
je 3 Pflanzen

1 Kulturbeginn

Sommertragende Himbeeren fruchten ab Frühsommer, Herbst-Himbeeren bis Herbstmitte. Wenn Sie beide pflanzen, können Sie möglichst lange ernten. Sommertragende Sorten werden von horizontal gespannten Drähten, 40 und 80 cm über dem Boden, gestützt. Herbst-Himbeeren können frei wachsen.

'Joan J' *trägt im Herbst und hat keine Stacheln. Die kompakte Sorte eignet sich für Töpfe.*

'Cascade Delight' *entwickelt im Sommer viele große, aromareiche Beeren.*

'Tulameen' *fruchtet im Sommer über mehrere Wochen. Die Sorte gedeiht in kühlen Lagen.*

'All Gold' *liefert im Herbst geschmackvolle Früchte, die Ihre Finger nicht rot färben.*

Pflanzen Sie Ruten *in gleichmäßigem Abstand in Reihen, sommertragende Sorten brauchen eine Stütze. Gießen Sie an und mulchen Sie.*

Neue Triebe erscheinen im Frühling, *nachdem alte Ruten bis zum Grund zurückgeschnitten wurden. Dadurch entwickelt sich der Neuaustrieb besser.*

2 Pflanzung

Containerware können Sie am besten im angewärmten Boden im Frühjahr und auch Sommer pflanzen, sonst kommen Herbst und Spätwinter infrage. Meist erhält man wurzelnackte Ware oder Pflanzen, die dem Boden entnommen, gebündelt und in Substrat eingebettet wurden. Himbeeren bevorzugen humosen, gut durchlässigen Boden und Sonne, sie vertragen ein wenig Schatten. Mischen Sie dem Boden vor dem Pflanzen verrottete organische Substanz unter.

TIPP *Setzen Sie Ruten genauso tief ein, wie sie zuvor standen.*

3 Pflege

Gießen Sie im Sommer gut und düngen Sie mit Beerendünger. Mulchen Sie bis nahe an die Ruten mit kompostierter organischer Substanz, um die Feuchtigkeit im Boden zu halten. Wenn die Fruchtreife einsetzt, schützen Sie die Beeren vor Vögeln. Spannen Sie ein Netz über Stäbe. Halten Sie es straff, damit sich Vögel nicht darin verfangen.

Gießen Sie die Pflanzen im Sommer *ein- oder zweimal pro Woche oder sogar täglich auf leichten Böden. Vermeiden Sie Wasserspritzer auf die Triebe.*

Vögel vernaschen *sommertragende Himbeeren rasch. Herbst-Himbeeren sind weniger gefährdet, daher kann man sie ohne Schutz kultivieren.*

Fassen Sie die Früchte *beim Pflücken vorsichtig an, sie nehmen leicht Schaden. Gequetschte Beeren verderben schnell, verzehren Sie sie rasch.*

Binden Sie neue Triebe *nach dem Schnitt im Sommer an horizontal gespannte Drähte. Sie werden im nächsten Jahr Früchte tragen.*

4 Ernte

Die Beeren sind reif, sobald sie rundum rot oder gelb – je nach Sorte – sind und sich leicht vom Zapfen in der Mitte abstreifen lassen. Pflücken Sie möglichst nicht an Regentagen, denn nasse Früchte halten sich nicht gut. Kontrollieren Sie täglich, um den besten Erntezeitpunkt zu erwischen.

5 Sommerschnitt

Bei sommertragenden Himbeeren werden die Ruten unmittelbar im Anschluss an die Ernte bis zum Grund zurückgeschnitten. Diesjährige Triebe, die noch nicht getragen haben, werden an Stützdrähte angebunden. Lassen Sie nur die kräftigsten in 10cm Abstand stehen. Sie tragen im Folgejahr.

6 Winterschnitt

Bei Herbst-Himbeeren schneidet man ab Spätherbst alle Ruten bodeneben ab. Eine gestaffelte Ernte erhalten Sie im nächsten Jahr, wenn Sie ein paar Ruten nur etwa auf die halbe Länge zurückschneiden. Diese fruchten im nächsten Jahr früher, nämlich zwischen Früh- und Hochsommer. Die abgetragenen Ruten werden nach der Ernte komplett herausgeschnitten.

Schneiden Sie die Ruten *von Herbst-Himbeeren bis zum Grund zurück.*

SCHRITT FÜR SCHRITT Brombeeren und Hybriden

Kleine Früchte an stacheligen Trieben gehören der Vergangenheit an. Moderne Brombeersorten haben wenige oder gar keine Stacheln, sie liefern dicke, aromatische Früchte in großer Menge. Auch ihre Pflege gestaltet sich einfacher, sie sind widerstandsfähiger gegenüber Krankheiten, manche Sorten fruchten an einjährigen Trieben, was den Schnitt erleichtert. Die neuartigen Hybriden liefern köstliche Früchte, sind jedoch nicht überall winterhart.

	FRÜHLING	SOMMER	HERBST	WINTER
PFLANZEN				
ERNTE				

VON DER BLÜTE BIS ZUR ERNTE: 6–8 WOCHEN

GEEIGNET FÜR: BEETE UND RABATTEN

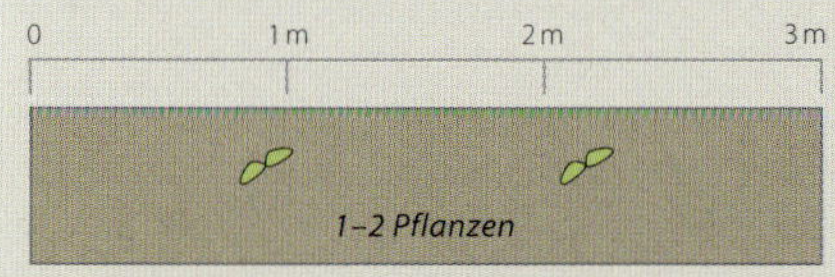

3 M LANGE REIHE
Pflanzabstand 1,5–3 m, je nach Sorte

1 Kulturbeginn

Unter den vielen Brombeersorten finden sich auch welche, die keine Stacheln haben. Die Hybriden aus Kreuzungen von Brombeeren mit Johannisbeeren oder anderen Hybriden haben ihren jeweils eigenen Charakter. Eine große Auswahl finden Sie im Internet oder bei spezialisierten Obstbaumschulen.

Brombeeren *fruchten im Juli und August. Manche der zahlreichen Sorten sind stachellos.*

Loganbeeren *mit saurem Johannisbeergeschmack kocht man mit viel Zucker ein.*

Boysenbeeren *gingen aus der Kreuzung von Loganbeeren mit Brombeeren hervor.*

Taybeeren *Die Kreuzung zwischen Himbeeren und Brombeeren ist winterhart.*

Graben Sie das Pflanzloch *größer als den Wurzelballen, mischen Sie Kompost unter den Erdaushub, drücken Sie gut an.*

Entfernen Sie den Topf *und ziehen Sie die Wurzeln leicht auseinander. Spreizen Sie die Wurzeln bei wurzelnackter Ware.*

Pflanzen aus Töpfen *werden so tief gepflanzt, wie sie zuvor standen. Wurzelnackte Pflanzen senkt man bis zum Triebansatz ein.*

2 Pflanzung

Brombeeren und die Hybridbeeren sind Spreizklimmer. Man setzt sie vor eine Wand, vor ein Rankgerüst oder in ein Gestell aus Holzpfosten und Drähten. Damit sie rasch einwachsen, pflanzt man vom Spätsommer an, solange die Erde noch warm und feucht ist, doch auch eine Frühjahrspflanzung ist möglich. Wählen Sie einen sonnigen Platz, lockern Sie den Boden, entfernen Sie Unkraut, arbeiten Sie organische Substanz in den Erdaushub ein. Gießen Sie.

TIPP *Brombeeren können sehr stachelig sein. Tragen Sie daher Handschuhe.*

3 Pflege

Wässern Sie die Pflanzen im Sommer gut, mulchen Sie mit gut verrotteter organischer Substanz. Falls Sie dazu Stallmist verwenden, kommen Sie ohne weitere Düngung aus, ansonsten geben Sie im Frühling ausgeglichenen Dünger. Schützen Sie die reifenden Beeren vor Vögeln mit Netzen, die Sie öfter auf Lücken kontrollieren.

Ein Käfig schützt Früchte *vor Vögeln, doch er braucht Platz. Sie können auch einen kurzfristigen Schutz aus Stäben und Netz errichten.*

Die ganze Frucht *mit dem weißen Inneren wird bei Brombeeren gepflückt, anders als bei Himbeeren. Der Saft färbt die Finger.*

Abgetragene Ruten *lassen sich leichter ausschneiden, entwirren und entfernen, wenn man zuvor die Befestigungen an der Stütze löst.*

4 Ernte

Die Früchte reifen zwischen Hoch- und Spätsommer. Damit der Zuckergehalt möglichst hoch ausfällt, warten Sie mit der Ernte, bis die Beeren voll ausgefärbt sind. Dann lassen Sie sich leicht pflücken. Die Früchte sollten möglichst noch fest sein. Ernten Sie bei trockener Witterung.

5 Schnitt

Die meisten Brombeeren und Hybriden fruchten an zweijährigen Trieben. Abgetragene Ruten sollte man im Herbst wegschneiden, während man einjährige Triebe aufbindet. Neuere Sorten, die am diesjährigen Trieb fruchten, können Sie im Winter bodeneben komplett zurückschneiden.

6 Erziehung

Brombeeren kann man klimmen lassen, doch die Handhabung ist einfacher, und sie brauchen weniger Platz, wenn man sie an horizontal gespannten Drähten erzieht. Im Winter oder zeitigen Frühjahr breiten Sie die jungen Triebe des Vorjahres fächerförmig aus, um die Blüten- und Fruchtbildung zu fördern. Neue Triebe, die im Folgejahr fruchten, binden Sie im Sommer auf.

Stützdrähte *können Sie an Mauern und Zäunen befestigen oder zwischen Pfosten spannen.*

SCHRITT FÜR SCHRITT Johannisbeeren

Ein gut entwickelter Strauch Weißer oder Roter Johannisbeeren kann so stark tragen, dass die Früchte buchstäblich daran abperlen. Johannisbeeren sind leicht zu ziehen, sogar im leichten Schatten. Die wertvollen Früchte lassen sich gut einfrieren und eignen sich durch ihren hohen Pektingehalt bestens für Marmeladen. Bei beschränktem Platz kann man Johannisbeeren auch vor eine Wand setzen, dadurch eignen sie sich ideal für kleinere Gärten.

	FRÜHLING	SOMMER	HERBST	WINTER
PFLANZEN				
ERNTE				

VON DER BLÜTE BIS ZUR ERNTE: 10–12 WOCHEN

GEEIGNET FÜR: BEETE UND PFLANZGEFÄSSE

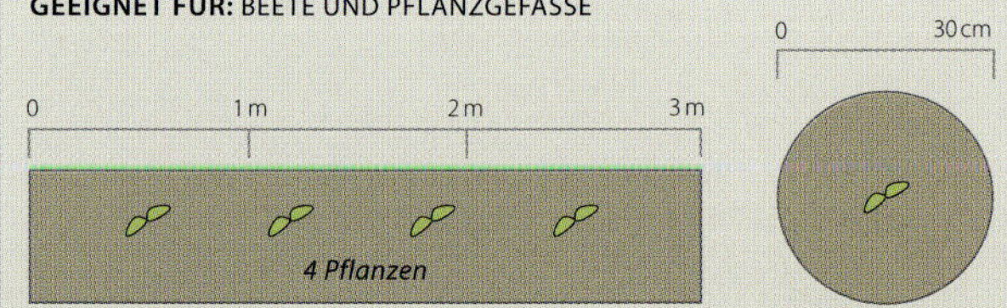

3 M LANGE REIHE
Pflanzabstand 80 cm

TOPF
je 1 Pflanze

1 Kulturbeginn

Johannisbeeren wachsen am besten in leicht saurem Boden, kommen aber in basischen Verhältnissen zurecht. In Töpfen gezogene Pflanzen erhält man das ganze Jahr über, wurzelnackte Ware im Herbst. Rote Johannisbeeren schmecken etwas schärfer und saurer, die weißen Sorten haben mehr Zucker.

'Jonkheer van Tets' *bringt frühzeitig eine reiche Ernte leuchtend roter Beeren.*

'Red Lake' *liefert ab Hochsommer lange Trauben an einem wüchsigen Strauch.*

'Blanka' *trägt vom Hoch- bis zum Spätsommer massenhaft süße, blassgelbe Beeren.*

'Weiße Versailler' *entwickelt im Hochsommer eine reiche Ernte süßer Beeren.*

Setzen Sie die Sträucher so, *dass alle Triebe von einem kurzen Stammstück über dem Boden abzweigen.*

Füllen Sie Erde *zwischen die Wurzeln ein. Ziehen Sie bei Pflanzen im Topf den Wurzelballen ein wenig auseinander.*

Drücken Sie die Erde *nach der Pflanzung leicht an, damit keine Hohlräume entstehen. Das Stammstück bleibt über der Erde.*

2 Pflanzung

Johannisbeersträucher entwickeln sich am besten bei einer Pflanzung ab Spätsommer oder in der ersten Frühjahrshälfte, doch im Topf gezogene Pflanzen können Sie ganzjährig setzen, sofern Sie die Erde feucht halten. Die Sträucher können in der Sonne stehen, vertragen aber auch Halbschatten und können an einer nach Nordost ausgerichteten Wand stehen. Pflanzen Sie in 80 cm Abstand in gelockerten Boden, gießen Sie danach gut und mulchen Sie.

TIPP *Pflanzen Sie Johannisbeeren aus dem Topf so tief, wie sie zuvor standen.*

Organischer Mulch *hält Feuchtigkeit im Boden zurück, das senkt die Gießhäufigkeit im Sommer. Beim Verrotten werden Nährstoffe freigesetzt.*

3 Pflege

Im ersten Jahr brauchen die flachwurzelnden Pflanzen regelmäßige Wassergaben, um einzuwurzeln. Danach erweisen sie sich als zusehends trockenheitsverträglich, doch die Erträge fallen bei regelmäßigem Gießen im Frühling und Sommer höher aus. Mulchen Sie mit gut verrotteter organischer Substanz, düngen Sie im Frühling kalibetont.

Vögel fressen die Beeren gern. *Sie räubern die Pflanzen rasch. Netzen Sie einzelne Pflanzen ein oder kaufen Sie einen Käfig für mehrere Büsche.*

Ernten Sie ganze Trauben, *denn die kleinen Beeren werden beim Abzupfen leicht gequetscht. Man isst Johannisbeeren frisch oder friert sie ein.*

4 Früchte schützen

Vögel berauben die Sträucher schnell der Früchte. Errichten Sie daher einen Netzkäfig, sobald die Früchte zu reifen beginnen. (Die Beeren weißer Sorten werden dann durchscheinend weiß.) Spannen Sie das Netz straff, damit sich keine Vögel darin verfangen. Entfernen Sie es nach der Ernte.

5 Ernte

Die Beeren werden am besten als kompletter Fruchtstand gepflückt, sobald sie alle zusammen reif sind. Ziehen Sie den Stiel mit den Fingern ab oder schneiden Sie vorsichtig mit einer Schere. Pflücken Sie die Sträucher alle drei oder vier Tage durch, um zum optimalen Zeitpunkt zu ernten.

6 Schnitt

Johannisbeeren fruchten an der Basis von mindestens ein Jahr alten Seitentrieben. Schneiden Sie neue Triebe zwischen Früh- und Hochsommer auf 10–15 cm Länge zurück, damit sich mehr Blütenknospen bilden. Die Früchte reifen besser, die Durchlüftung wird verbessert. Im Winter schneiden Sie dieselben Triebe auf zwei Knospen über einem Knospenbüschel zurück.

Ein Schnitt fördert *die Bildung von Blütenknospen an der Basis zurückgeschnittener Äste.*

SCHRITT FÜR SCHRITT Schwarze Johannisbeeren

Die robusten Sträucher tragen im Sommer lange Trauben mit überaus aromatischen Beeren. Sie schmecken frisch hervorragend und noch besser, wenn sie eingekocht und zu Fruchtsoßen, Marmelade oder Kuchen verarbeitet sind. Schwarze Johannisbeeren sind einfach in der Kultur und sogar in kühleren Gegenden sehr zuverlässig. Moderne Sorten erweisen sich als widerstandsfähiger gegenüber Krankheiten und Schädlingen.

	FRÜHLING	SOMMER	HERBST	WINTER
PFLANZEN				
ERNTE				

VON DER BLÜTE BIS ZUR ERNTE: 10–12 WOCHEN

GEEIGNET FÜR: BEETE UND PFLANZGEFÄSSE

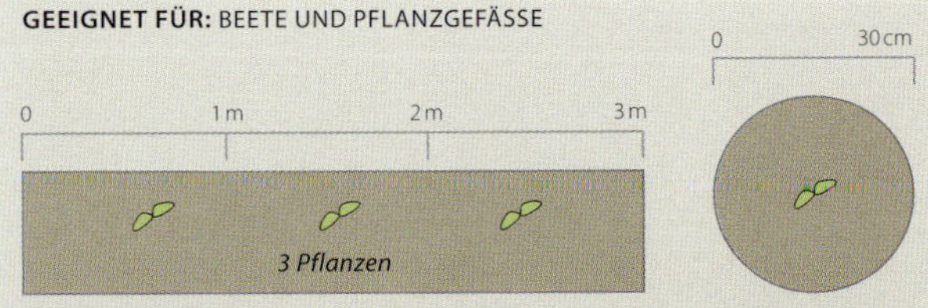

3 M LANGE REIHE
Pflanzabstand 1 m

TOPF
je 1 Pflanze

1 Kulturbeginn

Schwarze Johannisbeeren kann man das ganze Jahr über in Töpfen kaufen, wurzelnackte Ware erhält man im Herbst für die Pflanzung. Wurzelnackte Pflanzen kommen günstiger – für den Fall, dass Sie viele brauchen. Halten Sie Ausschau nach krankheitsresistenten Sorten, die »Ben« im Namen tragen.

'Ben Sarek' *trägt reich, wächst kompakt und erscheint bestens geeignet für kleine Flächen.*

'Ben Connan' *fruchtet ab Hochsommer und liefert reichlich säuerlich aromatische Beeren.*

'Ebony' *ist eine frühe Sorte. Ab Frühsommer bringt der Strauch sehr große, süße Beeren.*

'Ben Lomond' *liefert ab Hochsommer viele große aromatische, leicht säuerliche Beeren.*

Mithilfe einer Latte *pflanzen Sie ein wenig tiefer, als der Strauch zuvor in der Baumschule oder im Topf stand.*

Füllen Sie das Pflanzloch *mit Erde auf. Achten Sie darauf, dass sich keine Hohlräume bilden und dass die Pflanze aufrecht steht.*

Treten Sie leicht an *und gießen Sie gut. Junge Sträucher sollten Sie unmittelbar nach dem Einpflanzen schneiden.*

2 Pflanzung

Die beste Zeit fürs Pflanzen ist ab Spätsommer oder in der ersten Frühjahrshälfte. Die Erde sollte feucht sein. Sie können auch im Sommer pflanzen, sofern Sie danach gut gießen. Wählen Sie einen sonnigen, geschützten Platz und jäten Sie gründlich. In kleinen Gärten können Sie in 30 cm tiefe Töpfe mit erdigem Substrat pflanzen. Gießen Sie gut an, mulchen Sie und schneiden Sie alle Trieben bodeneben zurück, damit sich kräftiger Neuaustrieb entwickelt.

TIPP *Pflanzen Sie tief genug, sodass alle Triebe aus der Erde kommen.*

3 Pflege

Gießen Sie junge Pflanzen im ersten Jahr gut. Eingewachsene Pflanzen vertragen Trockenheit besser, doch sie tragen reicher, wenn sie in Trockenperioden Wasser erhalten. Mulchen Sie im Frühling mit gut verrotteter organischer Substanz wie Kompost, geben Sie Beerendünger, ebenfalls nach der Ernte. Stützen Sie fruchtbeladene Triebe.

Mulchen Sie, *damit im Sommer die Feuchtigkeit im Boden bleibt und um Unkraut zu unterdrücken. Beim Abbau werden Nährstoffe frei.*

Stützen Sie die Triebe *mit Stäben, um die Sie eine Schnur spannen. Dies verhindert, dass die Zweige unter dem Fruchtgewicht einknicken.*

Mit Netzen *halten Sie gefräßige Vögel von den Beeren fern. Halten Sie sie so straff wie möglich.*

Reife Beeren *lassen sich leicht abnehmen. Seien Sie vorsichtig, sie quetschen leicht.*

4 Früchte schützen

Vögel können die Beeren innerhalb weniger Tage abräumen. Sobald die Reife beginnt, überziehen Sie die Pflanzen mit Netzen. Die Vögel dürfen nicht unten hindurchschlüpfen können. Prüfen Sie auf Löcher.

5 Ernte

Bei älteren Sorten reifen die Beeren einzeln, sie werden – jede für sich – gepflückt, wenn sie reif sind. Bei neueren Sorten wird geerntet, wenn die ganze Traube ausgereift ist. Die Stängel sollten sich leicht vom Holz lösen.

6 Schnitt

Schwarze Johannisbeeren fruchten vorwiegend an einjährigen Trieben. Pflücken und Schneiden lassen sich zur selben Zeit vornehmen. Schneiden Sie Triebe, die getragen haben, bis zum Grund zurück, Neuaustrieb bleibt für die Ernte im nächsten Jahr stehen. Derart geschnittene Pflanzen müssen gut mit ausgewogenem Dünger versorgt werden. Lässt man die Zweige drei Jahre lang fruchten, entwickeln sich größere Pflanzen.

SCHRITT FÜR SCHRITT Stachelbeeren

Die einfache, zuverlässige Kultur trägt normalerweise im Frühsommer, doch wenn Sie im Spätfrühling die ausgedünnten sauren Früchtchen verarbeiten, kommen Sie in den Genuss einer früheren Ernte. Die einzelnen Sorten unterscheiden sich in ihrer Eignung für verschiedene Zubereitungen, ob roh oder gekocht. Die Züchter entwickeln beständig neue Sorten, die krankheitsfester sind und dankenswerterweise weniger Stacheln haben.

	FRÜHLING	SOMMER	HERBST	WINTER
PFLANZEN				
ERNTE				

VON DER BLÜTE BIS ZUR ERNTE: 10 WOCHEN

GEEIGNET FÜR: BEETE UND PFLANZGEFÄSSE

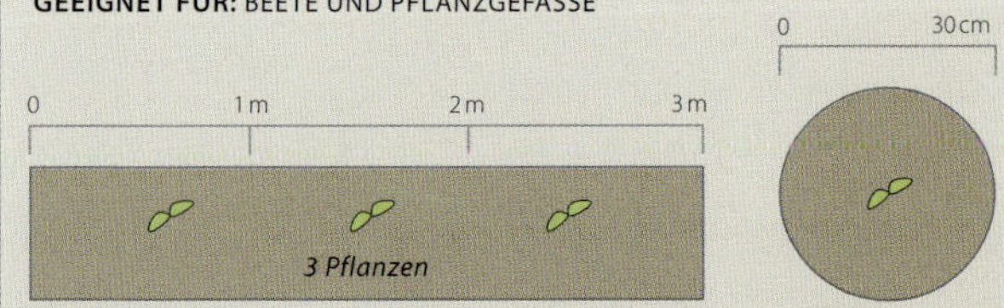

3 M LANGE REIHE
Pflanzabstand 1 m

TOPF
je 1 Pflanze

1 Kulturbeginn

Junge Pflanzen im Topf erhält man das ganze Jahr über, wurzelnackte im Herbst. Die vielen Sorten unterscheiden sich in Größe, Form, Geschmack und Färbung der Früchte. Manche weisen allerdings spitze Stacheln auf, die Sie vielleicht lieber meiden, besonders in kleinen Gärten und wenn Sie Kinder haben.

'Careless' *schmeckt roh und gekocht. Die Sorte liefert früh schmackhafte, grüne Früchte.*

'Invicta' *bringt im Früh- bis Hochsommer einen hohen Ertrag schmackhafter Früchte.*

'Lancashire Lad' *braucht guten Boden, um reich zu tragen. Rote Beeren ab Hochsommer.*

'Hinnonmäki Rot' *ist einfach in der Kultur. Die schmackhaften Früchte reifen rot.*

Graben Sie das Pflanzloch so groß, *dass Sie die Wurzeln wurzelnackter Pflanzen ganz ausbreiten können. Mischen Sie Erdaushub mit Kompost.*

Setzen Sie die Pflanzen *in derselben Tiefe ein, wie sie zuvor standen. Sie erkennen bei wurzelnackten Pflanzen eine Markierung am Übergang zum Boden.*

2 Pflanzung

Stachelbeeren aus Topfkultur können Sie das ganze Jahr über pflanzen, wenn Sie gut gießen. Ansonsten wachsen in der ersten Frühjahrshälfte oder ab Spätsommer gepflanzte Sträucher am besten an. Anders als andere Obstgehölze kommen Stachelbeeren mit Halbschatten zurecht. Sie können an ostwärts ausgerichteten Flächen stehen. Lockern Sie den Boden, entfernen Sie alles Unkraut, mischen Sie den Erdaushub mit Kompost, gießen Sie gut an.

TIPP *Gießen Sie Pflanzen in Töpfen gut, v. a. wenn sie Blüten oder Früchte tragen.*

3 Pflege

Gießen Sie im ersten Jahr neu gesetzte Pflanzen gut, eingewachsene brauchen in Trockenperioden Wasser. Mulchen Sie mit nährstoffreicher organischer Substanz, geben Sie im Frühjahr und gleich nach der Ernte Beerendünger. Schützen Sie die Früchte vor Vögeln mit einem Fruchtkäfig oder mit Netzen. Kontrollieren Sie öfter auf Löcher.

Drahtringe und gebogene Stäbe *tragen ein Vogelschutznetz. Die Konstruktion kann sogar das ganze Jahr über bleiben.*

Gepflückte Stachelbeeren *halten sich im Kühlschrank etwa eine Woche lang. Man kann sie auch einfrieren und Kompott daraus bereiten.*

4 Ernte

Um größere Früchte zu erhalten, dünnen Sie die sich entwickelnden Stachelbeeren im Spätfrühling aus. Verwenden Sie diese sauren Früchtchen zum Kochen. Entfernen Sie nicht mehr als die Hälfte aller Beeren, und wenn Ihr Strauch dazu übergeht, regelmäßig stark zu tragen, entnehmen Sie nur noch ein Viertel. Die verbliebenen Beeren werden vollreif geerntet. Pflücken Sie die Beeren mit Stiel, damit die Früchte nicht gequetscht werden und bald verderben. Pflücken Sie die Sträucher öfter durch, um die jeweils reifen Beeren zu ernten.

5 Schnitt

Stachelbeeren fruchten am Grund von mindestens ein Jahr alten Trieben. Geschnitten wird zweimal pro Jahr. Im Hochsommer schneiden Sie alle diesjährigen Triebe auf 15–20 cm Länge zurück. Im Winter schneiden Sie diese Triebe noch einmal zurück, sodass nur zwei oder drei Knospen verbleiben, die dann im Folgejahr fruchten. Entfernen Sie dann auch alle abgestorbenen, kranken oder beschädigten Triebe und alle Zweige, die sich mit Fruchtbehang zu Boden neigen würden.

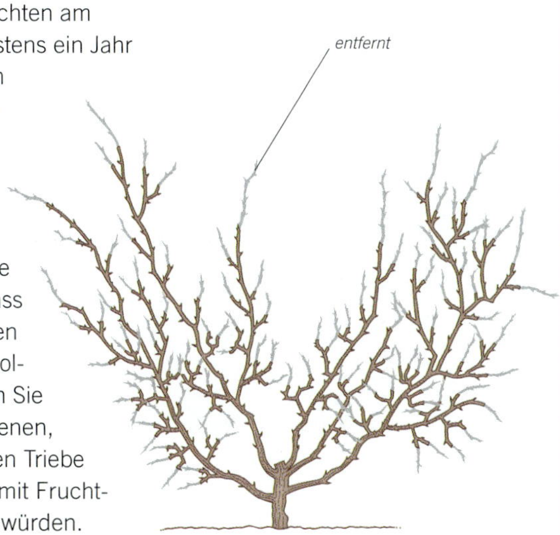

SCHRITT FÜR SCHRITT Heidelbeeren

Heidelbeeren gehörten zu den ersten Kulturen, die den Status einer »Superfrucht« erlangten. Denn sie weisen einen hohen Gehalt an gesundheitsfördernden Antioxidantien und Vitaminen auf. Um gut zu tragen, brauchen sie einen sauren Boden oder Moorbeeterde und viel Wasser während der Wachstumszeit. Wenn Ihr Garten keinen sauren Boden hat, können Sie Heidelbeeren erfolgreich in Töpfen ziehen, was für kleine Gärten interessant ist.

	FRÜHLING	SOMMER	HERBST	WINTER
PFLANZEN				
ERNTE				

VON DER BLÜTE BIS ZUR ERNTE: 8–10 WOCHEN

GEEIGNET FÜR: BEETE UND PFLANZGEFÄSSE

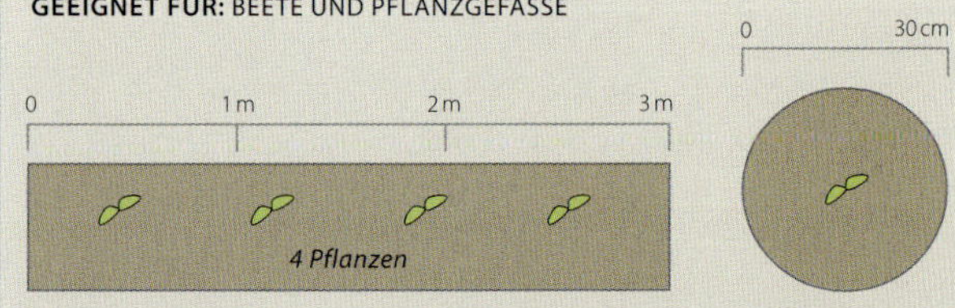

3 M LANGE REIHE
Pflanzabstand 75 cm

TOPF
je 1 Pflanze

1 Kulturbeginn

In Töpfen angezogene Heidelbeeren kann man das ganze Jahr über kaufen und pflanzen. Von den selbstfruchtbaren Pflanzen genügt eine, um zu fruchten. Allerdings ist der Fruchtertrag bei einer Bestäubung durch eine andere Sorte höher. Daher sollten Sie nach Möglichkeit mehrere Sorten pflanzen.

'Spartan' *liefert im Hochsommer einen reichen Ertrag großer, aromatischer Beeren.*

'Bluetta' *wächst kompakt und eignet sich daher für kleine Gärten oder für Töpfe.*

'Jersey' *ist robust genug für kühlere Lagen. Sie braucht eine andere Sorte zum Fruchten.*

'Herbert' *trägt im Spätsommer viele süße, intensiv schmeckende Beeren.*

Lösen Sie die Pflanze *aus dem Topf und ziehen Sie die Wurzeln sanft nach außen, damit sie leichter ins Erdreich einwachsen.*

Pflanzen Sie so tief, *wie der Strauch im Topf stand. Drücken Sie den Strauch leicht an und gießen Sie gut.*

Mulchen Sie *mit organischer Substanz wie kompostierter Kiefernrinde, die dazu beiträgt, das saure Milieu zu erhalten.*

2 Pflanzung

Heidelbeeren sind an die Bedingungen in Hochmooren angepasst. Am besten wird im Spätsommer bis Herbst, im Spätwinter oder zeitigen Frühjahr gepflanzt, wenn der Boden feucht ist. Die Sträucher brauchen Erde mit einem pH-Wert unter 5 (Gewissheit erlangen Sie mit einem Testset). Sie können auch in Töpfen kultivieren, die mit Moorbeeterde befüllt sind. Arbeiten Sie vor der Pflanzung Rindenkompost ein. Halten Sie die Erde feucht.

TIPP *Um die Feuchtigkeit zu halten, kleiden Sie poröse Töpfe mit Lochfolie aus.*

3 Pflege

Mulchen Sie im Frühling die Pflanzen in Töpfen und in Beeten mit gut verrotteter organischer Substanz wie Rindenkompost. Gießen Sie das ganze Jahr über gut, vor allem zur Zeit der Blüte und Fruchtbildung, besonders aber Pflanzen in Töpfen. Düngen Sie von Früh- bis Hochsommer alle zwei Wochen mit einem löslichen Dünger für Moorbeetpflanzen.

Gießen Sie mit Regenwasser, *damit die Erde sauer bleibt. Leitungswasser ist üblicherweise kalkhaltig, hartes Wasser bereitet Schwierigkeiten.*

Säureliebende Pflanzen *benötigen bestimmte Dünger, die es in flüssiger oder fester Form gibt. Verwenden Sie keine normalen Dünger.*

Ziehen Sie beim Pflücken *Vogelschutznetze vorsichtig ab. Die reifen Früchte lösen sich leicht.*

Heidelbeeren reifen über eine lange Zeit. *Jeder Strauch fruchtet für mehrere Wochen.*

4 Früchte schützen

Heidelbeeren blühen im zeitigen Frühjahr. In kühlen Regionen sollte man sie vor Frost mit einer Vliesabdeckung schützen. Reifende Früchte sollten Sie im Sommer vor Vögeln mit einem Netz oder Fruchtkäfig schützen.

5 Ernte

Kontrollieren Sie die Pflanzen alle paar Tage, um den jeweils optimalen Erntezeitpunkt zu erwischen. Die reifen Beeren lösen sich leicht ab, erleiden aber auch schnell Quetschungen. Überschüsse lassen sich einfrieren.

6 Schnitt

Heidelbeeren werden gewöhnlich als frei wachsende Sträucher gezogen, sie wachsen langsam. Geschnitten wird nach einigen Jahren in der Winterruhe vor dem Austrieb. Entfernen Sie tiefer stehen Zweige und schwache, abgestorbene, erkrankte oder beschädigte Triebe. Früchte entstehen vorwiegend am ein-, zwei- oder dreijährigen Holz. Verwenden Sie eine scharfe Schere oder Säge, schneiden Sie wenig fruchtbare, ältere Zweige am Grund ab.

SCHRITT FÜR SCHRITT Äpfel

Äpfel sind das Gartenobst par excellence, es gibt sie auf schwachwüchsige Unterlagen veredelt, sodass man sie auch auf beschränktem Raum kultivieren kann. Die Hunderte von Sorten mit jeweils eigenem Geschmack zeigen sich unterschiedlich krankheitsfest und ertragreich. Viele gedeihen in Töpfen, und wer über mehr Zeit und Erfahrung verfügt, kann Äpfel in einem platzsparenden Aufbau erziehen, etwa als Schnurbaum mit Kurztrieben.

	FRÜHLING	SOMMER	HERBST	WINTER
PFLANZEN				
ERNTE				

VON DER BLÜTE BIS ZUR ERNTE: 14–20 WOCHEN

GEEIGNET FÜR: BEETE UND PFLANZGEFÄSSE

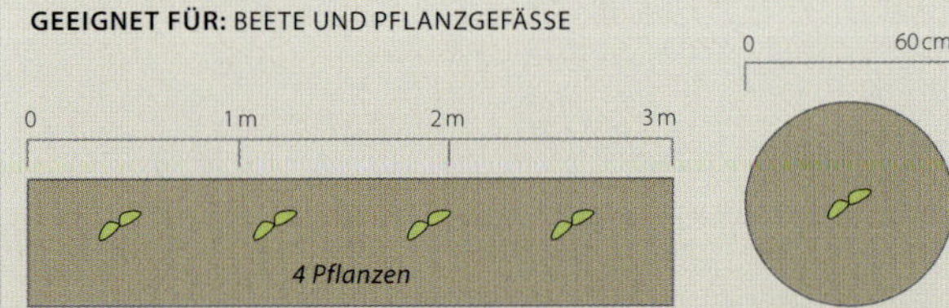

3 M LANGE REIHE
Pflanzabstand 75 cm, je nach Unterlage

TOPF
je 1 Pflanze

1 Kulturbeginn

Apfelbäume werden im Topf das ganze Jahr über angeboten, wurzelnackte Ware erhält man zur Pflanzzeit im Herbst oder zeitigen Frühjahr. Um zu fruchten, brauchen Apfelbäume eine Bestäubersorte. Wenn in der Nachbarschaft kein weiterer Baum steht, müssen Sie mehrere passende Sorten pflanzen.

'Cox Orange' *ist bekannt für seine aromatischen Früchte, die als Tafeläpfel dienen.*

'Greensleeves' *trägt im frühen Herbst viele süß-säuerliche Tafeläpfel.*

'James Grieve' *fruchtet im frühen Herbst. Der Tafelapfel gedeiht noch in kühleren Lagen.*

'Bramleys Sämling' *braucht zur Bestäubung eine andere Sorte. Ein bekannter Kochapfel.*

Legen Sie eine Latte *über das Pflanzloch und setzen Sie den Baum ebenso tief ein, wie er zuvor stand.*

Füllen Sie Erde ein, *die mit organischer Substanz verbessert wurde, treten Sie vorsichtig an. Gießen Sie die Pflanze gut an.*

Den Stützpfahl *schlagen Sie vor oder nach der Pflanzung ein, befestigen Sie den Baum mit einem Binder oder einer Schnur.*

2 Pflanzung

Apfelbäume wachsen besser an, wenn sie in der Ruhephase zwischen Herbst und Frühling gepflanzt werden, obwohl man Pflanzen aus dem Topf zu jeder Zeit setzen kann, sofern man sie feucht hält. Wählen Sie einen sonnigen, geschützten Platz, hacken Sie, um Unkraut zu entfernen, geben Sie organische Substanz zu sandigen oder tonigen Böden. Bäume auf schwachwachsenden Unterlagen eignen sich für Töpfe mit erdigem Substrat.

TIPP *Nach zwei Jahren können Sie, je nach Unterlage, den Stützpfahl entfernen.*

3 Pflege

Gießen Sie vor allem im ersten Jahr gut. Bäume in Töpfen brauchen immer viel Wasser, im Boden eingewurzelte Gehölze kommen mit weniger Wassergaben aus. Mulchen Sie im Frühling und geben Sie kalireichen Dünger in fester Form. Apfelbäume in Töpfen erhalten eine flüssige kalibetonte Düngung zwischen April und Juni.

Häufiges Gießen ist essenziell *für frisch gepflanzte Bäume. Das Wässern älterer Apfelbäume während Trockenperioden drängt Bitterfäule zurück.*

Ein Mulch mit organischer Substanz *unterdrückt Unkrautaufkommen, hält den Boden feucht und kühl. Er setzt beim Abbau Nährstoffe frei.*

Damit der Baum gut anwächst, *entfernen Sie im ersten Jahr alle Früchte. In der Folgezeit dürfen sich Äpfel nach dem Ausdünnen entwickeln.*

Ernten Sie Äpfel *regelmäßig ab. Früh reifende Sorten verzehrt man am besten frisch, Überschüsse späterer Sorten können Sie einlagern.*

4 Ausdünnen

Damit sich große Äpfel entwickeln, dünnen Sie die jungen Früchte im Frühsommer aus, sobald sie Walnussgröße erreicht haben. Bei Tafeläpfeln verbleiben ein oder zwei Früchte pro 15 cm, bei Kochäpfeln nur eine. Entfernen Sie immer die mittlere Frucht.

5 Ernte

Erntereife Früchte nehmen Sie vorsichtig in die Hand, heben sie an und drehen sie ab. Die Frucht sollte sich ohne Ziehen ablösen, ansonsten warten Sie einen Tag länger. Pflücken Sie den Baum zur Reifezeit öfter durch. Vermeiden Sie Druckstellen.

6 Schnitt

Apfelbäume werden im Winter geschnitten. Entfernen Sie dichten Wuchs im Kroneninnern, um eine offene Form zu erzielen. Entfernen Sie abgestorbene, erkrankte, beschädigte oder schwache Äste. Schneiden Sie junge Triebe auf die Hälfte zurück, um die Bildung von Fruchtspießen am Grund zu fördern.

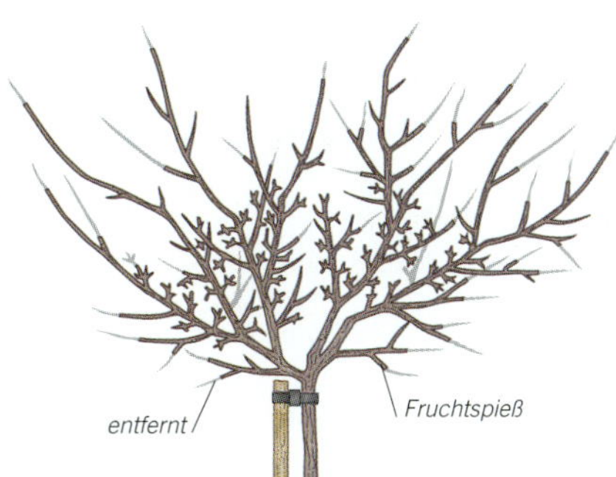

SCHRITT FÜR SCHRITT Birnen

Eine voll ausgereifte Birne bedeutet eine Offenbarung, doch frisch gepflückte Früchte überschreiten ihren Höhepunkt innerhalb weniger Tage. So kommen Sie nur dann in den wahren Genuss, wenn Sie selbst anbauen. Die Kultur von Birnen ist ähnlich wie die von Äpfeln, die einzelnen Sorten unterscheiden sich in Bezug auf Geschmack, Festigkeit und Lagerfähigkeit. Die Bäume wollen geschützt stehen. Wenig Platz brauchen Spaliere.

	FRÜHLING	SOMMER	HERBST	WINTER
PFLANZEN				
ERNTE				

VON DER BLÜTE BIS ZUR ERNTE: 16–20 WOCHEN

GEEIGNET FÜR: BEETE UND PFLANZGEFÄSSE

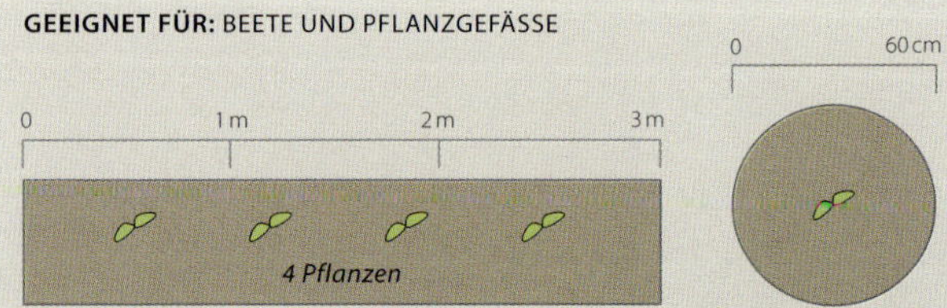

3 M LANGE REIHE
Pflanzabstand 75 cm, je nach Unterlage

TOPF
je 1 Pflanze

1 Kulturbeginn

Im Topf gezogene Birnen erhält man das ganze Jahr über, wurzelnackte Ware zur Pflanzzeit. Erhältlich sind auch vorgezogene Spalierbäume, um sie vor Wände zu pflanzen. Die meisten Sorten benötigen für die Befruchtung eine passende Bestäubersorte. Sie müssen notfalls mehrere Bäume pflanzen.

'Concorde' *mit gutem Geschmack und gedrungenen Früchten ist einfach in der Kultur.*

'Vereinsdechantsbirne' *braucht sonnigen Platz. Trägt köstliche Früchte im Oktober.*

'Hochfeine Butterbirne' *bringt im Frühherbst aromatische Früchte.*

'Packham's Triumph' *trägt zur Herbstmitte geschmackvolle Früchte. Für geschützte Plätze.*

Der Topf für einen Birnbaum *wird zunächst mit etwas erdigem Substrat befüllt, dem etwas Depotdünger beigefügt wurde.*

Ziehen Sie die Wurzeln *von Pflanzen aus Topfkultur nach außen, breiten Sie jene von wurzelnackten Gehölzen aus.*

Pflanzen Sie genauso tief, *wie der Baum zuvor stand. Stecken Sie einen Stützstab und gießen Sie gut an.*

2 Pflanzung

Birnen blühen im zeitigen Frühjahr. Zur Fruchtreife brauchen sie viel Sonne, geben Sie ihnen daher einen sonnigen, geschützten Platz. Bereiten Sie vor der Pflanzung den Boden auf, entfernen Sie Unkraut, arbeiten Sie organische Substanz und Universaldünger ein. Bringen Sie einen Stützstab an, treten Sie die Erde leicht an, gießen Sie gut. Birnen auf schwachwüchsigen Unterlagen können in 60 cm großen Töpfen wachsen.

TIPP *Schützen Sie die Blüten nachts mit Vlies, das Sie tagsüber entfernen.*

Gießen Sie im Sommer gut, *besonders Bäume in Töpfen. Blühende oder fruchtende Bäume sollten nie austrocknen, das führt zu Ernteverlusten.*

Kalibetonte Düngung *wie Tomatendünger fördert die Blüte und Fruchtbildung. Verabreichen Sie ihn in flüssiger Form während der Fruchtentwicklung.*

3 Pflege

Birnen wollen es feucht, gießen Sie daher im ersten Jahr, später auch bei anhaltender Trockenheit. Mulchen Sie mit verrotteter organischer Substanz wie Kompost, damit Feuchtigkeit im Boden bleibt und um den Wurzelraum zu beschatten. Düngen Sie im Frühling ausgeglichen, geben Sie im Sommer eine kalibetonte Düngung.

Birnen werfen *überzählige Früchte im Frühsommer ab, man spricht von Junifruchtfall. Dünnen Sie den Fruchtansatz erst danach aus.*

Frühe Sorten *werden ab Ende August reif. Sie sind nur kurze Zeit, verschieden je nach Sorte, haltbar. Genießen Sie sie möglichst frisch. .*

4 Ausdünnen

Die Bäume können viele Früchte ansetzen. Ausdünnen im Hochsommer führt zu großen Früchten. Man lässt pro Büschel nur noch eine Frucht stehen. Fruchttragende Äste werden gestützt, damit sie nicht brechen.

5 Ernte

Die Früchte reifen je nach Sorte ab Spätsommer. Fürs Pflücken nimmt man die Frucht in die Hand, hebt sie und dreht sie ab. Sie sollte sich leicht lösen, ohne ziehen zu müssen. Ansonsten warten Sie noch ein wenig.

6 Schnitt

Eingewachsene, freistehende Birnbäume schneidet man im Winter. Entfernen Sie zu dichten Wuchs, um eine offene Krone zu erzielen. Schneiden Sie alle abgestorbenen, erkrankten, beschädigten oder sich kreuzende Äste aus. Kürzen Sie im Sommer diesjährige Triebe auf die Hälfte ihrer Länge ein, damit sich am Grund Fruchtspieße bilden.

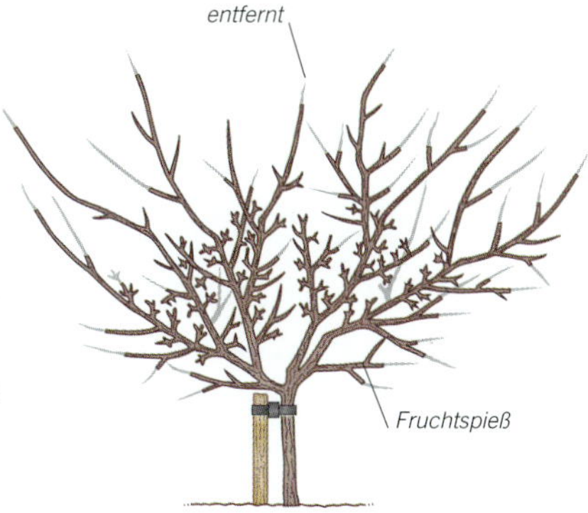

SCHRITT FÜR SCHRITT Pflaumen, Zwetschgen

Pflaumen schmecken köstlich süß und saftig, die Bäume tragen so reich, dass Sie mit ziemlicher Sicherheit eine Schwemme erhalten – genug Früchte für Marmeladen, zum Einkochen und Einfrieren. Neue Sorten, veredelt auf schwachwüchsigen Unterlagen, sind ideal für kleinere Gärten und eignen sich sogar für Töpfe. Pflaumen, einschließlich Zwetschgen, Renekloden und Mirabellen, sind einfach zu ziehen und brauchen wenig Schnitt.

	FRÜHLING	SOMMER	HERBST	WINTER
PFLANZEN				
ERNTE				

VON DER BLÜTE BIS ZUR ERNTE: 14–16 WOCHEN

GEEIGNET FÜR: BEETE UND PFLANZGEFÄSSE

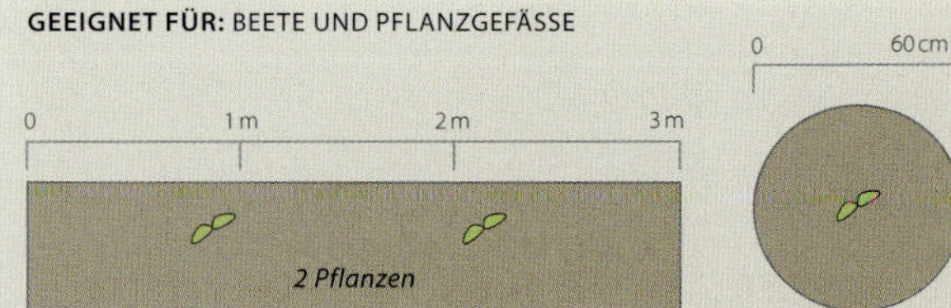

3 M LANGE REIHE
Pflanzabstand 1,5 m, je nach Unterlage

TOPF
je 1 Pflanze

1 Kulturbeginn

Wurzelnackte Pflanzen können Sie während der Pflanzzeit im Herbst oder Spätwinter kaufen, Gehölze aus Topfkultur lassen sich jederzeit einpflanzen. Die meisten Sorten müssen durch eine andere Sorte befruchtet werden, daher müssen Sie zwei Bäume setzen, oder Sie wählen eine selbstfruchtbare Sorte.

'Victoria' *ist eine typische Pflaume. Sie liefert im Spätsommer zahlreiche rote Früchte.*

'Shropshire Damson' *reift im Frühherbst. Von der selbstfruchtbaren Sorte genügt ein Baum.*

'Oullins Reneklode' *bringt süße, goldgelbe Früchte, die im Spätsommer reifen.*

'Langley Bullace' *trägt im Frühherbst viele der sauren Haferpflaumen.*

Legen Sie eine Latte *über das Pflanzloch und setzen Sie das Gehölz genauso tief ein, wie es zuvor stand.*

Füllen Sie Erde ein, *besonders zwischen den Wurzeln bei wurzelnackten Pflanzen. Treten Sie sie leicht an, gießen Sie gut.*

Binden Sie den Baum *an den Stützpfahl mit einem verstellbaren Binder an. Prüfen Sie die Befestigungen gelegentlich.*

2 Pflanzung

Wählen Sie einen sonnigen, geschützten Platz, lockern Sie den Boden, mischen Sie verrottete organische Substanz wie Kompost unter den Erdaushub. Bringen Sie einen Stützstab an, treten Sie die Erde leicht an, gießen Sie gut. Pflaumen können Sie in Töpfe pflanzen, dann aber müssen Sie viel gießen, denn die Pflanzen reagieren empfindlich auf Trockenheit. In den Topf von mindestens 60 cm Größe wird erdiges Substrat eingefüllt.

TIPP *Zwetschgen und Haferpflaumen verzehrt man am besten gekocht.*

3 Pflege

Wässern Sie die Bäume im ersten Jahr gut, in den Folgejahren gießen Sie bei Trockenheit. Pflaumen wurzeln relativ flach, ihnen bekommt eine dicke Mulchauflage aus organischer Substanz im Frühling. Bei größerem Nährstoffbedarf geben Sie Mulch aus verrottetem Stallmist oder ausgewogenen Dünger in fester Form.

Junge Pflaumenbäume *müssen häufig gegossen werden, bis sie eingewurzelt sind. Eingewachsene Bäume gießen Sie in Trockenperioden.*

Mulchen Sie, *doch lassen Sie die Stammbasis frei, um Fäulnis zu vermeiden. Verwenden Sie verrottetes Material, das Nährstoffe freisetzt.*

Belassen Sie die Fruchtansätze *bis zum Frühsommer, manche fallen von selbst herab. Späteres Ausdünnen führt zu größeren Früchten.*

Ernten Sie den Baum regelmäßig ab, *um das beste Reifestadium zu erwischen. Notfalls lassen sich unreife Pflaumen ein paar Tage lang lagern.*

4 Ausdünnen

Die Ernte fällt unterschiedlich aus, ebenso kann Frost frühe Blüten vernichten. Ist der Fruchtansatz reich, dünnen Sie die Früchte auf 5–8 cm Abstand aus, damit sie recht groß werden. Das beugt außerdem Astbruch vor.

5 Ernte

Lassen Sie Pflaumen und Renekloden voll ausreifen, damit ihr Zuckergehalt so hoch wie möglich ist. Haferpflaumen und Zwetschgen können Sie sauer ernten. Passen Sie beim Pflücken auf Wespen auf.

6 Schnitt

Pflaumen werden möglichst wenig geschnitten, um die Ansteckungsgefahr durch Bleiglanz, eine Pilzkrankheit (siehe S. 244), gering zu halten. Gleich nach dem Abernten entfernen Sie mit einer sauberen Säge oder einem Astschneider alles abgestorbene, erkrankte oder beschädigte Holz, zusammen mit dünnen oder überkreuzten Trieben.

SCHRITT FÜR SCHRITT Kirschen

Frische Süßkirschen sind im Sommer ein echter Genuss, während Sauerkirschen hervorragend in Kuchen und eingekocht schmecken. Generell gibt es in der Züchtung Fortschritte mit schwachwüchsigen Unterlagen und es stehen selbstfruchtbare Sorten zur Verfügung. Moderne, kompakte Bäume sind einfach in der Kultur und eignen sich für kleinere Gärten. Durch ihre beschränkte Größe lassen sie sich zudem leichter vor Vögeln schützen.

	FRÜHLING	SOMMER	HERBST	WINTER
PFLANZEN				
ERNTE				

VON DER BLÜTE BIS ZUR ERNTE: 10–14 WOCHEN

GEEIGNET FÜR: BEETE

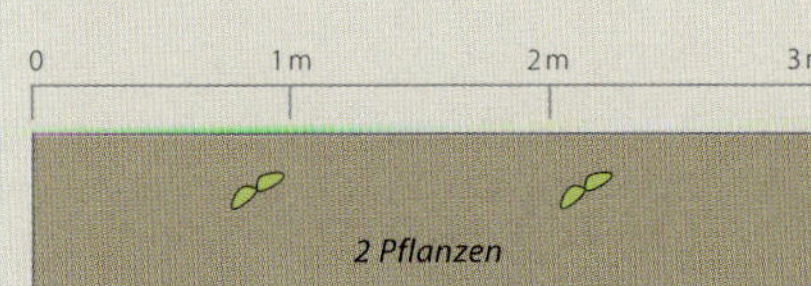

3 M LANGE REIHE
Pflanzabstand 1,5 m, je nach Unterlage

1 Kulturbeginn

Bäume aus Topfkultur erhält man das ganze Jahr über, man kann sie jederzeit pflanzen. Wurzelnackte Ware wird zur Pflanzzeit im Herbst oder Spätwinter bis ins zeitige Frühjahr angeboten. Selbstfruchtbare Kirschen setzen ohne Bestäubersorte Früchte an, ansonsten müssen sich zwei Sorten bestäuben.

'Lapins' *bringt im Hochsommer große, dunkelrote Süßkirschen. Selbstfruchtbar.*

'Morello' *trägt Sauerkirschen zwischen Spätsommer und Frühherbst. Selbstfruchtbar.*

'Sweetheart' *ist eine dunkle Süßkirsche. Sie braucht keine andere Bestäubersorte.*

'Rote Maikirsche', *eine Süßweichsel, die ziemlich früh reift, schmeckt süßsäuerlich.*

Legen Sie eine Latte *über das Pflanzloch und setzen Sie den Baum genauso tief ein, wie er zuvor stand.*

Füllen Sie Erde ein, *die mit organischer Substanz verbessert worden ist. Treten Sie die Erde leicht an, gießen Sie gut.*

Schlagen Sie einen Pfahl ein, *den Sie mit einem verstellbaren Baumbinder befestigen. Diesen nageln Sie am Pfahl fest.*

2 Pflanzung

Um zu gedeihen, brauchen Süßkirschen einen sonnigen, geschützten Platz, Sauerkirschen sind weniger anspruchsvoll und kommen auch mit Halbschatten zurecht. Richten Sie vor der Pflanzung den Boden her, indem Sie lockern, Unkraut entfernen und Kompost einarbeiten, besonders schwere Böden werden mit Rindenkompost verbessert. Schlagen Sie einen Stützpfahl ein und gießen Sie gut an. Für die Kultur in Töpfen eignen sich Kirschen nicht.

TIPP *Sauerkirschen sind in kühleren Lagen einfacher zu ziehen.*

Kirschen blühen *im zeitigen Frühjahr, Frost kann die Blüten zerstören. Vlies schützt, doch an milden Tagen brauchen Bienen freien Zugang.*

3 Pflege

Gießen Sie neue Bäume im ersten Jahr, wässern Sie ältere Exemplare während Trockenperioden. Mulchen Sie im Frühling mit verrotteter organischer Substanz, am besten mit Stallmist. (Falls Sie anderes Material verwenden, geben Sie zusätzlich ausgeglichenen Dünger.) Um eine reiche Ernte zu erzielen, düngen Sie im Sommer kalibetont, etwa mit Beerendünger.

Ein Netz, *das am Boden gesichert ist, verhindert, dass Vögel unten hindurchschlüpfen. Wespen mögen Kirschen auch, seien Sie vorsichtig.*

Fassen Sie reife Früchte *vorsichtig an, damit sie nicht gequetscht werden. Kirschen lassen sich bis zu einer Woche im Kühlschrank lagern.*

4 Früchte schützen

Vögel räubern Kirschen nur zu gern. Netzen Sie die Bäume ein, sobald sich die Früchte zu färben beginnen – ein Netzkäfig über jedem Baum wäre ideal. Halten Sie das Netz gespannt und prüfen Sie es auf Löcher.

5 Ernte

Wenn die ersten Früchte ausreifen, breiten Sie eine durchsichtige Plane zum Schutz vor Regen über den Baum. Reife Früchte nehmen Feuchtigkeit über ihre Schale auf, das führt zum Platzen und zu Fäulnis.

6 Schnitt

Um die Pilzkrankheit Bleiglanz (siehe S. 244) zu vermeiden, schneiden Sie nach der Ernte, wenn also der Baum Blätter trägt, doch beschränken Sie den Schnitt nach Möglichkeit. Bei Süßkirschen kürzen Sie nur zu lange Triebe ein. Bei Sauerkirschen schneiden Sie ein Viertel aller Fruchttriebe auf den nächsten Zweig zurück, entfernen Sie krankes Holz.

SCHRITT FÜR SCHRITT Pfirsiche und Nektarinen

An einem sonnigen, geschützten Platz liefern Pfirsiche und Nektarinen köstliche Früchte. Ein einzelner Baum kann einen nennenswerten Ertrag zuckerreicher Früchte bringen, die bei der Reife ihr typisches, kräftiges Aroma verströmen. Viele neuere Sorten wachsen extrem kompakt, dadurch passen sie in kleine Gärten und sind leichter im Unterhalt. Die Obstgehölze gedeihen auch in Töpfen, man kann sie darin an den bestmöglichen Platz rücken.

	FRÜHLING	SOMMER	HERBST	WINTER
PFLANZEN				
ERNTE				

VON DER BLÜTE BIS ZUR ERNTE: 16–20 WOCHEN

GEEIGNET FÜR: BEETE UND PFLANZGEFÄSSE

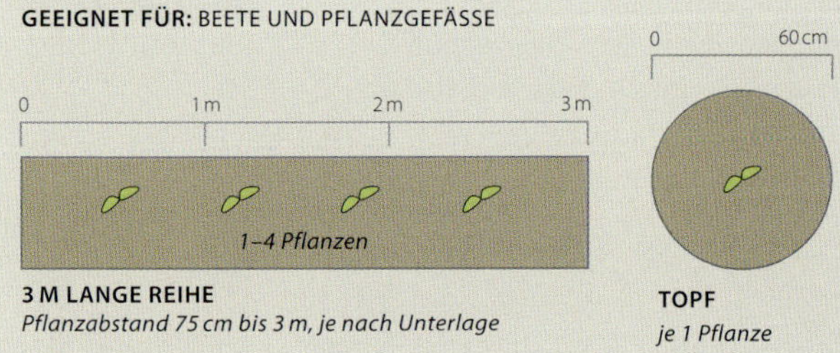

1 Kulturbeginn

Wurzelnackte Ware kann man ab Spätherbst und bis ins zeitige Frühjahr pflanzen, Gehölze in Töpfen kann man zu jeder Zeit kaufen und einpflanzen. Zwergformen werden im Topf verkauft, sie eignen sich als einzige für die Kultur in Pflanzgefäßen. Von dem selbstfruchtbaren Obst genügt jeweils ein Baum.

'Peregrine' *eignet sich für kühlere Lagen. Ab Hochsommer trägt der Baum große Pfirsiche.*

'Garden Lady' *Der Pfirsich mit zwergigem Wuchs reift im Hoch- bis Spätsommer.*

'Fantasia' *bringt im Spätsommer große, köstliche Nektarinen. Auch für kühlere Regionen.*

'Lord Napier' *gedeiht auch in kühleren Lagen. Im Hochsommer reifen große, gute Nektarinen.*

2 Pflanzung

Wählen Sie für das Auspflanzen einen sonnigen, geschützten Platz, etwa vor einer besonnten Wand. Lockern Sie den Boden, entfernen Sie alles Unkraut, arbeiten Sie gut verrottete organische Substanz unter. Für eine Umpflanzung im Topf muss das neue Gefäß um 10 cm größer sein.

Mit einem Stab *kontrollieren Sie die Pflanztiefe. Setzen Sie so tief ein, wie die Pflanze zuvor stand.*

Füllen Sie Erde ein, *während Sie den Baum aufrecht halten. Binden Sie ihn an einen Stützstab an.*

3 Pflege

Gießen Sie während Trockenperioden, mulchen Sie und geben Sie im Frühling kaliumbetonten Dünger. Damit Spätfrost nicht die Blüten zerstört, bedecken Sie den Baum vor kalten Nächten mit Vlies, das Sie an milden Tagen für die Bestäubung abnehmen. Um der Kräuselkrankheit vorzubeugen, schützen Sie die Bäume mit durchsichtiger Folie vor Regen. Pflanzen in Töpfen rücken Sie an einen vor Frost und Regen geschützten Platz.

Insekten *müssen zur Bestäubung an die Blüten herankommen, oder Sie besorgen das mit einem Pinsel.*

4 Ausdünnen

Die Bäume setzen oft viele Früchte an. Man dünnt sie aus, sobald sie Walnussgröße haben, um größere Früchte zu erhalten. Bei gewöhnlichen Bäumen belässt man etwa alle 15–20 cm eine Frucht, bei Zwergformen hält man einen Abstand von 10 cm ein. Reifende Früchte locken Wespen an, hängen Sie daher Fallen in die Krone.

Wespenfallen, *die mit Zuckerlösung gefüllt sind, stellt man leicht selbst her. In den Baum gehängt, locken sie Wespen von den Früchten weg.*

Das Ausdünnen *trägt dazu bei, dass der Baum seine Energie in die Ausbildung größerer Früchte investiert, die dann zuverlässiger ausreifen.*

5 Ernte

Die Ernte reifender Früchte beginnt ab Hochsommer. Bei der Reife fühlen sich die Früchte etwas weich an und duften typisch. Lassen Sie die Früchte so lange wie möglich am Baum reifen, obwohl eine frühere Abnahme vor Wespenschäden schützt. Nehmen Sie zum Pflücken die Frucht in die Hand und drehen Sie leicht.

TIPP *Bei Bedarf reifen Früchte im Haus auf einem besonnten Fensterbrett voll aus.*

Pfirsiche und Nektarinen *gehören derselben Art an, nur haben Pfirsiche eine flaumbedeckte Schale. Anbau und Verzehr gleichen sich.*

6 Schnitt

Pfirsiche und Nektarinen fruchten vorwiegend an den Zweigen des Vorjahres. Jährlicher Schnitt führt zur Bildung von neuen Trieben. Gleich nach der Ernte entfernen Sie im Sommer bei eingewachsenen Bäumen ein Drittel der Fruchttriebe, sodass ein Gerüst aus gut verteilten, gesunden Ästen verbleibt. Um die Krankheit Bleiglanz zu vermeiden (siehe S. 244), schneiden Sie die Bäume zu keiner anderen Jahreszeit. Desinfizieren Sie das Werkzeug.

SCHRITT FÜR SCHRITT Feigen

Feigen schmecken so ganz nach Süden. Obwohl sie einen sonnigen Platz und zum Ausreifen lange Zeit brauchen, gedeihen sie fast überall. Lässt man sie einfach wachsen, werden Feigen große Bäume, doch man kann ihre Größe beschränken, indem man das Wurzelwerk begrenzt. Das fördert auch den Fruchtansatz. In kühleren Regionen kann man Feigen in Töpfen ziehen und im Winter schützen. Platzsparend gedeihen sie am Spalier.

	FRÜHLING	SOMMER	HERBST	WINTER
PFLANZEN				
ERNTE				

VON DER BLÜTE BIS ZUR ERNTE: 32–40 WOCHEN

GEEIGNET FÜR: BEETE UND PFLANZGEFÄSSE

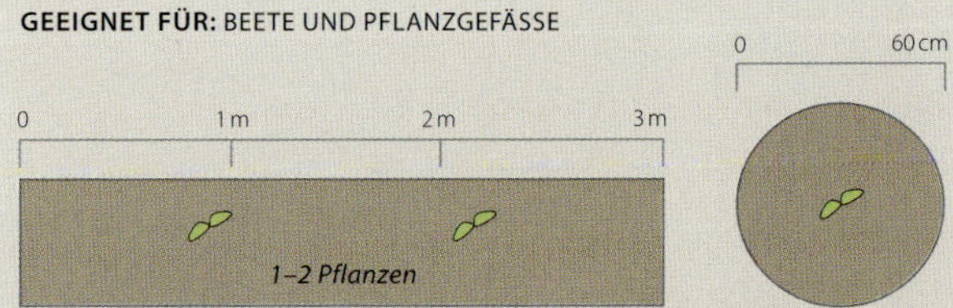

3 M LANGE REIHE
Pflanzabstand 1,5–3 m, je nach Unterlage

TOPF
je 1 Pflanze

1 Kulturbeginn

Feigen werden in der Regel als Topfware angeboten. Sie wachsen am besten bei einer Pflanzung im April an. Von den vielen Sorten werden nur wenige häufiger angeboten, vielleicht müssen Sie in einer spezialisierten Baumschule nachfragen. Die Blüten müssen nicht bestäubt werden, es genügt ein Baum.

'Brunswick' *braucht für eine gute Ernte einen milden Platz. Große, süße Feigen im Hochsommer.*

'Panachee' *entwickelt gestreifte Früchte. Gedeiht am besten an einer warmen Wand.*

'Brown Turkey' *wächst auch in kühleren Regionen. Die Sorte fruchtet im Spätsommer.*

'Rouge de Bordeaux' *bringt köstliche Feigen, gedeiht aber nur an einem warmen Platz gut,*

Graben Sie eine Grube, *die Sie am Rand mit Steinplatten auskleiden. Für eine gute Dränage füllen Sie 20 cm hoch Steine und Scherben ein.*

Pflanzen Sie den Baum *so tief, wie er im Topf stand, füllen Sie rundum Erde ein. Gießen Sie gut und schlagen Sie einen geeigneten Stützpfahl ein.*

2 Pflanzung

Lockern Sie den Boden, entfernen Sie Unkraut und mischen Sie für einen guten Wasserabzug Grobsand oder Rindenkompost (keinen Mist) unter. Um das Wurzelwerk zu begrenzen, legen Sie eine 60 × 60 cm große Pflanzgrube für den Baum an (siehe links). Ein Gefäß zum Bepflanzen muss mindestens 60 cm groß und tief sein. Füllen Sie unten Steine oder Tonscherben für den Wasserabzug ein, verwenden Sie erdiges Substrat.

TIPP *Richtig eingewachsene Feigenbäume vertragen Trockenheit recht gut.*

3 Pflege

Neu gepflanzte Feigen sollten Sie im ersten Jahr gießen, später, wenn die Früchte reifen. Zwar sind die Bäume winterhart, doch die Fruchtansätze, die überwintern (siehe unten), können Schäden durch Frost erleiden. Nach Möglichkeit sollte man die Gehölze zum Schutz mit Vlies bedecken. Ein jährlicher Schnitt empfiehlt sich.

Feigen gedeihen gut in Töpfen. *In kühleren Regionen kann man sie dann während des Winters ins Haus stellen, um die Früchte zu schützen.*

Alle größeren Früchte *entfernen Sie im Herbst. Dies verhindert, dass der Baum Energie für Früchte vergeudet, die nicht ausreifen werden.*

Reife Feigen verderben rasch. *Verzehren Sie die Früchte zum optimalen Zeitpunkt so schnell wie möglich. Überschüsse können Sie trocknen.*

4 Ausdünnen

In unserem kurzen Sommer reifen Feigen nicht binnen eines Jahres. Kleine Fruchtansätze, die im Spätsommer entstehen, überwintern am Baum, um erst im folgenden Sommer zu reifen. Alle Fruchtansätze, die größer als eine Erbse sind, sollten im Spätherbst durch Abzwicken entfernt werden.

5 Ernte

Feigen sollen vor dem Pflücken so lange wie möglich ausreifen, weil sie im Haus nicht mehr viel nachreifen. Reife Früchte hängen vom Ast herab, klebriger Saft erscheint am Grund, sie werden weich und duften dezent. Sie lassen sich leicht abnehmen. Womöglich werden Vögel angelockt.

6 Schnitt

Junge Bäume benötigen nur einen Formschnitt. Ältere Bäume schneidet man im Frühling zweimal. Im zeitigen Frühjahr werden einige der älteren Äste geschnitten, um Neuaustrieb anzuregen. Im Sommer werden die Spitzen des Neuaustriebs abgezwickt, um den Fruchtansatz zu fördern.

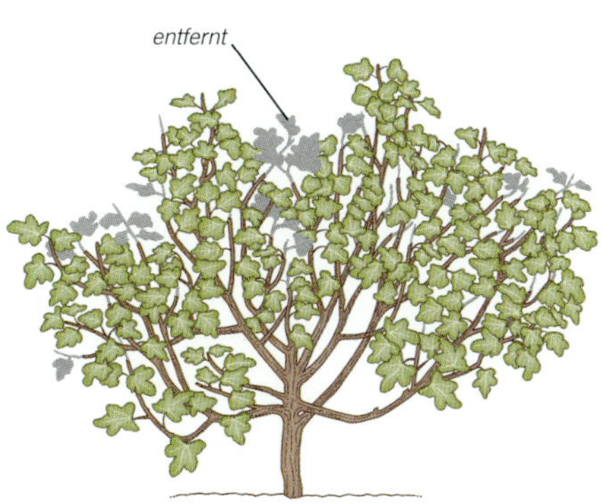

Anbauplanung Obst

Mithilfe dieser Tabelle können Sie die Pflanz-, Schnitt- und die Erntezeiten Ihrer Obst- und Beerengehölze planen. Die Termine für Ihre Region können ein wenig davon abweichen. Gießen Sie wurzelnackte Gehölze nach dem Einpflanzen gründlich, sogar im Winter.

KULTUR		FRÜHLING			SOMMER			HERBST			WINTER		
		FRÜH	MITTE	SPÄT	FRÜH	MITTE	SPÄT	FRÜH	MITTE	SPÄT	FRÜH	MITTE	SPÄT
ERDBEEREN	PFLANZEN (T)	■	■	■	■	■	■	■	■	■			■
	PFLANZEN (W)				■	■							
	ERNTE			■	■	■							
	SCHNITT												
MONATSERDBEEREN	PFLANZEN (T)	■	■	■	■	■	■	■	■	■			■
	PFLANZEN (W)		■		■	■							
	ERNTE				■	■	■	■					
	SCHNITT												
HIMBEEREN (Sommer)	PFLANZEN (T)	■	■	■	■	■	■	■	■	■			■
	PFLANZEN (W)	■							■				■
	ERNTE				■	■	■						
	SCHNITT				■	■		■	■	■			■
HIMBEEREN (Herbst)	PFLANZEN (T)	■	■	■	■	■	■	■	■	■			■
	PFLANZEN (W)	■											■
	ERNTE							■					
	SCHNITT											■	■
BROMBEEREN und HYBRIDEN	PFLANZEN (T)	■	■	■	■	■	■	■	■	■			■
	PFLANZEN (W)	■							■				■
	ERNTE					■	■	■					
	SCHNITT								■	■	■	■	■
ROTE und WEISSE JOHANNISBEEREN	PFLANZEN (T)	■	■	■	■	■	■	■	■	■			■
	PFLANZEN (W)	■	■						■				■
	ERNTE				■	■							
	SCHNITT				■	■			■	■	■	■	■
SCHWARZE JOHANNISBEEREN	PFLANZEN (T)	■	■	■	■	■	■	■	■	■			■
	PFLANZEN (W)	■	■						■				■
	ERNTE				■	■							
	SCHNITT								■	■	■	■	■
STACHELBEEREN	PFLANZEN (T)	■	■	■	■	■	■	■	■	■			■
	PFLANZEN (W)	■	■						■				■
	ERNTE				■	■							
	SCHNITT				■	■			■	■	■	■	■

LEGENDE

PFLANZEN (T): PFLANZE AUS TOPFKULTUR

PFLANZEN (W): WURZELNACKTE PFLANZE

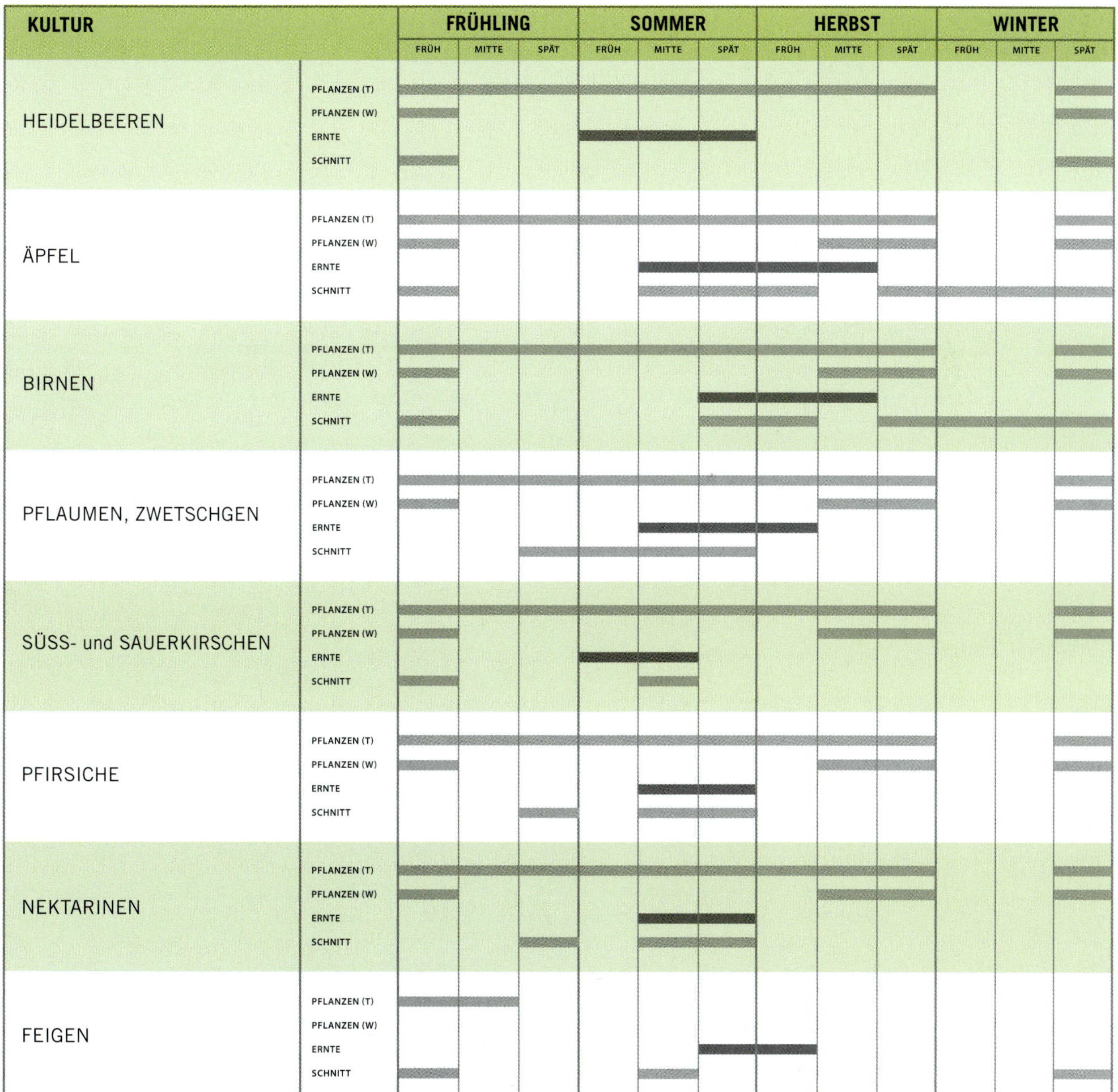

Kulturprobleme

Biologischer Anbau

Wenn Sie Obst und Gemüse selbst anbauen, haben Sie den großen Vorteil, sich für oder gegen eine biologische Kultur entscheiden zu können. Biologischer wie herkömmlicher Anbau haben ihre Vor- und Nachteile – wägen Sie sie sorgfältig ab. Vielleicht finden Sie einen Kompromiss und können beides beim Bestellen des Gartens verwirklichen: zum Beispiel an einer Stelle von Hand jäten, an anderer ein Herbizid einsetzen.

Verschiedene Methoden

Vereinfacht bedeutet herkömmlicher Anbau den Einsatz synthetischer Dünger und Pflanzenschutzmittel. Zum biologischen Gärtnern gehören naturgemäße Verfahren. Verhältnisse in der Natur werden zum Vorteil des Gärtners eingesetzt, es entsteht ein Gleichgewicht zwischen Räubern und Gejagten. Natürliche Ressourcen kommen überlegt und nachhaltig zum Einsatz, mit möglichst geringen Auswirkungen auf die Umwelt.

Düngung

Es steht eine ganze Bandbreite an organischen und synthetischen Düngern zur Verfügung. Doch nichts übertrifft organische Substanz, etwa Kompost oder verrotteten Mist, als Bodenverbesserer oder Mulchauflage.

Pflanzenschutz

Wer nicht biologisch wirtschaftet, kann Krankheiten und Schädlinge mit einer Vielzahl von Pflanzenschutzmitteln bekämpfen. Biologischer Anbau verlangt etwas mehr Planung und Sie setzen für den Pflanzenschutz verschiedene Verfahren ein. Zum Beispiel hält man mit eingesäten Ringelblumen Blattläuse von den Kulturen fern und betreibt Mischkultur. Biologischer Pflanzenschutz hat sich in Gewächshäusern bewährt: Natürliche Feinde bekämpfen die Schädlinge. Sie können auch Fangpflanzen setzen, um die Nutzpflanzen vor Angriffen zu schützen. Falls dies alles nichts nützt, stehen biologische Pflanzenschutzmittel zur Verfügung. In jedem Fall ist es besser, Krankheiten und Schädlingen vorzubeugen.

Unkraut bekämpfen

Wer herkömmlich arbeitet, kann auf schlagkräftige Herbizide zurückgreifen. Wollen Sie biologisch anbauen oder keine synthetischen Verbindungen ausbringen, stellt das Jäten von Hand die beste Möglichkeit dar. Entfernen Sie unerwünschte Kräuter frühzeitig. Wenn sie Samen bilden, haben Sie jahrelang Mühe damit.

(Links) **Kapuzinerkresse** *mit essbaren Blättern und Blüten ist eine gute Begleitpflanze. Sie soll Schwarze Bohnenläuse von Kulturpflanzen abziehen.*

(Rechts) **Eine Mulchauflage** *aus Rindenschnitzel unterdrückt das Unkrautaufkommen. In Mischkultur sind die Pflanzen vor Schädlingen besser geschützt.*

Problemen vorbeugen

Bei jeder Form des Anbaus sollten Sie bestrebt sein, kräftige, gesunde Pflanzen zu ziehen. Sie behaupten sich am besten gegen die Konkurrenz durch Unkräuter. Wählen Sie Kulturen, die sich für Ihren Standort eignen. Bessern Sie verdichteten Boden durch Zufuhr von reichlich organischer Substanz auf, sorgen Sie für eine gute Durchlüftung und weite Pflanzabstände, düngen Sie nährstoffarme Flächen auf.

Verbreitete Probleme

Viele Faktoren beeinflussen das Wachstum. Dazu gehören Ernährung, Boden und Klima. Wirken Pflanzen kränklich, braucht es manchmal detektivischen Spürsinn, um die genaue Ursache zu finden. Zum Beispiel kann es auf sandigen, sehr sauren oder alkalischen Böden zu Nährstoffmangel kommen (siehe S. 246), während durch Übernutzung ein bestimmter Nährstoff ausgelaugt wird. Unüberlegte Ausbringung von Dünger in der Hoffnung, einem Mangel zu begegnen, kann Schäden an Pflanzen und Umwelt bewirken.

Verdichtungen im Boden behindern das Wurzelwachstum, Staunässe führt zu faulenden Wurzeln, während im Regenschatten von Wänden oder Zäunen Trockenheit herrscht. Die Zufuhr organischer Substanz verbessert die Bodenstruktur. Schäden entstehen auch durch die Witterung, etwa Frostschäden, Sonnenbrand, Reibung durch Wind. Das kann dramatisch aussehen, doch bleibt das Wurzelsystem intakt und die Pflanzen treiben oft wieder aus und erholen sich (siehe S. 244).

Unkraut verhindern

Stellen wir uns eine ideale Gartenwelt vor, würde dort gar kein Unkraut vorkommen. In der Realität müssen wir dagegen vorgehen.

Doch mithilfe einer Mulchschicht lässt sich das Aufkommen unerwünschter Kräuter unterdrücken. Sie können Unkrautgewebe, schwarze Folie, Kartonstücke, Plastikplatten auslegen. Im Herbst aufgebracht, bleiben Sie vor einer Invasion von Wildkräutern im Frühling verschont. Als wirkungsvoll erweist sich auch eine dicke Auflage aus organischer Substanz wie Kompost oder gut verrotteter Stallmist. Bei deren Abbau werden zudem Nährstoffe freigesetzt. Besonders junge Pflanzen sind empfindlich gegen Konkurrenz durch

Ältere Zucchini-Pflanzen *und andere rankende Kulturen unterdrücken Unkraut auf natürliche Weise. Ähnliches gilt für Kartoffeln, Kürbis und Kulturen mit üppigem Blattwachstum wie Mangold.*

Gute Vorbereitung zahlt sich aus. *Lockern Sie den Boden zu Beginn der Wachstumszeit gründlich und entfernen Sie alles Unkraut.*

Unkräuter. Bereiten Sie daher das Beet ein oder zwei Wochen vor der Aussaat oder dem Bepflanzen vor, gießen Sie gut und halten Sie die Fläche feucht. Unkrautsamen keimen daraufhin. Die Sämlinge werden entfernt und erst dann säen Sie die gewünschten Kulturen ein.

Umgang mit Unkraut

Etliche biologische Methoden helfen gegen Unkraut vorzugehen. Das Ausgraben mit einer Hacke oder Handgabel stellt oft die beste Methode dar, jedoch können flach wurzelnde Kulturpflanzen wie Kirschen und Himbeeren Schäden an den Wurzeln erleiden. Mithilfe von Abflammgeräten kann man einjähriges Unkraut verbrennen, mehrjährige Pflanzen kann man unter einer Mulchauflage ersticken und dann im Ganzen ausgraben. Sie können außerdem unter mehreren hoch wirksamen Herbiziden wählen. Beachten Sie beim Einsatz sorgfältig die Anweisungen auf der Packung.

Tipps fürs Jäten

Tun Sie Ihr Möglichstes, um Unkraut auf Ihrer Fläche zu vermeiden oder zu entfernen. Es stellt eine Konkurrenz um Wasser, Nährstoffe, Platz dar und es kann Krankheiten und Schädlinge bergen. Beseitigen Sie Unkraut, bevor es Samen bildet.

1 Hacken und Jäten von Hand Wenn Sie mit einer Hacke zwischen den Reihen Unkraut entfernen, bewältigen Sie in kurzer Zeit eine große Fläche. Jäten Sie nach Möglichkeit an einem trockenen Tag, lassen Sie das Unkraut auf der Erde liegen und welken. Mehrjährige Unkräuter graben oder stechen Sie aus. Beseitigen Sie das komplette Wurzelwerk.

2 Düngen Kräftige, gesunde Pflanzen halten der Konkurrenz durch Unkraut am besten Stand. Bereiten Sie den Boden vor und mischen Sie bei Bedarf Dünger ein. Fügen Sie reichlich organische Substanz hinzu.

3 Mulchen Sogar wüchsigen, blattreichen Pflanzen wie Kartoffeln nützt eine Mulchschicht, etwa aus Stroh, die das Aufkommen von Unkraut in der Nähe der Kultur unterdrückt.

4 Pflanzen durch Folie Für viele Kulturen bietet sich das Pflanzen durch Löcher in schwarzen Kunststofffolien an. Dies unterdrückt nicht nur das Aufkeimen von Unkraut, sondern hält die Erde warm und schützt vor dem Austrocknen. Es empfiehlt sich für Erdbeeren und Zwiebeln, deren Laub den Boden wenig abschirmt.

1

2

3

4

Häufige Unkräuter

1 Brennnessel Die hohen Pflanzen können ein tief reichendes Wurzelwerk entwickeln, die Blätter brennen schmerzhaft. Graben Sie die Pflanzen komplett aus, um sie loszuwerden.

2 Sauerampfer Die breiten, wenig ansehnlichen Blätter dieser Staude verunstalten den Nutzgarten. Die Pflanzen haben lange Pfahlwurzeln, die man völlig ausstechen muss.

3 Kriechender Hahnenfuß Das einjährige Wildkraut kommt in vielen Gärten vor. Die Ausläufer durchziehen den Boden. Graben Sie alle Wurzeln aus, sonst kommt das Kraut wieder.

4 Hirtentäschel Das einjährige Unkraut trägt typische violette, herzförmige Samenkapseln. Damit es sich nicht ausbreitet, kompostieren Sie Pflanzen, bevor sich Samen bilden.

5 Gewöhnliches Greiskraut Aus gelben Blütenkörbchen entwickeln sich bei dem einjährigen Unkraut fedrige weiße Samenstände. Graben Sie die Pflanzen aus, bevor sie sich versamen.

6 Kletten-Labkraut Das einjährige Unkraut mit klebrigen, hakig-borstigen Trieben, die sich anheften, verbreitet sich schnell im Nutzgarten. Man kann es von Hand herausziehen.

7 Löwenzahn Das verbreitete mehrjährige Unkraut muss ausgestochen werden, bevor es Samen freisetzt. Entfernen Sie die ganze Pfahlwurzel; jedes verbliebene Stück treibt wieder aus.

8 Behaartes Schaumkraut Jung können Sie das einjährige, schnell wachsende Unkraut leicht herausziehen. Es sollten keine Schoten entstehen: Sie zerfallen und verstreuen Samen.

9 Acker-Kratzdistel Das hartnäckige mehrjährige Unkraut werden Sie schwer los. Womöglich brauchen Sie dafür Herbizide.

10 Zaunwinde Das ausdauernde Unkraut ist sehr schwer zu bekämpfen. Achten Sie darauf, die ganze Wurzel zu entfernen. Unter Umständen hilft nur ein systemisches Herbizid.

11 Einjähriges Rispengras Das bekannte Rasengras tritt im Nutzgarten als Unkraut auf. Am besten wird es immer wieder herausgehackt, damit es nicht blüht und Samen ansetzt.

12 Jakobs-Greiskraut Das einjährige Unkraut entwickelt hübsche gelbe Blütenköpfchen, aus denen sich Unmengen von Samen entwickeln. Graben Sie die Pflanzen rechtzeitig aus.

1

4

7

10

2

3

5

6

8

9

11

12

Krankheiten und Schädlinge vermeiden

Krankheiten und Schädlinge können in jedem Garten auftreten, allerdings lässt sich das Risiko dafür senken. Es gibt Methoden, um gegen auftretende Probleme vorzugehen. Maßnahmen zum Erhalt der Hygiene im Garten und kräftige Kulturen, die ausreichend gegossen, ernährt und belüftet sind, bedeuten eine gute Ausgangslage. Bedenken Sie: Krankheiten und Schädlingen vorbeugen fällt leichter als ihre Bekämpfung.

Das Entfernen befallener Pflanzen *kann im Hinblick auf den Anbauerfolg im folgenden Jahr entscheidend sein. Werden erkrankte Pflanzen entfernt, sinkt das Risiko einer Infektion im nächsten Jahr.*

Abwehr von Schädlingen

Nützlinge halten Schädlinge auf ganz natürliche Weise in Schach. Fördern Sie nützliche Kreaturen, indem Sie ihnen Lebensraum zur Verfügung stellen. Dazu zählen Teiche für Frösche und geeignete Blüten für Schwebfliegen. Das kann weitere nützliche Tiere anlocken wie Wildbienen und Schmetterlinge. In Betracht kommen biologische Bekämpfungsmethoden, etwa schädigen Schlupfwespen die Weiße Fliege, Raubmilben jagen Spinnmilben, winzige Fadenwürmer töten Schnecken ab. Nützlinge müssen Sie einsetzen, bevor die Schädlinge überhandnehmen, doch sie können gute Ergebnisse erzielen.

Andere biologische Maßnahmen sind einen Versuch wert: Sie können Kulturen mit Kulturschutznetz oder Hauben abdecken, ein Kupferband rund um den Topfrand wehrt Schnecken ab, versuchen Sie es mit Mischkultur. Eine klassische Partnerschaft besteht zwischen Ringelblumen und Tomaten – die Ringelblumen sollen Weiße Fliegen abwehren. Ein Wechsel des Anbauortes ist wichtig, um bodenbürtige Probleme auszuschalten. Größere Schädlinge wie Raupen können Sie von Hand absammeln.

Gerät ein Befall außer Kontrolle, bieten Pflanzenschutzmittel eine wirkungsvolle Abwehr. Zur Auswahl stehen organische Fettsäuren oder synthetische Wirkstoffe, die Sie genau nach Anweisung einsetzen.

Abwehr von Krankheiten

Für den Hausgarten ist nur eine beschränkte Zahl von Fungiziden zugelassen. Daher kommt es darauf an, Krankheiten im Vorfeld zu vermeiden. Es stehen biologische und herkömmliche Methoden zur Verfügung, doch das wichtigste Ziel besteht darin, Hygiene im Garten zu verwirklichen: Desinfizieren Sie das

Werkzeug, gießen Sie gut und sorgen Sie für eine ausreichende Belüftung.

Wer nicht biologisch wirtschaftet, kann auf Fungizide zurückgreifen, doch richten Sie sich immer nach den Vorgaben des Herstellers. Stark in Anspruch genommene Pflanzen müssen Sie vielleicht entfernen und als Verlust betrachten.

Resistente Sorten

Einer Infektion beugen Sie vor, wenn Sie resistente Sorten in nicht infizierte Erde setzen. Das kann für manche Kulturen wesentlich sein Der Kohl 'Kilaxy' zeigt sich recht widerstandsfähig gegen Kohlhernie. Das ist wichtig, weil es kein Pflanzenschutzmittel zur Bekämpfung der Krankheit gibt und die Sporen im Boden bis zu 20 Jahre überdauern. Resistente Sorten gibt es von vielen Kulturpflanzen. Resistenz bedeutet allerdings nicht Immunität, die Pflanzen können dennoch leiden.

Um die Gefahr von Neuinfektionen zu senken, *kompostieren Sie kein krankes Pflanzenmaterial. Als vorbeugende Maßnahme entfernen Sie alle erkrankten Pflanzen von Ihrem Grundstück.*

Natürliche Maßnahmen

Beugen Sie einem Befall durch Schädlinge vor. Kontrollieren Sie Ihre Kulturen täglich, um auftretende Probleme frühzeitig zu erkennen. Halten Sie Geräte zur Bekämpfung bereit. Weitere Informationen zu bestimmten Krankheiten und Schädlingen finden Sie auf den Seiten 238–247.

1 Bestäubende Insekten Wenn Sie Einjährige und ausdauernde Pflanzen mit nektarreichen Blüten setzen, locken Sie Schwebfliegen an, deren Larven Blattläuse massenweise vernichten. Die Blüten sehen nicht nur schön aus – sie holen Bienen und Schmetterlinge als Bestäuber in den Garten. Sorgen Sie für geeignete Überwinterungsplätze.

2 Nützliche Tiere Gestalten Sie Ihren Garten geeignet für Amphibien. Ein Teich, Holzstämme oder eine schattige, feuchte Ecke behagen Fröschen und Kröten. Diese vertilgen die am weitesten verbreiteten Schädlinge, nämlich Schnecken.

3 Kulturschutznetz Ein feinmaschiges Nest hält von Kohl schädliche Kohlweißlinge ab. Stützen Sie das Netz mit Stäben und graben Sie es rundum ein, damit die Schmetterlinge nicht unten hindurchschlüpfen.

4 Mischkultur Eine Umrandung aus Kapuzinerkresse, Ringelblumen oder Tagetes sieht nicht nur hübsch aus, sie zieht zudem unheilvolle Schädlinge, etwa Blattläuse, von den Ertrag bringenden Pflanzen ab.

Häufige Schädlinge

1 Wespen Diese verbreiteten Insekten gehen an das süße Fleisch reifer Früchte. Hängen Sie Marmeladengläser mit zuckerhaltigen Lösungen ins Geäst, um sie wegzulocken.

2 Kohlweißlingsraupen Beträchtlicher Fraßschaden kann durch die Larven entstehen. Sie können versuchen, sie abzusammeln, oder sie mit Kulturschutznetz abwehren.

3 Zwiebelfliege Die Maden fressen an den Wurzeln von Zwiebeln und Lauch, sie bewirken Fäulnis. Entfernen Sie betroffene Pflanzen, sorgen Sie für Fruchtwechsel und eine Vliesabdeckung.

4 Lauchmotte Die Raupen fressen Gänge im Laub und im Fleisch von Lauch und Zwiebeln. Töten Sie alle Motten ab, die Sie finden, und schützen Sie die Kulturen mit Vliesabdeckung.

5 Kartoffelkäfer Der in Amerika heimische, schwarz-gelb gestreifte Käfer hat sich weltweit verbreitet. Vor allem die hellroten Larven fressen am Laub von Kartoffeln und Tomaten.

6 Erbsenwickler Nach der Eiablage im Sommer bohren sich die Raupen in die Hülsen ein und fressen die Erbsen. Säen Sie frühe oder späte Sätze, spannen Sie Kulturschutznetz.

7 Möhrenfliege Die Maden fressen Gänge in die Wurzeln von Möhren und Pastinaken. Schützen Sie die Kulturen mit Vliesabdeckung oder wählen Sie tolerante Sorten.

8 Apfelwickler Die Raupen legen Fraßgänge in Äpfel und Birnen an und fressen im Kern. Setzen Sie Pheromonfallen ein.

9 Drahtwurm Die Larven des Schnellkäfers töten Sämlinge ab und fressen an Kartoffeln und Zwiebeln. Eine Bekämpfung mit Insektiziden ist nicht möglich, sammeln Sie die Tiere ab.

10 Mehlige Kohlblattlaus An der Unterseite von Kohlblättern können die Läuse in Massen auftreten. Sie saugen am Gewebe, das Laub vergilbt. Setzen Sie geeignetes Insektizid ein.

11 Weiße Fliege Das Insekt saugt an den Blattunterseiten und scheidet Honigtau aus, auf dem sich Schwärzepilze ansiedeln. Setzen Sie im Gewächshaus Nützlinge zur Bekämpfung ein.

12 Himbeerkäfer An Himbeeren, Brombeeren und Hybridbeeren ruft der Schädling graubraune Flecken auf den Früchten hervor. Die Bekämpfung gestaltet sich schwierig.

1

4

7

10

2

3

5

6

8

9

11

12

13 Erbsenblattrandkäfer Die Blätter von Erbsen und Bohnen frisst dieser Käfer am Rand buchtenförmig an. Das Blatt bleibt größtenteils unbehelligt, es entsteht kein gravierender Schaden. Weichen Sie notfalls auf eine Kultur in Töpfen aus.

14 Stachelbeersägewespe Beträchtlicher Schaden entsteht, wenn Sträucher von Stachelbeeren und Roten Johannisbeeren völlig kahl gefressen werden. Sammeln Sie die Raupen ab.

15 Pflaumenwickler Die rötlichen Raupen fressen in Zwetschgen, Pflaumen, Renekloden. Pheromonfallen, die im Frühsommer aufgehängt werden, können den Schaden senken.

16 Birnengallmücke Die Larven schlüpfen aus Eiern in den Blüten und fressen im Innern der Früchte, die schwarz werden und einschrumpeln. Entfernen Sie befallene Früchte.

17 Wanzen Sie saugen an den Früchten von Äpfeln und Schwarzen Johannisbeeren, dadurch entstehen verkorkte Stellen. Die betroffenen Früchte bleiben weiterhin essbar.

18 Kohlfliege Die weißen Larven dieses verbreiteten Schädlings an Kreuzblütlern fressen an den Wurzeln und schädigen junge Pflanzen. Krägen aus Pappkarton schützen am besten.

19 Blattläuse Die grünen oder schwarzen Läuse saugen an vielen Pflanzen. Sie bewirken, dass Neuaustrieb verkrüppelt. Fördern Sie natürliche Gegenspieler.

20 Rote Spinne Vor allem in Gewächshäusern wird das Laub vieler Pflanzen gesprenkelt. Es wird gelb und fällt ab. Eine biologische Bekämpfung mit Raubmilben hat sich bewährt.

21 Eulenraupen Die weißlich braunen Raupen fressen an den Wurzeln von Jungpflanzen und verursachen Löcher in Wurzelgemüse. Sammeln Sie die Schädlinge von Hand ab.

22 Schnecken Sehr häufig und rasch entsteht Schaden an Blattwerk und an Jungpflanzen. Wehren Sie Schnecken mit Barrieren aus Splitt, Kupferband oder Schneckenkorn ab.

23 Wurzelläuse Möhren und Salat sind dafür anfällig. Die Läuse saugen an den Wurzeln und führen zum Welken der Pflanzen. Halten Sie eine Fruchtfolge ein und gießen Sie gut.

24 Spargelhähnchen Erwachsene Käfer und die Larven fressen an Blättern und an den Stängeln von Spargel. Die Pflanzen werden rasch entblättert, Triebe sterben ab. Sammeln Sie möglichst viele der Schädlinge ab.

13

16

19

22

14

15

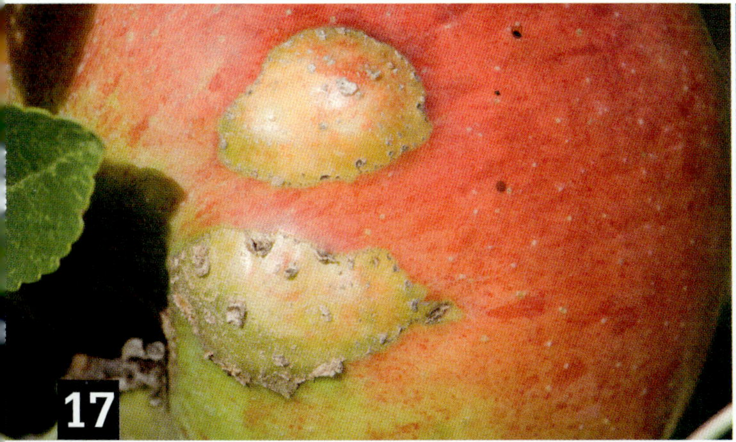
17

18

20

21

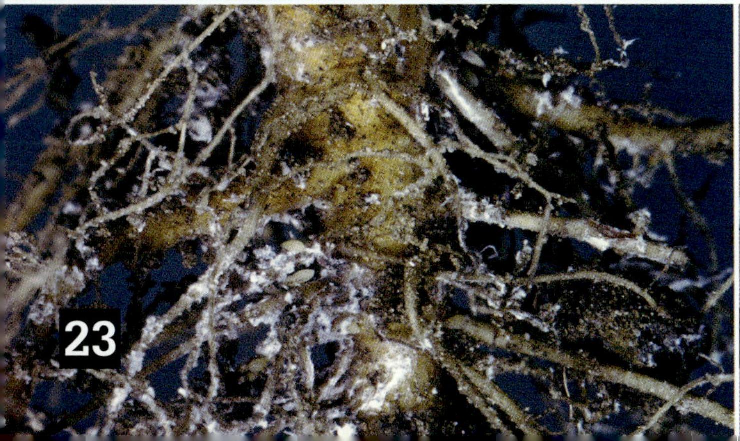
23

24

Häufige Krankheiten

1 Schorf Braune Flecken entstehen auf der Schale von Äpfeln und Birnen. Sie können sich auf Blätter und Äste ausbreiten. Rechen Sie Falllaub im Herbst zusammen.

2 Amerikanischer Stachelbeermehltau Auf Blättern, Früchten und Stängeln bildet sich ein grauer Pilzbelag. Schneiden Sie die Pflanzen, gießen Sie gut, um die Befallsgefahr zu mindern.

3 Rost Auf vielen Pflanzen treten diese Pilze auf, dabei bilden sich orangefarbene Pusteln auf Blättern oder Stielen. Entfernen Sie befallene Pflanzenteile und halten Sie Fruchtwechsel ein.

4 Bakterielle Blattflecken Abgestorbene, von einem gelben Ring umgebene Zonen entstehen auf Blättern von Kohlgewächsen und Gurken. Entfernen Sie krankes Laub.

5 Kohlhernie Der Schleimpilz tritt an Kreuzblütlern auf. Die Wurzeln schwellen an, das Laub welkt, Pflanzen können absterben. Erhöhen Sie den pH-Wert, sorgen Sie für Dränage.

6 Falscher Mehltau Braune Flecken entstehen auf den Blättern von Salat, Kohlgewächsen, Erbsen mit pelzigem Belag auf den Unterseiten. Entfernen Sie krankes Laub, belüften Sie gut.

7 Krautfäule an Tomaten Vor allem Exemplare im Freiland zeigen Fäulnis an Stängeln, Blättern und Früchten. Entfernen Sie kranke Teile, spritzen Sie vorbeugend mit Kupfermitteln.

8 Gurkenmosaikvirus Die Blätter wirken gescheckt und verkrüppelt, das Fruchtwachstum stockt. Die Krankheit befällt viele Kulturen, entfernen Sie betroffene Pflanzen unverzüglich.

9 Zwiebelhalsfäule Zwiebeln werden weich und sind mit grauem Pilzbelag bedeckt. Sorgen Sie für Fruchtwechsel.

10 Zwiebelweißfäule Die Krankheit kann jahrelang im Boden überdauern. Die Zwiebeln faulen, das Laub stirbt ab. Entfernen Sie kranke Pflanzen behutsam, um Ansteckung zu vermeiden.

11 Monilia-Fruchtfäule An verschiedenen Obstbäumen (Äpfel, Birnen) bewirkt der Pilz faulendes Fruchtfleisch und braune Pusteln auf der Schale. Entfernen Sie betroffene Früchte sofort.

12 Pilzliche Blattflecken Bei vielerlei Kulturen, etwa Sellerie und Erdbeeren, entstehen auf den Blättern graue, braun umrandete Flecken. Entfernen Sie befallenes Laub.

2

3

5

6

8

9

11

12

13 Sklerotinia-Fäule Sellerie und andere Kulturen vergilben und welken plötzlich. Im wattigen Pilzbelag zeigen sich oft schwarze Dauersporen. Diese überdauern im Boden jahrelang, daher müssen Sie befallene Pflanzen sofort entfernen.

14 Erdbeerviren Sie rufen zahlreiche Symptome hervor, etwa vergilbende Blätter und gestauchten Wuchs. Entfernen Sie betroffene Pflanzen und beugen Sie durch Fruchtwechsel vor.

15 Obstbaumkrebs Verletzungen an Baumstämmen wuchern, oft kommt es zu Gummifluss an der Borke. Schneiden Sie infizierte Stellen großzügig aus, spritzen Sie mit Kupfermitteln.

16 Blütenendfäule Als Folge von Kalziummangel entstehen dunkle, später verhärtete Stellen auf Tomaten, Paprika und anderen. Entfernen Sie befallene Früchte und gießen Sie gut.

17 Bitterfäule Schwarze, oft eingesenkte Flecken erscheinen auf der Schale von Äpfeln, deren Fleisch dann bitter schmeckt. Mulchen Sie befallene Obstbäume und gießen Sie gut; die Erscheinung geht auf Kalziummangel bei Trockenheit zurück.

18 Kartoffelschorf In trockenen Böden mit wenig organischer Substanz ruft die Krankheit unansehnliche, verkorkte braune Stellen auf der Schale hervor. Wählen Sie resistente Sorten.

19 Vertrocknungen Entweder pralle Sonne oder kalte, trockene Winde führen zu Wasserverlust, das Gewebe wird braun und dürr. Schirmen Sie Pflanzen ab, gießen Sie am kühlen Abend.

20 Himbeerrutensterben Die Ruten werden spröde und reißen auf, das Laub welkt. Schneiden Sie alles erkrankte Holz aus. Lichten Sie aus, um eine gute Durchlüftung zu gewährleisten.

21 Echter Mehltau Die kulturspezifischen Pilzarten befallen viele Nutzpflanzen, etwa Gurken. Entfernen Sie Blätter und Früchte mit dem weißen Belag. Gießen Sie gut.

22 Hallimasch Der Pilz kann Gehölze zum Absterben bringen. Ockergelbe Gruppen von Hutpilzen erscheinen oft im Herbst. Entfernen Sie Pflanzen mit weißem Pilzwachstum.

23 Bleiglanz Das Laub von Steinobst wirkt grau-silbrig, Äste können absterben. Schneiden Sie im Sommer, um die Infektionsgefahr gering zu halten.

24 Grauschimmel Der Pilz *Botrytis* ruft einen grauen, pelzigen Belag hervor. Das Gewebe fault und stirbt ab. Entfernen Sie alle erkrankten Pflanzenteile unverzüglich.

14

15

17

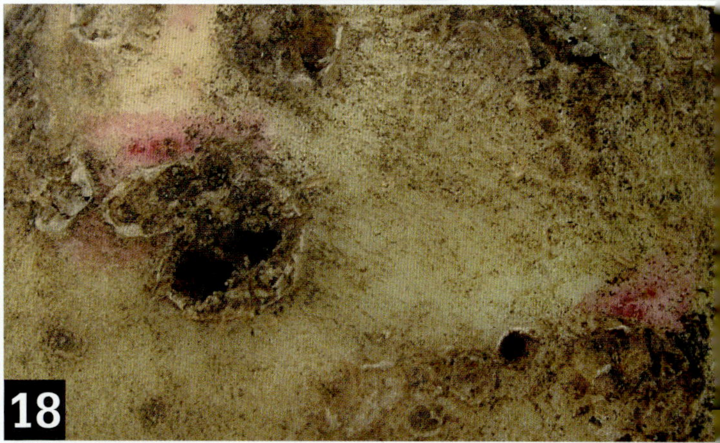
18

20

21

23

24

25 Brennflecken Auf Blättern, Stängeln und Hülsen von Dicken Bohnen entstehen braune oder graue Flecken, die sich ausdehnen. Entfernen Sie infizierte Pflanzen aus dem Garten.

26 Schwarzbeinigkeit Die Blätter von Kartoffeln vergilben, die Triebe faulen und werden am Grund schwarz. Entfernen Sie alle infizierten Pflanzen und wechseln Sie die Anbaufläche.

27 Geisterflecken Auf der Haut von Tomatenfrüchten bilden sich aufgehellte gelbe oder grüne Ringe. Sie bleiben essbar.

28 Umfallkrankheit Sämlinge im Gewächshaus brechen zusammen, die Wurzeln werden geschädigt. Abhilfe bringt die Anzucht in sauberen Gefäßen und Gießen mit Leitungswasser.

29 Pastinakenkrebs Die Wurzeln werden geschädigt, es bilden sich orange-braune Wucherungen, auf Blättern erscheinen helle Flecken. Achten Sie auf Resistenzen und Fruchtwechsel.

30 Kraut- und Knollenfäule An Kartoffeln zeigt sich fleckiges Laub, das abstirbt, später werden die Knollen infiziert. Entfernen Sie erkrankte Blätter sofort. Wählen Sie resistente Sorten.

Nährstoffmangel-Erscheinungen

1 Eisen Aufgehellte Blätter, die später am Rand braun werden, können auf Eisenmangel hindeuten. Geben Sie Eisenchelat.

2 Kalzium Wassermangel auf sauren Böden kann die Aufnahme von Kalzium stören. Es kann zur abgebildeten Blütenendfläule kommen. Gießen Sie gut, kalken Sie den Boden.

3 Magnesium Das Laub vergilbt und wird zwischen den Blattadern braun. Sprühen Sie Magnesiumsulfat auf die Blätter.

4 Bor Ein Mangel kann an vielen Kulturen auftreten, Wurzeln spalten sich auf, Zuckermais entwickelt sich nicht vollständig. Geben Sie Bor über eine Boden- oder eine Blattdüngung.

5 Kalium Blätter werden braun, die Pflanzen blühen und fruchten schwach. Kalium wird im Boden leicht ausgewaschen. Düngen Sie zum Ausgleich mit Tomatendünger.

6 Stickstoff Das Laub wird gelb, das Wachstum ist schwach. Mischen Sie verrotteten Stallmist ein oder geben Sie Dünger.

25

28

1

4

26

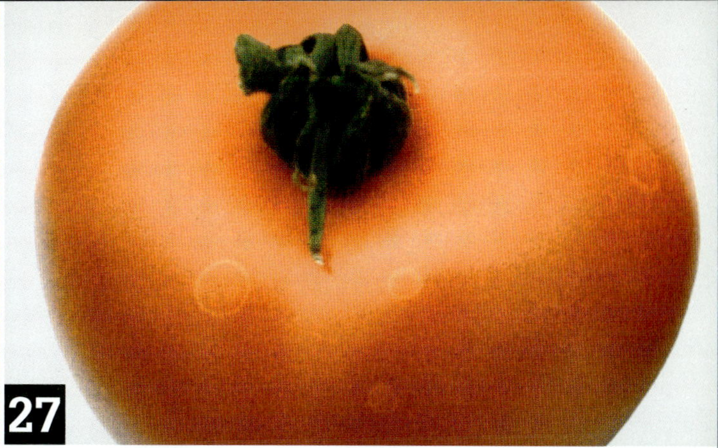
27

29

30

2

3

5

6

Bezugsquellen

Saatgut und Jungpflanzen

Arche Noah
Obere Straße 40
A-3553 Schiltern
Tel: +43(0)2734 8626
netzwerk.arche noah.at

Bingenheimer Saatgut AG
Kronstraße 24
61209 Echzell
+49(0)6035 18990
www.oekoseeds.de

Baldur-Garten GmbH
Albert-Einstein-Allee 4–6
64625 Bensheim
Tel: +49(0)18051035-11
www.baldur-garten.de

N. L. Chrestensen
Erfurter Samen- und Pflanzenzucht GmbH
Witterdaer Weg 6
99092 Erfurt
Tel: +49(0)361 22450
www.gartenversandhaus.de

Dreschflegel GbR
Postfach 1213
37202 Witzenhausen
Tel: +49(0)5542 502744
www.dreschflegel-saatgut.de

Samen Fetzer e.K.
Lichtensteinstraße 74
72770 Reutlingen-Gönningen
Tel: +49(0)7072 91220
www.samen-fetzer.de

Hild Samen GmbH
Kirchenweinbergstraße 115
71672 Marbach am Neckar
Tel: +49(0)7144 8473-11
www.hildsamen.de

Kiepenkerl-Pflanzenzüchtung
Bruno Nebelung GmbH & Co. KG
Freckenhorster Straße 32
48351 Everswinkel
Tel: +49(0)2582 6700
www.kiepenkerl.de

www.olerum.de
(Gemeinschaftlicher Onlineshop von inhabergeführten Gartencentern)

Pflanzenfee
niceshops Handels GmbH
Lugitschstraße 4
A-8330 Feldbach
0800 1003 5007 (A)
0800 07 104 7007 (D)
www.pflanzenfee.com

Gärtner Pötschke
Beuthener Straße 4
41564 Kaarst
Tel: +49(0)1805 861100
www.poetschke.de

Reinsaat KG
A-3572 St. Leonhard am Hornerwald 69
Tel: +43(0)2987 2347
www.reinsaat.com

Samenprofi Versandhandel
Kaiserstraße 82
61169 Friedberg
Tel: +49(0)6031 791610
www.samen-profi.de

Sativa Rheinau AG
Klosterplatz 1
CH-8462 Rheinau
Tel: +41(0)52 3049160
www.sativa-rheinau.ch

Gustav Schlüter GmbH
Bahnhofstraße 5
25335 Bokholt-Hanredder
Tel: +49(0)4123 2021
www.garten-schlueter.de

Sperli
Kirchdorferstraße 177
26605 Aurich
Tel: +49(0)41 998935
www.samenfachversand.de

Thompson & Morgan
Poplar Lane
Ipswich
Suffolk
IP8 3BU
0844 248 5383
www.tandmworldwide.com

Tom-Garten Shop
ESH-Rhenania GmbH
Im Weidboden 12
57629 Norken
Tel: +49(0)2661 9405223
www.tom-garten.de

Andreas Tucher
August-Bebel-Straße 4
99880 Waltershausen
Tel: +49(0)176 62524972
www.querbeet-jungpflanzen.de

Obstbäume und -sträucher

Bioland Baumschule & Obstgarten
Dr. Ute Hoffmann
Uepser Heide 1
27330 Asendorf
Tel: +49(0)4253 800622
www.hoffmann-obstbaumschule.de

Baumschule Horstmann GmbH & Co. KG
Bergstraße 5
25582 Hohenaspe
Tel: +49(0)4893 376890
www.baumschule-horstmann.de

Kiefer Obstwelt GmbH
Allmendgrün 20
77799 Ortenberg
Tel: +49(0)781 9322500
www.kiefer-obstwelt.de

Johannes Schmitt
Hauptstraße 10
91099 Poxdorf
Tel: +49(0)9133 1049
www.obstbaum-schmitt.de

Obstbaumschule Schreiber
Schubertstraße 23
A-2170 Poysdorf
Tel: +43(0)2552 2676
www.schreiber-baum.at

Sindelhof
Sindel 95
CH-5224 Unterbözberg
Tel: +41(0)56441 1647
www.sindelhof.ch

Biologischer Pflanzenschutz

Andermatt Biocontrol AG
Stahlermatten 6
CH-6146 Grossdietwil
Tel: +41(0)629175005
www.biocontrol.ch

Biocare
Gesellschaft für Biologische
Pflanzenschutzmittel GmbH
Dorfstraße 4
37574 Einbeck
Tel: +49(0)5561 971140
www.biocare.notrix.de

W. Neudorff GmbH KG
An der Mühle 3
31860 Emmerthal
Tel: +49(0)5155 6240
www.neudorff.de

prime factory GmbH & Co. KG
Abteilung Schneckenprofi
Itzehoer Straße 10
25581 Hennstedt
Tel: +49(0)4877 9901790
www.schneckenprofi.de

Sautter & Stepper
Rosenstraße19
72119 Ammerbuch
info@nuetzlinge.de
Tel: +49(0)7032 9578-30
www.nuetzlinge.de

Hatto & Patrick Welte GdbR
Maurershorn 18b
78479 Reichenau
Tel: +49(0)7534 7190
www.welte-nuetzlinge.de

Gartenzubehör und Werkzeug

Ambissoires
aha-zeitnah-service
Nachtigallenweg 3
50181 Bedburg
Deutschland
Tel: +49(0)2272 4082764
ambissoires.eshop.t-online.de

Bakker
22922 Ahrensburg
Tel: +49(0)4102-499 111
www.bakker-holland.de

Biogarten
CH-6146 Grossdietwil
Tel: +49(0)62 917 50 00
www.biogarten.ch

Lubera AG
Lagerstraße
CH-9470 Buchs SG
Tel: +41(0)81 7563033
Tel. aus Deutschland: 07543
9892505
www.lubera.com

Harald Schreiner und Gerhard Hofmann GbR
Schulstraße 26
36208 Wildeck
Tel: +49(0)941 9455814
www.gewaechshaus-shop.de

Gartenbedarf-Versand Richard Ward
Günztalstraße 22
D-87733 Markt Rettenbach
Tel: +49(0)8392-1646
www.gartenbedarf-versand.de

Register

Die Beschreibungen der Kulturen sind mit fetten Seitenzahlen angegeben. Darin finden sich Angaben zur Aussaat, Anzucht, Düngung, Kultur, Ernte und zum Gießen. Diese Angaben sind nicht weiter aufgeführt.

A

Abhärten 22–23, 36
Alkalischer Boden 20–21
Amchoi 'Red Giant' 120
Ameisen 26
Amerikanischer Stachelbeermehltau 242, 243
Anbau in Pflanzgefäßen 11, 13, 19, 28–31, 34, 44, 46, 48
Anbaufläche 6–31
Anbauplanung 32–49
  Gemüse 196–197
  Obst 226–227
  Pflanzgefäße 44, 46, 48
Anhäufeln
  Fenchel 173
  Kartoffeln 38, 39, 147
  Kohlpflanzen 103, 105, 107
  Lauch 160–161
  Staudensellerie 175
  Zuckermais 167
Anzuchtsysteme 22
Äpfel 17, 46, **214–215,** 227
  'Bramleys Sämling' 214
  'Cox Orange' 214
  'Greensleeves' 214
  'James Grieve' 214
Apfelwickler 238–239
Arbeiten im Jahreslauf 35, 37, 39, 41
Artischocken 48–49, 179, **182–183,** 197
  'Concerto' 182
  'Green Globe Improved' 182
  'Gros Vert de Laon' 182
  'Purple Globe' 182
Asia-Salate 35, 45, 49, **120–121,** 196
Astschere 14
Auberginen 22, 47, **64–65,** 196
  'Black Enorma' 64
  'Calliope' 64
  'Moneymaker' 64
Ausdünnen von Sämlingen 36, 37, 39
Auslichten von Obstbäumen 215, 217, 219, 223, 225
Ausrüstung 14–15
Aussaat 22–25
  Ausstattung 14, 22, 37
  direkt 23, 36, 37, 40, 42
  satzweises Säen 16–17, 40, 42, 45
Aussaaterde 22
Auswahl von Kulturen 9, 10–13, 16–17, 48–49, 237
Auszwicken, Pinzieren 22–23
Automatische Bewässerung 28, 30

B

Baby-Gemüse 12–13
Bakterielle Blattflecken 242
Balkonkästen 29, 44
Basilikum 25, 39, 118, 190–191
Beeren 23, 28
  Einfrieren 17
  siehe auch Heidelbeeren, Brombeeren, Stachelbeeren, Himbeeren, Erdbeeren
Beet vorbereiten 34–35
Bewässerung 30
Biologischer Anbau 230–231, 232–233, 236–237
Biologischer Pflanzenschutz 230, 236, 237
Birnen 17, **216–217,** 227
  'Hochfeine Butterbirne' 216
  'Concorde' 216
  'Vereinsdechantsbirne' 216
  'Packham's Triumph' 216
Birnengallmücke 240
Bitterfäule 244, 245
Blattflecken
  bakteriell 242
  pilzlich 242, 243
Blattläuse 183, 230, 240
Blattrandkäfer an Erbsen und Bohnen 240
Blattsalat 18, 22, 41
  'Freckles' 114
  im Pflanzplan 35, 45, 47, 49, 196
  'Little Gem' 114
  'Lollo Rossa' 114
  'Mottistone' 114
  'Nymans' 114
  'Pinocchio' 114
  Schnitt- und Pflücksalat **116–117**
  'Sioux' 114
  'Tom Thumb' 114
  'Winter Density' 114
Bleichen 17, 129, 173, 175, 160–161, 187
Bleiglanz 219, 221, 223, 244, 245
Blumenkohl **100–101,** 196
  'Mayflower' 100
  'Snowball' 100
  'Violet Queen' 100
  'Walcheren Winter Pilgrim' 100
Blütenendfäule 55, 244, 246, 247
Boden 20–21, 232
  Testset 20, 212
Bodenart 20–21, 31
Bodenpflege 21
Bodenvorbereitung 20–21, 26, 34–35, 42
Bohnen *siehe* Dicke Bohnen, Gartenbohnen, Feuerbohnen
Bor, Bormangel 31, 246
Botrytis (Grauschimmel) 159, 244, 245
Boysenbeeren 204
Braunfäule 242, 243
Brennfleckenkrankheit 246
Brokkoli 17, 23, 47, 49, **102–103,** 196
  'Belstar' 102
  'Corvet' 102
  'Fiesta' 102
  'Romanesco' 102
Brombeeren **204–205,** 226
Brunnenkresse 48, **130–131,** 197
Buschbohnen *siehe* Gartenbohnen

C

»carbon footprint« 8
Chicorée 47, 48, 49, **126–127,** 197
  'Palla Rossa' 126
  'Pan di Zucchero' 126
  'Treviso Precoce Mesola' 126
  'Variegata di Castelfranco' 126
Chilis, Peperoni 13, 17, 22, **60–61,** 196
Cloches *siehe* Hauben

D

Dämpfen 246
Darren 17
Dicke Bohnen 25, 44, 49, **76–77,** 196

'Jubilee Hysor' 76
'Stereo' 76
'Super Aquadulce' 76
'The Sutton' 76
Dill 190, 191
Direktsaat 22, 37
Drahtwurm 238, 239, 240, 241
Düngemittel 31
Düngen 20–21, 35, 39, 41, 230, 232, 233

E

Echter Mehltau 81, 83, 244, 245
Eigene Anzucht 22–23
Eigener Anbau 8–9
Einfache Kulturen 44–45
Einfacher Schutz 25
Einfrieren 17, 43
Einjährige Kräuter 47, **190–191,** 197
Einjährige Unkräuter 234–235
Einkochen 17
Eisen, Eisenmangel 21, 31, 246
Endivie **128–129,** 197
'Frenzy' 128
'Glory' 128
'Kentucky' 128
'Natacha' 128
Erbsen 25, 46, **68–69,** 196
'Douce Provence' 68
Erbsensprossen 118
'Feltham First' 68
'Meteor' 68
'Oregon Sugar Pod' 68
Erbsenblattrandkäfer 240
Erbsenwickler 240, 241
Erdbeeren 9, 17, 47, 49, **200–201**
'Flamenco' 200
'Korona' 200
'Pegasus' 200
'Symphony' 200
Erdbeerviren 244, 245
Erdsäcke 11, 54
Ernte 40–41
Ertragshöhe 12
Eulenraupen 240, 241

F

Falscher Mehltau 123, 242, 243
Familienbeet 46–47
Fäule
Blütenendfäule 55, 244, 246, 247
Braunfäule 242, 243
Sklerotinia-Fäule 244
Zwiebelhalsfäule 242, 243
Zwiebelweißfäule 242
Feigen 18, **224–225,** 227
'Brown Turkey' 224
'Brunswick' 224
'Panachee' 224
'Rouge de Bordeaux' 224
Feinschmecker, Kulturen 48–49
Feldsalat 116
Fenchel (Gemüse) 48, 49, **172–173,** 197
'Finale' 172
'Perfection' 172
'Sirio' 172
'Zefa Fino' 172
Fenchel (Teekraut) 192, 194
Fenster, Kultur am 24, 25
Feuerbohnen 22, 35, 36, 37, 40, 43, 44, **70–71,** 196
'Desiree' 70
'Lady Di' 70
'Polestar' 70
'White Lady' 70
Fläche herrichten 34
»food miles« 8
Frostsenken 19
Fruchtgemüse 52–65
Fruchtkäfig 205, 207, 211, 213
Fruchtwechsel 238
Frühlingszwiebeln **158–159,** 197
'Guardsman' 158
'North Holland Blood Red' 158
'Summer Isle' 158
'White Lisbon' 158
Fuchsschwanz 14

G

Gartenbohnen 17, 44, 47, **72–73,** 74–75
'Amethyst' 74
'Borlotto' 74
'Cobra' 74
'Delinel' 74
'Purple Teepee' 74
'Rocquencourt' 74
'Selma Zebra' 74
'Speedy' 74
'The Prince' 74
Gartengröße 9, 10–13, 34
Gartenschere 14, 15
Geisterflecken an Tomaten 246, 247
Gemeinschaftsgärten 9
Gemüsekürbis (Zucchini) 41, 83
Gesundheitsaspekt 8
Gewächshäuser 24
Gießen 18, 19, 26, 28, 30–31, 37, 48
Grabegabel 14, 15
Grauschimmel (*Botrytis*) 159, 244, 245
Grauwasser 31
Grundstücksgröße 9, 10–13, 34
Gründüngung 43
Grünkohl 19, 35, 39, 43, 48, **108–109,** 196
'Cavolo Nero' 108
'Nero di Toscana' 108
'Redbor' 108
'Starbor' 108
Gurken 22, 35, 38, 40, 46, **80–81,** 196
'Burpless Tasty' 80
'Crystal Apple' 80
'Masterpiece' 80
'Passandra' 80
Gurkengewächse 78–91
siehe auch Gurken, Zucchini, Kürbis
Gurkenmosaikvirus 242, 243

H

Hacke 14, 15, 233
Hallimasch 244
Hängekörbe 13, 29, 44
Hängetomaten 13, 54, 56
Hauben 15, 16, 22, 24, 25, 35, 36, 43
Heidelbeeren 46, 49, **212–213,** 227
'Bluetta' 212
'Herbert' 212
'Jersey' 212
'Spartan' 212
Herbstrübchen *siehe* Speiserübchen
Himbeeren **202–203,** 226, 233
'All Gold' 202
'Cascade Delight' 202
Herbsthimbeeren 45, 202, 203, 226
sommerfruchtende 202, 203, 226
'Joan J' 202

'Tulameen' 202
Himbeerkäfer 238, 239
Himbeerrutensterben 244, 245
Hochbeete 19, 20, 21, 26–27
Hülsenfrüchte 66–77
Hybridbeeren **204–205,** 226
Hygiene im Garten 35, 39, 236

I J

Insekten
Nützlinge 236, 237
Schädlinge, häufige 238–241
Japanische Zwiebeln **152–153,** 154, 155
Jäten, Unkrautbekämpfung 14, 15, 21, 34, 230, 232–233
Johannisbeeren, Rote 17, 47, 49, **206–207,** 226
'Jonkheer van Tets' 206
'Red Lake' 206
Johannisbeeren, Schwarze **208–209,** 226
'Ben Connan' 208
'Ben Lomond' 208
'Ben Sarek' 208
'Ebony' 208
Johannisbeeren, Weiße **206–207,** 226
'Blanka' 206
'Weiße Versailler' 206
Jungpflanzen 22–23
Junifruchtfall 217

K

Käfer
Erbsenblattrandkäfer 240
Erdflöhe 109, 121, 135, 141, 145
Himbeerblütenstecher 238, 239
Kartoffelkäfer 238, 239
Spargelkäfer 240, 241
Kalium, Kaliummangel 31, 246, 247
Kalter Kasten 24–25
Kalzium, Kalziummangel 21, 246, 247
Blütenendfäule 55, 244, 246, 247
Kapuzinerkresse 230, 237
Kartoffelkäfer 238, 239
Kartoffeln 16, 17, 18, 28, 44, 49, **146–147**
Frühkartoffeln 45, 47, 146, 147, **148–149**
'Accent' 148
'Belle de Fontenay' 148
'Charlotte' 148
'Concorde' 148
'Foremost' 148
'Pink Fir Apple' 148
'Ratte' 148
'Red Duke of York' 148
'Yukon Gold' 148
Kartoffelschorf 21, 35, 42, 43, 45, 146, 147, 148–149, 244, 245
Kauf von Pflanzen 22, 23
Keimpflanzen **118–119**
Kirschen 18, **220–221,** 227, 233
'Lapins' 220
'Rote Maikirsche' 220
'Morello' 220
'Sweetheart' 220
Kleine Flächen, Anbau 10–13
Kleingewächshaus 24
Kleinklima 10, 11, 18–19
Klimaverhältnisse 10, 11, 18–19, 232
Knoblauch 17, 44, 49, **162–163,** 197
'Early Wight' 162
'Elephant' 162
'Mediterranean' 162
'Solent Wight' 162
Kohlerdflöhe 109, 121, 135, 141, 145
Kohlfliegen 240, 241
Kulturschutznetz 93, 94, 121, 135
Kohlgewächse **92–109**
Kohlhernie 21, 237, 242, 243
Kohlpflanzen 19, 22, 23, 26, 28, 46
siehe auch Kopfkohl, Blumenkohl, Brokkoli, Winterbrokkoli, Rosenkohl, Grünkohl, Mairübchen, Steckrüben, Kohlrabi
Kohlrabi 35, 39, 46, 48, **170–171,** 197
'Kolibri' 170
'Purple Danube' 170
'Quick Star' 170
'Superschmelz' 170
Kohlweißling 95, 238, 239
Kompost 31, 34, 42, 43, 230, 237
siehe auch organische Substanz
Konservieren 17
Kopfdüngung 28
Kopfkohl 46, 48, **94–95**, 96–97
'Derby Day' 96
'Duncan' 96
'Greyhound' 96
'Hispi' 96
'Hotspur' 96
'Kalibos' 96
'Marner Frührot' 96
'Red Jewel' 96
'Stonehead' 96
Koriander 35, 39, 43, 118, 190, 191
Krankheiten 35, 39, 230, 236–237
häufige 242–247
vermeiden 236–237
Kräuselkrankheit an Pfirsich 222
Kraut- und Knollenfäule an Kartoffeln 246, 247
Kräuter *siehe* Küchenkräuter
Krautfäule an Tomaten 242
Krebs 244, 245
Obstbaumkrebs 244, 245
Pastinakenkrebs 246, 247
Kresse 28, 116, 131
Küchenkräuter 13, 18, 19, **188–195**
einjährige Kräuter 190–191
mehrjährige Kräuter **192–193,** 194–195
Kühler Standort 18–19
Kulturdauer 12
Kulturen für Feinschmecker 48–49
Kulturprobleme 228–247
Kulturschutznetz 93, 94, 236, 237, 238
Kürbis 13, 22, 40, **84–91**
Gemüsekürbis (Zucchini) 44, 47, **82–83,** 232
Riesenkürbis **90–91**
Sommerkürbis **84–85**
Winterkürbis **86–89**

L

Lagerfähigkeit, Lagern 16. 17
Lauch 18, 47, **160–161,** 197
'King Richard' 160
'Musselburgh' 160
'Swiss Giant Zermatt' 160
'Toledo' 160
Lauchmotte 161, 238
Läuse 113, 230, 237, 240
siehe auch Blattläuse, Mehlige Kohlblattlaus, Schwarze Bohnenlaus, Wurzelläuse
Lehmiger Boden 20, 31
Licht 18, 22, 24, 25
Loganbeeren 204
Lorbeer 194, 195

M

Magnesium, Magnesiummangel 21, 31, 246, 247
Mairübchen *siehe* Speiserübchen
Majoran 193, 194, 195
Mangan 21
Mangold 13, 19, 39, 43, 45, 46, 48, **124–125**
'Bright Lights' 124
'Bright Yellow' 124
'Lucullus' 124
'Rhubarb Chard' 124
Mehlige Kohlblattlaus 103, 238
Mehltau 41
Amerikanischer Stachelbeermehltau 242, 243
Echter Mehltau 81, 83, 244, 245
Falscher Mehltau 123, 242, 243
Mehrjährige Gemüsekulturen 178–187
Mehrjährige Kräuter **192–193,** 194–195
Mehrjährige Unkräuter 234–235
Mikroklima 10, 11, 18–19, 232
Minierfliege an Sellerie 177
Minigewächshaus 24
Mirabellen **218–219**
Mischkultur 230, 236, 237
Mizuna 120
Möhren 18, 26, 44, 47, **138–139**
'Bangor' 138
'Carson' 138
'Parmex' 138
'Purple Haze' 138
Möhrenfliege 38, 139, 143, 238
Monatserdbeeren 17, 200, 226
Monilia-Fruchtfäule 242, 243
Mulchen, Mulchschicht 21, 30, 36, 42, 230, 232, 233

N

Nährstoffe und Düngung 20–21, 31, 35, 39, 41, 230, 233
Nährstoffmangel 232, 246–247
Nährstoffversorgung 20–21, 31, 35, 39, 41, 230, 232, 233, 246–247
Nektarinen **222–223,** 227
'Fantasia' 222
'Lord Napier' 222
Nützlinge 230, 236–237, 240

O

Obstbaumkrebs 244, 245
Obstgehölze, Erntezeiten 226–227
Ökologische Überlegungen 8–9
Organische Substanz, Zufuhr 19, 20, 26, 30, 31, 34, 42, 43, 230, 232, 233
Organischer Mulch 21

P Q

Pak Choi 118, **120–121**
Paprika 22, 47, **58–59,** 196
'California Wonder' 58
'Gourmet' 58
'Gypsy' 58
'Marconi' 58
Pastinaken 46, 47, **142–143,** 197
'Avon Resistor' 142
'Gladiator' 142
'Tender and True' 142
'White Gem' 142
Pastinakenkrebs 246, 247
Peperoni, Chilis 13, 17, 22, **60–61,** 196
'Aji Amarillo' 62
'Alma Paprika' 62
'Apache' 62
Cayenne 62
'Cherry Bomb' 62
'Demon Red' 62
'Hungarian Hot Wax' 62
'Padron' 62
'Prairie Fire' 62
Petersilie 35, 190, 191, 194
Pfefferminze 49, 189, 192, 193, 194, 195
Pfirsiche 49, **222–223,** 227
'Garden Lady' 222
'Peregrine' 222
Pflanzgefäße, Anbau 11, 13, 19, 28–29, 30–31, 34, 44, 46, 48
Obst 28
siehe auch bei den einzelnen Kulturen
Pflanzpläne
Abfolge für Anfänger 35
einfache Kulturen 44–45
Familienbeet 46–47
Kulturen für Feinschmecker 48–49
Pflanzschaufel 15
Pflanzstab 15
Pflaumen 17, 18, 45, **218–219,** 227
'Langley Bullace' 218
'Oullins Reneklode' 218
'Shropshire Damson' 218
'Victoria' 218
Pflaumenwickler 240, 241
Pflege der Kulturen 36, 38–39
Phosphor 31
pH-Wert, Boden 20–21, 26
Pikieren 22
Pikierstab 14
Pilzkrankheiten
häufige 242–247
Blattflecken 242, 243
Bleiglanz 219, 221, 223, 244, 245
Fungizide 236–237
Hallimasch 244
Kohlhernie 21, 237, 242, 243
siehe auch Mehltau, Rost
Pinzieren, Auszwicken 22–23
Platzbedarf 9, 10–13, 16
Plug-Pflanzen 22, 23
Porreerost 161
Problemen vorbeugen 232–233
Puffbohnen *siehe* Dicke Bohnen

R

Radicchio 126
Radieschen 36, 38, 46, **134–135,** 142
Anbau im Topf 13, 28
'Cherry Belle' 134
'French Breakfast' 134
'Scarlet Globe' 134
'Sora' 134
Rechen 14, 15, 34
Regenschatten 19, 232
Regenschutz 19
Renekloden **218–219**
Resistente Sorten 23, 238
Rhabarber **186–187,** 197
'Cawood Delight' 186
'Champagne' 186
'Timperley Early' 186
'Victoria' 186
Riesenkürbis 46, **90–91,** 196
'Atlantic Giant' 90
'Baby Bear' 90
'Jack be Little' 90
'Rouge Vif d'Etampes' 90
Rondini 82

Rosenkohl 46, **106–107,** 196
'Bosworth' 106
'Maximus' 106
'Red Delicious' 106
'Trafalgar' 106
Rosmarin 192, 193, 194, 195
Rost 242, 243
Porreerost 161
Rote Bete 9, 22, 47, 49, **136–137**
'Boltardy' 136
'Chioggia Pink' 136
'Forono' 136
'Red Ace' 136
Rote Spinne, Spinnmilben 81, 236, 240, 241
Rucola, Rauke 116
Rutensterben an Himbeeren 244, 245

S

Saatbett 14, 34, 233
Saatkartoffeln 146
Säen und Pflanzen 36–37
Salate 17, 19, 31, 110–131
Anbau im Topf 13, 28, 29, 44, 111
Asia-Salate 35, 45, 49, **120–121,** 196
Brunnenkresse 48, **130–131,** 197
Chicorée 47, 48, 49, **126–127,** 197
Endivie **128–129,** 197
Feldsalat 116
Kapuzinerkresse 230, 237
Kresse 116, 131
Mizuna 120
Pak Choi 118, **120–121**
Rote-Bete-Blätter 118, 137
Rucola, Rauke 116
Schnitt- und Pflücksalat 12, **116–117,** 121, 123, 126, 128, 196
Spinat 19, 45, **122–123,** 197
Tatsoi 120
siehe auch Blattsalat
Salbei 192, 193, 194
Samen gewinnen 43, 71
Sämlinge 22–25, 30, 36, 37
Umfallkrankheit 246
Sandiger Boden 20, 31
Satzweiser Anbau 16
Sauerkirschen 220–221
Saurer Boden 20–21
Schädlinge, Schädlingsbekämpfung 21, 26, 39, 42, 236–241
biologischer Pflanzenschutz 230, 236, 237
häufige 238–241
vermeiden 236–237
Schalotten 45, 49, **156–157,** 197
'Golden Gourmet' 156
'Longor' 156
'Mikor' 156
'Red Sun' 156
Schattiger Standort 19
Schlingende und rankende Kulturen 10, 12, 13, 28
Schluffiger Boden 20
Schmetterlingsraupen
Apfelwickler 238, 239
Erbsenwickler 238, 239
Kohlweißling 238, 239
Lauchmotte 161, 238
Pflaumenwickler 240, 241
Schnecken 26, 236, 237, 240
an Beerenobst 201
an Gemüse 37, 39, 73, 113, 175
Schnitt- und Pflücksalat 12, **116–117** 121, 123, 126, 128, 196
Schnittlauch 118, 192, 194
Schorf 242
Kartoffelschorf 21, 244, 245
Schrebergärten 9
Schutzkragen an Erdbeeren 201
an Kohlpflanzen 95, 101, 103, 105, 107, 240
Schwarzbeinigkeit an Kartoffeln 246, 247
Schwarze Bohnenlaus 183
Schwebfliegen 236, 237
Sellerie (Knollen-) 48, 49, **176–177,** 197
'Diamant' 176
'Mars' 176
'Monarch' 176
'Prinz' 176
Sellerie (Stauden-) 22, 118, **174–175,** 197
'Celebrity' 174
'Green Utah' 174
'Tango' 174
'Victoria' 174
Sellerieminierfliege 177
Sklerotinia-Fäule 244
Sommerkürbis 35, 49, **84–85,** 196
Patty Pan 84
'Rolet' 84
'Sunburst' 84
'Tromboncino' 84
Sonnenbrand 232, 244
Sonniger Standort 18, 232
Sorten, Auswahl 9, 10–13, 16–17, 48–49, 237, 238
Spaghettikürbis 88, 89
Spalier 13
Spargel 17, 48, 49, **180–181,** 197
'Connover's Colossal' 180
'Gijnlim' 180
'Jersey Knight' 180
'Purple Pacific' 180
Spargelhähnchen 240, 241
Spaten 14, 15
Speisekürbis 35, 49, **84–85,** 196
Patty Pan 84
'Rolet' 84
'Sunburst' 84
'Tromboncino' 84
Speiserübchen 12, 44, **140–141,** 197
'Atlantic' 140
'Primera' 140
'Purple Top Milan' 140
'Snowball' 140
Spinat 19, 45, **122–123,** 197
'Bordeaux' 122
'Medania' 122
'Tetona' 122
'Toscane' 122
Spinnmilben, Rote Spinne 81, 236, 240, 241
Spurenelemente 21, 31
Stabtomaten 54, 55, **56–57**
Stachelbeeren 48, **210–211,** 226
'Careless' 210
'Hinnonmäki Rot' 210
'Invicta' 210
'Lancashire Lad' 210
Stachelbeersägewespe 240, 241
Stadtklima 11
Stallmist 31
Standort 18–19
Stangenbohnen *siehe* Gartenbohnen

Steckrüben **144–145,** 197
'Best of All' 144
'Brora' 144
'Marian' 144
'Virtue' 144
Steckzwiebeln 152–153, 156
Stickstoff, Stickstoffmangel 31, 246, 247
Stoffbeutel 29
Stoßhacke 15
Süßkirschen 220–221

T

Tatsoi 120
Taybeeren 204
Teleskoparm 14
Thymian 192, 193, 194, 195
Tomaten 13, 31, 44, 47, 48, **54–55,** 56–57, 236
'Gardener's Delight' 56
'Marmande' 56
'Moneymaker' 56
'Sungold' 56
'Sweet Olive' 56
'Tigerella' 56
'Totem' 56
'Tumbler' 56
'Tumbling Tom Yellow' 56
zwergige 35, 54, 56
Toniger Boden 20, 31
Tontöpfe 29
Topinambur **184–185,** 197
Tray-Pflanzen 23
Treiberei
Rhabarber 187
Chicorée 127
Trocknen 17
einjährige Kräuter 17, 193
Früchte darren 17
Knoblauch 17, 163
Koriandersamen 43
Peperoni 17, 61
Schalotten 157
Zwiebeln 17, 153

U

Überschüsse lagern 16, 17
siehe auch spezielle Methoden (z. B. Trocknen)
Umfallkrankheit 246
Umgraben 14, 15, 21, 26, 34
Umweltaspekte 8–9, 232
Unkraut 230–231, 232–233, 234–235
häufige Unkräuter 234–235
Gegenmaßnahmen 34, 35, 37, 38
Unterbepflanzung 13, 47

V

Veredeln 14
siehe auch bei den einzelnen Kulturen
Vermehrungskasten 14, 22
Verrottende Töpfe 37
Vertikales Wachstum 12, 13, 19
Vertrocknungen 244
Viren 242–245
Erdbeerviren 244, 245
Gurkenmosaikvirus 242, 243
Vlies 19, 24–25, 35, 36, 37, 145, 146, 213, 238
Vogelschutznetz 123, 201, 203, 205, 211, 213, 221
Vorkeimen von Kartoffeln 35, 146
Vorteile von eigenem Anbau 8–9

W

Wandbehälter 29
Wandbepflanzung 13, 29
Wanzen 240, 241
Wasserabzug 26, 28, 232
Weiße Fliege 236, 238, 239
Werkzeug 14–15, 22
Wespen 219, 221, 223, 238
Wind 19, 232, 244
Winterbrokkoli 17, 47, 48, **104–105,** 196
'Bordeaux' 104
'Claret' 104
'Purple Sprouting' 104
'White Star' 104
Winterkohl **98–99,** 196
'January King' 98
'Jewel' 98
'Tarvoy' 98
'Tundra' 98
Winterkürbis 42, 44, **86–87,** 88–89, 196
'Butternut' 88
'Cream of the Crop' 88
'Crown Prince' 88
'Harlequin' 88
'Queensland Blue' 88
'Sweet Dumpling' 88
Turk's Turban 88
'Uchiki Kuri' 88
Spaghettikürbis 88
Witterung, Mikroklima 10, 11, 18–19, 232, 244
Wurzeln und Knollen 31, 132–149
Wurzelläuse 240, 241
Wurzelnackte Pflanzen 23

X Y Z

Zucchini 44, 47, **82–83,** 232
'Defender' 82
'Jemmer' 82
'Parador' 82
Rondini 82
'Zucchini' 82
Zuckermais 13, 44, 47, **166–167,** 168–169
'Butterscotch' 168
'Indian Summer' 168
'Lapwing' 168
'Lark' 168
'Minipop' 168
'Mirai 003' 168
'Northern Extra Sweet' 168
'Sundance' 168
'Swift' 168
Zwetschgen **218–219**
Zwiebelfliege 161, 238, 239
Zwiebelgewächse **150–161**
Zwiebelhalsfäule 242, 243
Zwiebeln 17, 44, 45, 47, **152–153,** 154–155, 197
'Ailsa Craig' 154
'Centurion' 154
'Golden Bear' 154
'Hi Keeper' 154
'Red Baron' 154
'Senshyu' 154
'Setton' 154
'Shakespeare' 154
'Sturon' 154
Zwiebelweißfäule 242

Bildnachweis und Dank

Der Verlag dankt folgenden Personen und Institutionen für ihre freundlich Genehmigung zum Abdruck der Fotografien:
(o = oben, u = unten, m = Mitte, l = links, r = rechts, a = außen, g = ganz)

Alamy Images: ableimages 118ur, Andrea Jones Images 184um, Bon Appetit 225m, Brigette Sullivan / Outer Focus Photos 178ol, 180mra, Karen Cairns 203or, 209ml, Nigel Cattlin 239mru, CJG 213m, Elena Elisseeva 221m, foodimagecollection 209mgo, funkyfood London - Paul Williams 169ur, Trish Gant 211om, Anne Gilbert 118mru, 163mlgo, Brian Hoffman 64ml, Marvin Dembinsky Photo Associates 223m, Peter Titmuss 181m, Rob Walls 118mra; **Blackmoor Nurseries:** 222mr; **Corbis:** Klaus Hackenberg 210mra, Jacqui Hurst 240ur, Image Source 201mgo, Ocean 120mra, Emma Shervington 219m; **Dobies of Devon:** 44ur, 58m, 58mr, 70mr, 75, 169m, 186ml, 186m, 202m; **Dorling Kindersley:** Alan Buckingham 13um, 47mru, 47ur, 49mru, 49ur, 145mru, 200mr, 201ur, 202ml, 202um, 203om, 203m, 203ur, 204m, 205om, 205mra, 206ml, 206m, 206mra, 207mlgo, 207mgo, 207um, 208mr, 208mra, 210ml, 210m, 210mr, 211mra, 212ml, 212m, 212mr, 212mra, 214ml, 214m, 214mr, 214ul, 214mra, 215or, 215mlgo, 216m, 216mr, 216mra, 216–217ml, 217ml, 218m, 218mr, 218ul, 218mra, 219or, 219mlgo, 219ur, 220ml, 220m, 220mr, 221mlgo, 222ml, 222m, 222mra, 224ml, 241mlgo, Caroline Reed 31or, 213or; Chauney Dunford 23ur, 23mrgo, 237gor; Emma Callery 241or; Jan Van Der Voort 237mra; Jo Whittingham 179mgo, 185ma; Mel Shackleton 185ml; **DT Brown Seeds:** 76m, 76mr, 84m, 98ml, 108mra, 158ml, 158m; **FLPA:** Nigel Cattlin 241ol, 243mrgo, 243mlu, 243ur, 246mrgo, 247ur; **Fothergills:** 100mra, 138m, 138mr, 140ml, 154m, 168or; **GAP Photos:** Maxine Adcock 8mr, 155mgo, Thomas Alamy 193m, Lee Avison 146m, BBC Magazines Ltd 129mlgo, 163m, Dave Bevan 126mr, 140um, 247mrgo, Richard Bloom 27or, Christina Bollen 187mgo, Mark Bolton 231m, Elke Borkowski 26mlu, 48um, 170mra, Jonathan Buckley 84mr, 142–143mr, 198–199, Chris Burrows 144mr, Simon Colmer 228–229, Sarah Cuttle 48ul, 131mra, Lydia Evans 28ul, FhF Greenmedia 27ur, 46mlgo, 130um, 141mru, 145om, Victoria Firmston 193um, Suzie Gibbons 18m, 24mr, Marcus Harpur 19mlgo, 155ur, Michael Howes 99um, Martin Hughes-Jones 176mra, Lynn Keddie 63ur, 131mlgo, Geoff Kidd 126mra, 244mru, Michael King 27um, 159um, 186ul, 186um, Fiona Lea 9ur, Jenny Lilly 155ul, Howard Rice 168ur, 185mra, Gary Smith 11ol, 145ml, Friedrich Strauss 25or, 27mr, 29om, John Swithinbank 175um, 193mlgo, Visions 128mgo, Juliette Wade 19m, 88–89om, 118ul, 177um, Jo Whitworth 16–17mgo, Mark Winwood 118m, 130mra, 143m, 144um; **Garden World Images:** Dave Bevan 239ur, 242mrgo, 245, Sine Chesterman 225mra, Francoise Davis 225om, Giles DelaCroix 122m, Glenn Harper 224mra, Martin Hughes-Jones 128mra, Andrea Jones 224m, Trevor Sims 29um, 64mr, 90–91mr, 122ml; **The Garden Collection:** Torie Chugg 64m, Liz Eddison 25ol, 27om, Nicola Stocken Tomkins 25mra; **Getty Images:** Ben Bloom 223ur, Richard Bloom 181ml, Brian Carter 244ur, Sarah Cuttle 131mgo, Michael Davis 170mr, FhF Greenmedia 118mr, Jan Tove Johansson 239ol, Photos Lamontagne 184m, Cora Niele 176ml, Howard Rice 187mra, Gary K. Smith 48, Mark Turner 118um, Juliette Wade 182um, Jo Whitworth 129rau; **iStockphoto.com:** 179mlb; **Marshalls Seeds:** 62or, 75ul, 80ml, 82ml, 97or, 97ul, 97ur, 104mra; **Photolibrary:** 144mra, 184ul, 184mra; **Photoshot:** Photos Horticultural 80mra; **RHS The Garden:** Tim Sandall 10ul; **Ron Ludekens:** 224mr; **Royal Horticultural Society:** 240or, 245ul, 247or, P. Becker 238ur, 241mru, Andrew Halstead 241mrgo, Horticultural Science 243mru, 246or, 247ol, 247mlgo, Joyce Maynard 239or, 239mlgo, 240mrgo, 241ul, Pathology 242or, 245mlb; **Science Photo Library:** Dr Jeremy Burgess 245ol; **Suttons Seeds:** 48gul, 76ml, 104ml, 104mr, 108m, 140m, 142mra, 144ml, 160ml, 160mr, 168mrgo, 170ml; **Thompson & Morgan:** 45um, 64mra, 90ml, 98m, 99gur, 100m, 100mr, 102mr, 122mra, 142m, 154, 155m, 155mr, 156m, 158mr, 160m, 169or, 200mra; **Tozer Seeds:** 56or; **Victoriana Nursery Gardens/ Stephen Shirley:** 46mb, 68m, 70mra, 89or, 89mgo, 89ul, 89gur, 89mru, 90m, 169mru, 172ml, 176mr, 186mr, 202mr, 220–221mra
Cover: Vorn: Veronika Studer-T.
Hinten: GAP Photos / Elke Borkowski (ml)

Dank des Autors:
Danken möchte ich Chauney Dunford für das geduldige Beantworten all meiner Fragen und das Tolerieren meiner »grünen« Schreibanfälle, Alison Shackleton für das Übersenden eines frühen Titelentwurfs, was mich beflügelt hatte, als ich in den letzten Zügen lag, meinen Eltern für ihre unermüdliche Unterstützung.
Dank des Verlages:
Dank gebührt Mark Winwood für seine herausragende Arbeit, die er bei der Kultur und dem Fotografieren der meisten Gemüse-Arten in diesem Buch geleistet hat, sowie seiner hilfreichen Frau Lizzie.
Freundliche Unterstützung kam von Louise Furnival, Steve Hernandez, Alan Crick, Lucie Pendred und James Perkins.
Becky Tennant unterstützte die Buchherstellung, Fiona Wild las Korrektur, Susan Bosanko erstellte das Register.
Wir danken Robin und Brenda Beresford-Evans und den Gärtnern bei Cannizaro Allotments, Wimbledon, London.
Wir danken außerdem Dobies/Suttons, D. T. Brown, Floranova, Marshalls/Unwins, Mr Fothergill's, Thompson & Morgan und Victoriana Nursery Gardens für die Abdruckgenehmigung von ihren Bildern.